JN492258

김수현 작가를 말하다

유진희

김수현 작가를 말하다

유진희

도서출판 디자인21

머리말

김수현 작가는 1968년 MBC 라디오 극본공모 당선작 〈저 눈밭에 사슴이〉로 드라마 작가 활동을 시작하여 가장 최근작인 2016년의 주말드라마 〈그래, 그런거야〉(SBS)까지 50년 가까운 장기간의 저작을 이어왔다. TV드라마 작가로서의 데뷔는 1972년의 주간드라마 〈무지개〉(MBC)로 이후 일일 연속극, 주말드라마, 미니시리즈 등 장편 드라마만 43편을 집필하였고 그 외 특집극 12편, 단막극 3편까지 총 58편의 TV 드라마를 집필하였다[1]. 이는 김수현 작가를 일컬어 한국 방송 드라마의 역사라고 일컫는 세간의 평가를 증거 하는 객관적 지표일 뿐만 아니라 작가가 유지해온 독보적 지위, 대중 작가로서의 창작 역량을 대변하는 수치이다. 또한 김수현 작가는 국내뿐 아니라 〈사랑이 뭐길래〉(1991~1992, MBC)가 1997년 중국 CCTV를 통해 방송되어 당시 수입 드라마 역대 2위의 시청률로 1억 명 이상의 시청자를 끌어들이면서 '한류(韓流)'라는 용어를 탄생시켰고[2] 오늘날의 신(新)한류(K-Culture) [3] 초석이 되기도 하였다. 이처럼 김수현 작가는 K-Culture의 중핵을 담당하고 있는 K-드라마 역사 속에서

---

1) 김수현 작가는 방송 드라마뿐만 아니라 〈미워도 다시 한 번 3〉등 영화 시나리오 22편, 산문집 〈생의 한가운데〉등과 장편소설 〈안개의 성〉 등(대부분의 장편소설의 경우 드라마로 스스로 각색) 문예창작집 12편을 집필하였다.

2) '한국의 대중문화 붐'을 일컫는 대중문화 용어로서 사용되어진 '한류'의 용어 기원에 관해서는 중국 언론에서 처음 사용되었다는 어떠한 근거도 없다는 장규수의 주장과 1999년 중국 『북경청년보(北京青年報)』부터라는 윤호진의 학설, 그리고 1997년 『중국시보(中國時報)』부터라는 최근의 학설에 이르기까지 다양하다. 장규수, 「한류의 어원과 사용에 관한 연구」, 『콘텐츠학회논문지』, 콘텐츠학회 11권(9호) 2011. 윤호진, 『한류 20년, 대한민국 빅 콘텐츠』, 커뮤니케이션북스, 2016, 11쪽. 진경지, 「'한류' 용어의 어원 및 대한 한류 발전에 대한 고찰」, 『동아시아문화연구』, 한양대학교 동아시아문화연구소 제77집, 2019, 227쪽.

3) 정부는 〈사랑이 뭐길래〉부터 시작되어 20년 넘게 지속된 한류의 시기적 특성을 분석해 네 가지 단계로 분류하고 네 번째 단계인 2020년 이후에 지향하는 한류를 신(新)한류(K-Culture)로 지칭, 정의하며 K-Culture의 가운데 하나의 콘텐츠인 드라마를 K-드라마라고 칭한다. 편집부, 「정부 '신한류 추진계획'발표, 한민족 정신문화에 주목할 때: K-팝, K-드라마 등 대중문화를 넘어 지속가능한 한류과제」, 『브레인』, 2020.08, 11-12쪽.

1명의 특정 작가 기준 그 역할과 영향력 측면에서 세계적으로도 이례적인 경우일 것이다. 김수현 작가의 이러한 외형적 위상을 대중매체 콘텐츠 창작 측면에서 들여다보면 작가의 활동 기간과 작품 편수, 시청률이라는 대중적 소구력[4]을 감안해 볼 때 국내 방송 드라마, TV 드라마의 장르 개척자라는 점을 주목하게 된다.

이처럼 김수현 작가는 한국 드라마 역사를 만들어온 드라마 작가로, 그 대부분의 작품은 '사랑'과 '가족'을 제재로 하는 '멜로드라마'와 '홈드라마' 장르로 이뤄졌다. 멜로드라마 장르 경우, 김수현 멜로드라마의 대표작 가운데 하나라고 할 〈내 남자의 여자〉(2007, SBS)는 '불륜'과 '삼각관계 갈등'이라는 관습적 서사와 갈등 당사자인 두 여성이 절친한 친구 사이라는 자극적 서사를 작동시켰다. 이는 김수현 멜로드라마가 반복적으로 구사해온 서사 전략으로 사회 관습과 통념에 반발하는 서사이다. 하지만 이러한 서사 전략은 특히 등장인물들의 심리 변화에 초점을 맞추는 '심리 추적'의 사실주의적 심리극으로 전개되면서, 여타의 멜로드라마와 차별성을 갖게 된다. 즉 여타의 멜로드라마가 지속적인 자극에 초점을 맞추는 반면 김수현 작가는 극 초반에 통속적 자극을 빠르게 마무리한 후, 드라마 대부분을 등장인물의 심리 변화와 발전에 초점을 맞춤으로써 개연성을 획득한다. 또한 다면적, 입체적 인물 묘사에 의해 평면적 인물의 선악 이분법 구도 같은 '도식적' '일차원적' 극형식이라는 멜로드라마의 한계를 극복한다. 또한 그 이데올로기 측면에서 김수현 멜로드라마는 낭만적 사랑의 환상과 그 사랑의 완결로서의 가부장적 가족 이데올로기 고수라는 관습을 파기하는 대신, 인간의 원초적 욕망인 사랑에 관한 자기 성찰을 추구한다. 이처럼 김수현 작가는 멜로

---

4) 장편 드라마를 기준으로 〈새엄마〉(1972~1973, MBC)가 평균시청률 70%대를 기록한 것을 시작으로 〈사랑과 진실〉(1984~1985, MBC)과 〈사랑과 야망〉(1987, MBC)이 연달아 70%대의 경이적인 시청률을 기록했으며, 1991년 공식적인 시청률 집계가 시작된 이후 〈사랑이 뭐길래〉(1991~1992, MBC)는 시청률 조사기관인 AGB닐슨에 따르면 59.6%의 평균 시청률로 지금까지 드라마 역대 최고 시청률 2위를 기록하고 있다. 또 다매체, 다채널 시대를 맞아 지상파 텔레비전 드라마의 독점적 지위가 격하된 2000년대 들어서도 〈불꽃〉(2000, SBS), 〈내 사랑 누굴까〉(2002, KBS2), 〈부모님 전상서〉(KBS2, 2004), 〈내 남자의 여자〉(2007, SBS), 〈엄마가 뿔났다〉(2008, KBS2), 〈인생은 아름다워〉(SBS, 2010), 〈천일의 약속〉(2011, SBS), 〈무자식 상팔자〉(JTBC), 〈세 번 결혼하는 여자〉(2013~2014, SBS), 〈그래, 그런거야〉(2016, SBS) 등 발표한 작품의 시청률이 최고 40.4%(〈엄마가 뿔났다〉)에서 최저 9.2%(〈무자식 상팔자〉)를 기록해 여전한 소구력을 확인했다. 〈무자식 상팔자〉의 경우도 JTBC 종편채널 개국 기념작으로 당시 종편채널 역사상 최고 시청률을 기록함으로써 수치만으로 기록될 수 없는 부분이 있다.

드라마 장르를 통해 자극적이고 선정적이며 도식적인 서사 구조의 큰 틀은 적용하고 있으되, 구체적이고 궁극적인 실현은 등장인물 내면에 맞춰짐으로써 여타의 멜로드라마에서는 찾아보기 어려운 '자기 성찰'을 완성해 나간다. 이는 무엇보다 김수현 작가가 독보적인 작가적 역량을 갖춘 때문이지만, 또한 그간의 결과로 획득된 드라마작가로서의 완전한 자율성이 작품의 완성도를 더욱 높이는데 상승작용을 하고 있는 것으로 분석된다.

반면 김수현 작가의 홈드라마는 멜로드라마에 비해 서사 구조의 반복성이 두드러지고, 가부장적 이데올로기를 고수, 재현하는 경향성이 강하다. 김수현 홈드라마의 대표작 가운데 하나인 〈엄마가 뿔났다〉(2008, KBS2) 경우, 대가족을 등장인물로 3대 자녀의 결혼이라는 반복적 갈등 축에 시대상의 변화를 반영하는 '반복과 변화'의 서사를 구사한다. 특히 '변화'의 서사는 스스로 탈 권위화한 남성에 의해 형성된 변화로 묘사됨으로써, 오히려 기존 가부장적 가족 이데올로기를 강화시키는 것으로 분석된다. 이처럼 김수현 작가는 작품의 장르에 따라 상이한 서사전략을 구사하고, 그 관습적 이데올로기를 파기하는가 하면 재현하기도 하는 양면성을 보이게 된다. 이러한 김수현 작가의 양면성은 차별적인 작가적 역량과 더불어 또 다른 대중적 소구력으로 작용한다고 해석할 수 있다.

또한 김수현 작가를 논할 때 반드시 언급, 분석돼야 할 작가적 역량은 캐릭터 묘사력과 대사 구사력이다. 특히 멜로드라마 장르에서 두드러지게 드러나는 캐릭터, 인간 본질에 대한 집요한 탐구는 그 장르 관습을 탈피해 인간 주체의 근원적 질문을 던지는 탐구 장르로 저작되어 차별성을 보이고 있다. 이 같은 김수현 작가의 작가의식은 불특정 다수를 대상으로 하는 TV 드라마의 특성에 견주어 볼 때 대중적 소구력을 획득하기 어려운 시도로 보이지만, 오히려 사례를 찾아보기 힘든 독보적인 대중성을 획득하고 있다. 이는 작가의 집요한 인간 탐구의식이 캐릭터 각각의 내면화로 이어지면서 캐릭터를 지극히 현실적인 살아 있는 인간 주체로 만드는데 성공했고 이를 통해 대중적 공감을 획득한 때문으로 분석된다. 김수현 작가는 여성 작가이면서도 남성 캐릭터에 관해 중립적 태도를 견지하며 양성 모두의 '분열'된 주체로서 안게 되는 '결여'의 근원적 문제를 제기한다. 김수현 작가에게 남성과 여성은 인간 주체에게 불가능한 팔루스의 향유를 각각 서로 다른 방식으로 획득하려는 동일한 '분열'과 '결여'의 인간주체로, 남녀의 성 차이를 심리 문화적 산물로 강조한 라깡의 인식과 동일하다. 또한 그 남성 인식 역시 팔루스의 상징적 질서에 종속되어 있지만 예외가 되려는 환상 속에 오히려 팔루스 질서에 감금되는 변증법적 존재로서 인식하는 것으로 분석된다. 또 사랑을 실현하지 못하는 두 남성 주인공의 정도의 차이를 통해 20년 세월 동안의 작가의 남성 인식 변화 일단을 엿 볼 수 있다. 즉 팔루스의 향유와 잉여 향유를 동시에 누릴 수 있는 여성에 비해 상대적으로 대상 a를 통한 환상의 팔루스 향유만을 누릴 수 있는 남성에 관해 좀 더 포용적인, 좀 더 중립적인 작가의 남성 인식의 변화를 가늠해 볼 수 있다. 또한 홈드라마 장르에서도 다양한 세대의 다중적 캐릭터성을 다층적, 다성적 외연구조와 언어의 타자성, 대화성의 본질이 간파된 명징한 대사 구사력, 세대 별 갈등에서 보이는 개방성으로 바흐친의 상호주관성과 상호관계성을 획득하고 있다. 바흐친의 상호텍스트성을 실현한 김수현 작가의 홈드라마는 가족 구성원을 세대별, 성별 각각의 독립된 인격체로 시대상과 사회상을 실연하는 일상의 리얼리즘을 구현해내, 상호텍스트성의 또 하나 주체인 수용자의 공감을 얻음으로써 지속적인 대중적 소구력을 확보하고 있다.

이 책은 저자로 하여금 드라마 작가의 꿈과 드라마 작가로서의 경력, 그리고 강단에서 후학을 가르치게 한 대작가 김수현 작가에 관한 학술적 연구를 10년 넘게 계속해 온 작업의 집합이다. 김수현이라는 드라마 작가에 관한 학술적 연구를 처음 시작했을 당시만 해도 드라마 작가에 관한 학문적 논의는 미미했고, 학문적 연구 대상으로서의 드라마 작가 지위, 특히 김수현이라는 드라마 작가의 연구대상으로서의 지위에 관한 저자의 지속적인 문제 제기는 이후의 연작 논문으로 줄기차게 이어져 왔다. 또한 이 책은 학술적 논의 외에 드라마 작가 지망생들을 위한 김수현 작가 바로알기를 위한 목적도 더한다. 작가의 작가의식이란 무엇일까, 장르는 무엇일까, 캐릭터는 어떻게 만들고 왜 만들고, 무엇을 말해야 하고, 대사는 어떻게 써야 하는가에 관한 깊이 있는 지침서가 될 것이다. 글로벌 OTT 플랫폼 시대의 창작 환경의 변화, 특히 1인 작가 창작 시스템의 변화 속에 오히려 드라마 작가의 작가만의 역량이 경쟁력으로 더욱 요구될 수 있기 때문이다.

차례

4막. 김수현, 그리고 인간 탐구로서의 대사/167

1막.

장르의 명징한 경계, 멜로드라마와 홈드라마

1.

김수현 드라마의 장르별 구조 특성

들어가며

한국 텔레비전 드라마는 1956년 상업방송인 HLKZ-TV를 통해 처음 번역극이 선보인 이래 반세기를 넘는 역사를 이어오며 한국인의 유별난 드라마 사랑 속에 '드라마 공화국'으로 불릴 정도로 압도적인 대중적 인기를 누려왔고, 누리고 있다. 텔레비전 프로그램 편성비중을 살펴보면, 2008년 가을 편성에서 드라마 편성비중을 일제히 줄였다고는 하지만 지상파 3사의 4개 채널이 방영하는 드라마 수는 일주일 기준 18개로 방영횟수는 54편, 재방송 드라마를 포함하면 80편에 달하고 있고, 그 편성의존도가 17% 가까이 이른다. 특히 드라마는 주요 편성시간대를 독차지하고 있어서 평일 경우 각 방송사의 저녁 간판 뉴스프로그램을 전후로 연속극과 미니시리즈가 앞뒤로 배치되어 있다. 더욱이 주말의 경우는 주요 시간대의 드라마 편성의존도가 특히 높아서, 오후 8시에서 11시까지 드라마 주말 편성이 없는 KBS1채널을 제외하고 3개 지상파 채널의 드라마 편성의존비율은 무려 50%(2009. 07. 30 현재)에 이르고 있다.

이처럼 드라마가 텔레비전 프로그램에서 차지하고 있는 압도적인 비중에 비해서 그 학문적 연구는 크게 미흡한 것으로 나타났다. 김훈순(2006)이 실시한 한국 텔레비전 드라마 연구의 역사적 동향에 대한 메타 분석에 따르면 커뮤니케이션학의 주요 학술지에 1980년대부터 2006년까지 게재된 텔레비전 드라마와 관련된 연구는 31편의 연구논문과 17편의 학술비평에 불과하다[1]. 또한 이들 연구들을 포함해 텔레비전 드라마에 관한 기존 학문적 연구는 드라마텍스트와 수용자 연구에 집중된 반면 드라마 작가에 대한 연구는 극히 드물다. 김훈순·박동숙(1995)이 젠더 이데올로기에 초점을 맞추어 김수현 등 8명의 여성 인기 드라마 작가에 대한 실증적 연구를[2] 하였지만, 이 연구는 작가 비평에 요구되는 드라마 작품의 경향성, 다른 작가들과의 확연한 차별성, 작품성 등에 대한 구체적 언급[3]이 없으므로 본격적인 드라마 작가 연구로 보기는 어렵다. 또 드라마 작가 연구 대상이 되기 위해서 필요한 발표 작품 수, 대중문화 사회학적 영향력을 감안할 때 이수연(1995), 김응숙(1995), 하윤금(1999), 황인성(2000), 윤석진(2001), 한소진(2004), 양근애(2008)가 각각 연구한 〈모래시계〉, 〈종합병원〉, 〈청춘의 덫〉, 〈허준〉, 〈청춘의 덫〉, 〈대장금〉, 〈대장금〉의 드라마 작가는 연구 대상자라고 할 수 있었지만, 이들 연구는 개별 작품 텍스트 연구에 머물러 이 역시 드라마 작가 연구로 이어지지는 않았다.

텔레비전 드라마 작가 연구의 빈곤은 드라마 작가에 대한 지위 부여 문제이다. 드라마는 작가 개인의 생산물이 아니라 연출자, 연기자, 제작 스태프가 공동으로 참여하는 공동 생산물이다. 또한 시청률이라는 상업 논리에 따라 끊임없이 경제성을 따져야 하는 상품으로, 방송 구조 등 제작 환경과 수용자 환경의 사회적 맥락과 강하게 연동된다. 따라서 개인의 작가의식, 창조성이 절대적으로 전제되는 순수 문학작품에서 행해지고 있는 작가론 개념을 드라마 작가에게 적용시킨다면, 드라마 작가는 작가가 아닐 수 있다. 하지만 공동 생산물인 점과 경제 논리에 따른다는 점에서 일치하는 영화에서는 일찍이 작가론(auteur theory)이 등장해서 특정 감독의 미학적 특성, 주제 의식을 폭넓게 다루고 있다. 이는 텔레비전 드라마가 영화에 비해 상대적으로 일천한 역사와 그 제작방식에 따른 작품의 완성도, 불특정다수라는 수용자를 대상으로 소재 선택과 표현에서 상대적으로 제약이 많을 수밖에 없는 방송의 특수성에 따른 이유라고 분석할 수 있다. 따라서 방송 드라마 작가에게 특정 영화감독과 똑같은 잣대로 작가주의를 논한다는 것은 드라마 창작의 컨텍스트(context) 요소를 배제한 논의로, 이는 영화는 고급한 예술이고 텔레비전 드라마는 저급한 대중 통속극이라고 층위화(hierachization)하는 것에 지나지 않는 오류에 빠지게 된다.

이처럼 텔레비전 드라마 작가에 관한한 불모지에 가까운 학문적 연구 현실을 감안한다해도, 한국 텔레비전 드라마 역사 50여년 가운데 40년 가까운 시기에 걸쳐 대중적 인기면에서 단 한 번도 2선에 물러난 적이 없는, 세계 방송 역사상 유례를 찾기 힘든 김수현작가에 대한 학문적 연구를 찾아보기 힘들다는 것은 대중문화와 방송 연구에서 큰 손실이고 문제로 지적할 수 있다.[5)]

머독(G. Murdock)은 미디어 생산자 가운데서도 텔레비전 드라마 작가는 조직 관행의 압력이 적고, 작가 개인의 배경, 라이프스타일, 입장 등 개인적 요인이 드라마를 이해하는데 중요하다고 주장한다[4]. 김수현 작가는 이처럼 미디어 생산자 가운데서도 상대적으로 자율성이 보장되는 드라마 작가, 그 가운데서도 작가로서의 자율성이 여느 드라마 작가와 견줄 수 없을 정도의 독보적 지위를 점하고 있는 작가이다.

김수현 작가의 드라마 작가로서의 독보적 지위는 무엇보다도 시청률이라는 대중적 소구력에 기인한다. 텔레비전 드라마 작가로의 본격적 데뷔작인 〈새엄마〉(1972~1973, MBC)가 평균 시청점유율 70%대를 기록한 것을 시작으로 〈사랑과 진실〉(1984~1985, MBC)과, 〈사랑과 야망〉(1987, MBC)이 연달아 70%대의 경이적인 평균 시청률을 기록했으며, 〈사랑이 뭐길래〉(1991~1992, MBC)는 시청률 조사기관 인 AGB닐슨미디어에 따르면 1992년 1월1일부터 2009년 5월 31일까지 방송된 모든 드라마 가운데 59.6%의 평균 시청률로 조사기간 역대 최고 평균시청률 드라마로 기록됐다[5]. 이 밖에도 〈목욕탕집 남자들〉(1995〉을 비롯해 다매체, 다채널시대를 맞아 지상파 텔레비전 드라마의 독점적 지위가 격하된 2000년대 들어서도 〈불꽃〉(2000, SBS), 〈내사랑 누굴까〉(2002, KBS), 〈부모님전상서〉(2004, KBS), 리메이크작인 〈사랑과 야망〉(2006, SBS), 〈내 남자의 여자〉(2007, SBS), 〈엄마가 뿔났다〉(2008, KBS)를 연달아 발표했고, 대부분의 드라마가 시청률 20~30%를 기록하며 변함없는 시청자 소구력을 확인시켰다. 이런 지속적이고 장기간에 걸친 김수현 작가 작품의 대중적 상품성은 김수현 작가로 하여금 독보적인 자율적 지위를 획득하게 하고 있고, 이러한 독자적인 자율적 작가 지위는 특정 영화감독에 대한 작가론 못지않은 연구적 가치를 부여하게 된다. 이에 본 연구는 그간 학문적 연구대상으로서 소외되어 왔던 텔레비전 드라마 작가 가운데서도 그 독점적 자율성과 지속적인 대중적 소구력을 확보하고 있

5) 방송작가로는 최초로 1998년 "김수현 드라마에 대하여"(김포천 외 3인 엮음)란 종합 편저가 출간된 바 있다. 이 책은 김수현 작가의 방송작가 경력 30년을 맞이해 학계의 작가비평, 작품론, 일선 PD, 연기자들의 김수현 작가에 대한 다양한 목소리를 싣고 있다.

는 김수현 작가의 드라마 두 편을 분석함으로써, 드라마 작가 연구 작업의 필요성을 먼저 강조하고자 한다.

또한 김수현 작가의 작품 분석을 통하여 드라마 작가로서의 차별성과 경향성을 밝히고 나아가 김수현 작가가 드라마 장르 변화에 가져온 작가의 역할을 알아보고자 한다.

연구방법과 범위

본 연구는 김수현 작가론을 위해 최근작인 〈내 남자의 여자〉(2007, SBS)와 〈엄마가 뿔났다〉(2008, KBS)두 편을 통해 김수현 작가 작품의 특성을 분석하고자 한다.

텔레비전 드라마는 동시대적 감성에 예민할 수밖에 없다. 신상일(1998)은 김수현 드라마에는 아류와 고정관념이 없고 자신의 작품에서 조차 닮은꼴을 만들려고 하지 않는다며 다만 시대나 사회의 흐름에 민감하게 반응한다고 평하고 있다[6]. 이런 김수현 작가의 작품 특성을 분석해보기 위해서는 최근작을 중심으로 해 시대성과 사회성의 반영 척도를 과거 작품과 비교 분석해 보는 것이 정당할 것이다.

또한 두 작품은 김수현 작가의 40년 가까운 작품의 대부분을 점하고 있는 멜로드라마와 홈드라마[6]의 전형성을 구현하고 있는 작품이라는 점에서 연구의 대상이 될 수 있다. 두 작품을 멜로드라마와 홈드라마로 구분 짓는 것은 이론의 여지가 있을 수 있다. 왜냐하면 드라마뿐만 아니라 텔레비전 모든 프로그램의 장르 논의는 1993년 방송위원회에서 제시한 프로그램 유형 분류 기준 틀에서 벗어나지 못하고 있고, 그 일관성 있는 정의가 이루어지지 않는 실정이기 때문이다[7]. 이에 따라 연구자 임의로 두 드라마를 각각 '불륜드라마'와 '가족드라마'로 혹은 모두 통틀어 '가족드라마'로, 혹은 방송 편성에 맞춘 장르 분류에 따라 각각 '미니시리즈' '주말 연속극'으로 구분할 수

---

6) 위 책에서 신상일(1998)은 김수현 드라마의 역사를 홈드라마와 멜로드라마, 그리고 멜로드라마로 이행하기 전 홈멜로라는 혼용형태 시기가 있다고 언급한 바 있다.

있다. 하지만 샤츠(T. Schatz)에 따르면 대중서사장르는 분류의 기본적인 틀로 대중이 그들이 보는 서사 종류를 빠르게, 다소 복합적으로 파악할 수 있게 하는 약호, 관습 및 스타일의 체계라고 설명하고 있고[8], 본 연구는 이런 샤츠의 주장대로 수용자에 의해 관습적으로 인식되는 것으로 생각되는 '멜로드라마'와 '홈드라마'로 두 작품을 각각 분류하고자 한다.

이처럼 본 연구는 〈내 남자의 여자〉와 〈엄마가 뿔났다〉를 각각 멜로드라마, 홈드라마로 하위 장르 구분하여 대상으로 삼은 후, 구조주의적 관점으로 그 장르별 특성을 분석하고자 한다. 소쉬르(F. de Saussure)의 구조주의 언어학을 신화 연구에 원용한 레비 스트로스(C. Levi-Strauss)는 구조분석의 방법으로 첫째, 현상에 드러난 의식적인 층이 아니라 무의식적인 하부구조를 대상으로 삼고, 둘째, 그 하부구조는 독립된 실체가 아닌 '관계를 맺고 있는' 개념들로 다루며 셋째, 이것은 체계에 초점을 맞추며 넷째, 그것들의 절대적 특성을 확립하기 위해 귀납이나 연역을 사용한다[9]고 제시했다. 이런 구조주의 연구 방법을 빌려볼 때 장르 특성 연구는 표피현상이라고 할 수 있는 텍스트의 '하부구조', '관계를 맺고 있는' 개념, '체계'를 구조 연구하는 일이라고 할 수 있다. 또한 한 작가에 의해서 구사되고 있는 각기 다른 장르의 구조 특성을 분석한다는 것은 전체 작품의 차별성과 경향성을 유추해내는 데 매우 유용한 방법이 될 것이다. 따라서 본 연구는 김수현 작가가 멜로드라마와 홈드라마 장르를 통해 구사하는 서사와 이데올로기의 구조적 특성을 분석함으로써, 김수현 작가의 경향성과 차별성, 작품성을 논하고자 한다.

〈내 남자의 여자〉를 중심으로 한 김수현 작가의 멜로드라마 특성

1) 〈내 남자의 여자〉의 '심리추적'과 '이분법 파기'의 서사전략

멜로드라마는 그 사용되는 스펙트럼이 무척이나 다양하지만, 한국 텔레비전 드라마의 주를 이루고 있다는 데는 이견이 거의 없다. 멜로드라마는 그 적용 스펙트럼이 다양한 만큼이나 그 개념 정의도 다양하고 폭넓다. 하지만 앞서 언급한 샤츠의 주장처럼 대중서사장르 가운데 하나인 멜로드라마는 수용자인 대중에게 '장애가 많은 남녀의 연애 이야기'라는 장르적 서사관습이 게재되는 장르임에는 틀림없다. 특히 이 장애는 사회적 관습과의 갈등이 주요 서사 축으로 작동하여 출생의 비밀, 신분 격차, 불륜 등이 그 대표적인 예이다.

40대 주인공들을 내세워 SBS를 통해 2007년 4월 2일부터 6월 19일까지 수목 미니 시리즈로 총 24회 방영된 〈내 남자의 여자〉는 불륜을 소재로 한 전형적 삼각관계 구도의 멜로드라마이다. 또한 이 드라마는 불륜이라는 자극적인 소재 외에도 친구의 남편과 아내의 친구가 불륜 상대자라는 점에서 그 갈등의 자극점을 한껏 끌어올린 상태에서 서사를 전개한다. 이런 자극적인 서사 갈등구도는 김수현 작가가 멜로드라마에서 자주 사용하는 서사전략으로 사회적 논란과 반향을 불러일으켜왔다. 그 대표적인 경우로 일일연속극 〈안녕〉(1975, MBC), 주말연속극 〈후회합니다〉(1977, MBC), 주말연속극 〈청춘의 덫〉(1978, MBC)은 유부남과 미혼녀의 불륜이나 혼전임신 등을 소재로 한 삼각관계 갈등의 서사로 방송 중단 혹은 조기 종영된 작품들이다. 유신 정권 시대의 사회상을 반영한 경우지만 김수현 작가의 멜로드라마에 나타나는 서사의 특성 그 일단을 살펴볼 수 있는 부분이다. 그리고 김수현 작가 본인이 언급하였듯이[10], 〈내 남자의 여자〉의 모태가 된 작가 본인의 작품 〈모래성〉(1988, MBC) 역시 선배 오빠인 성공한 유부남과 미혼녀와의 불륜을 그린 멜로드라마로 김수현 멜로드라마 서사전략은 사회 윤리적 관습의 통념에 일종의 도전장을 던지는 갈등구도가 축을 이룬다. 이로 인해 김수현 작가의 멜로드라마들은 때로 '드라마 망국론'의 원조격으로 지탄받기도 하지만, 이는 이들 드라마가 드러내는 외형적 내용의 일부 표피만을 사회 규범적 잣대만으로 평가한 때문으로 생각할 수 있다. 왜냐하면 김수현 멜로드라마가 구축해온 통념을 깨는 갈등 구도의 서사는 지속적으로 자극 강도를 높이는 멜로드라마의 통속적 감정 과잉의 전략을 구사하고 있지 않기 때문이다. 〈내 남자의 여자〉를 살펴보면 이 같은 김수현 작가의 멜로드라마 서사 전략을 명확히 알 수 있다.

먼저 많은 불륜드라마가 불륜에 빠지기까지의 과정과 불륜이 발각되는 비밀 폭로에 초점을 맞추어 시청자의 관음증을 자극하는 서사전략을 구사하는 반면, 〈내 남자의 여자〉는 불륜에 빠지기까지의 과정은 애초 생략한 채 시작하고 있고, 불륜 발각의 서사 시점 역시 첫 회로 기존 불륜을 소재로 한 멜로드라마의 서사전략과 판이하게 다름을 알 수 있다. 첫 회, 아내의 언니가 불륜 관계를 알게 되는 것으로 서사의 첫 단추를 꿴 〈내 남자의 여자〉는 역시 드라마 초반부인 4회에 삼각관계의 한 축인 아내 역시 불륜을 알게 됨으로써 삼각관계의 본격적인 갈등구도가 전개된다. 총 24회의 드라마 가운데 초반부인 4회에서 이미 불륜의 과정과 발각이라는 불륜 소재 멜로드라마의 대중 서사전략의 거의 전부를 쓴 이 드라마는 이후 세 남녀의 심리 갈등에 초점을 맞춘다. 이 또한 불륜을 소재로 한 여타 드라마가 대부분 구사하지 않고 있는 서사형태로, 대부분의 불륜소재 멜로드라마는 지속적으로 자극의 강도를 유지 강화하기 위해서 현실성이 떨어지는 꼬이고 꼬이는 인연이나, 불치병, 사고, 혹은 개연성이라고는 찾아보기 힘든 복수 과정 등의 서사전략을 구사하기 때문이다. 즉 〈내 남자의 여자〉는 불륜 발각 이후 삼각관계의 갈등 전개에서 그 어떤 우연과 비약의 극적 장치를 도입하지 않은 채 세 남녀의 심리 변화를 집요하게 파고드는 '심리 추적' 서사를 구사한다. 이로 인해 불륜 발각이란 비밀 폭로 이후 전개되는 〈내 남자의 여자〉의 서사는 이혼과 동거, 그리고 세 남녀 각자의 독립이란 결론에 이르기까지의 심리발전을 성공적으로 구축함으로써 개연성을 획득하게 된다.

또한 〈내 남자의 여자〉는 서사 갈등 축 가운데 소위 팜므파탈(femme fatale)로 분류할 수 있는 캐릭터인 이화영을 그 중심에 둠으로써 멜로드라마가 흔히 구사하는 선악 대립이라는 이분법적 서사 전략을 전복시키고 있다. 19세기 낭만주의 작가들에 의해 문학작품에 나타나기 시작한 이후 미술·연극·영화 등 다양한 장르로 확산되어, 남성을 죽음이나 고통 등 치명적 상황으로 몰고 가는 여성을 지칭하는 용어인 팜므파탈은 흔히 멜로드라마에서 '악녀'나 '요부'로 평면적으로 그려져, 여주인공의 순수함을 확대시켜 주는 실질적 조연 역할을 담당하게 된다. 하지만 김수현 작가는 〈내 남자의 여자〉에서 이화영이라는 팜므파탈 캐릭터를 주인공으로 내세워 사회 관습과 통념에 반발하며, 사랑의 본질적인 실체와 욕망에 관해 집요하게 파헤친다. 기존 텔레비전 멜로드라마가 팜므파탈을을 평면적 조연으로 등장시켜 권선징악의 이분법적 관습을 재현하는 반면, 〈내 남자의 여자〉를 통해 김수현 작가는 이런 관습을 파기하는 대신 보다 심층적인 문제를 파고든다. 이로써 김수현 작가의 멜로드라마 서사전략은 흔히 멜로드라마에 제기되고 있는 감상적 통속극의 서사전략 문제, 즉 "감상적인 호소방식을 통하여 매우 선정적이며 도식화된 플롯을 관객에게 전달하는 일차원적인 극형식으로 존재하며 권선징악, 의리정담, 불행과 비운의 여인 등을 소재로 관객의 동정과 흥미를 자극하는 장르"[11]라는 분석이 적용되지 않음을 알 수 있다.

〈내 남자의 여자〉는 선정적이라고 할 수 있는 불륜의 삼각관계라는 도식화된 플롯을 도입하였으나 그 서사 전개의 대부분은 세 남녀의 심리 변화에 초점을 맞추는 심리극 형태로 서사를 전개함으로써 서사의 개연성을 획득하는 한편 시청자들로 하여금 감정 과잉의 반응 대신 '거리두기'라는 사실주의적 반응을 끌어내게 된다. 그 결과 〈내 남자의 여자〉를 통해 김수현 작가는 장애가 많은 남녀 연애담의 서사의 큰 틀만 적용하고 있을 뿐, 기존 멜로드라마가 보여준 평면적인 인물들의 선악 이분법 대립구도나 비약과 우연의 지속적인 사건 전개로 인한 감정 과잉의 서사 전개 가운데 그 어떤 관습적 서사전략도 찾아 볼 수 없음을 알 수 있다.

2) 〈내 남자의 여자〉에 나타난 가족 이데올로기 관습의 파기와 사랑에 관한 자기 성찰

불륜을 소재로 한 대부분의 멜로드라마는 선악 이분법적 대립구도 서사를 통해 결국 가족 복원이라는 관습적 이데올로기를 재현하고 있다. 반면 김수현 작가는 〈내 남자의 여자〉를 통해 이를 전복시키고 있다. 물론 가족 복원이 이루어지지 않는 것에 관해서 권선징악이라는 멜로드라마의 장르 관습을 재현한 결과라고 해석할 수 있다. 즉 불륜이라는 소재 자체가 선택할 수밖에 없는 불륜남녀에 대한 윤리적 응징으로서의 결과로 해석할 수 있다.

하지만 〈내 남자의 여자〉는 애초 선악 대립이라는 준거틀이 적용될 수 없는 드라마로, 기존 불륜을 소재로 한 멜로드라마가 선악의 대립으로 삼각관계의 두 여성 주인공을 대립시키고, 권선징악의 장르적 관습에 따라 선한 여주인공이 남성의 사랑 혹은 가족의 복원이라는 상을 받고 악한 여주인공은 버림을 받거나 회개하는 윤리적 응징과는 사뭇 다른 형태이다. 드라마의 내용을 반영한 제목 〈내 남자의 여자〉가 이중적 의미를 전달하고 있듯이, 이 드라마는 어쩌면 피해자이고 가해자일 수 있는 두 여성을 중심으로 기존 멜로드라마가 보여준 선악의 이분법적 대립이 아닌 두 여성의 정서적 홀로서기라는 공통의 목표점을 향해 나아간다. 따라서 〈내 남자의 여자〉가 파기한 가족 복원의 관습적 이데올로기는 작가의 주체적 선택이지 불륜 소재의 권선징악의 관습에 충실한 결론이라고 보기 힘들다.

이러한 분석은 극이 진행될수록 두 여자 주인공의 친밀감과 연대감이 부각되는 부분에서 더욱 극명하게 드러나, 이혼 후 남자 주인공 홍준표와 동거에 들어가 낭만적 사랑의 승리자가 된 이화영이 친구이자 피해자라고 할 수 있는 김지수를 찾는 장면이 대표적인 경우다. 사실상 혼인관계를 지속하면서도 이혼신고를 미루고, 이화영 몰래 불임수술까지 받은 홍준표로 인해 사랑의 미망에서 깨어나고 있던 이화영은 김지수를 찾아 "나는 왜 힘들면 니 생각이 나는 걸까? 웃기지....니가 고해성사 바치는 신부님도 아닌데..."라며 정서적 유대감을 드러내고, 김지수 역시 "너 힘든 거..힘들겠다..결국 저 좋은 거...저 하고 싶은 거만 하겠다는 사람이구나..."(22회)[12]며 연대의식을 나타낸다.

또한 각자의 길을 선택하게 되는 결론에서 두 여주인공은 주체적이고 능동적인 반면 남자 주인공은 피동적이며 수동적인 입장을 취하게 된다는 점에서 〈내 남자의 여자〉는 기존 가부장 중심 가족이데올로기를 파기하고 있다. 이화영과의 갈등 끝에 이혼신고를 함으로써 이화영과의 관계를 사회규범 속으로 어렵게 재편하려던 홍준표에게 이화영은 "당신은 나랑 살면서도 저쪽이랑 연결된 끈 한 번도 놓은 적이 없어. 내가 그린 당신 그림이 망상이었다고..."(24회)라며 헤어질 것을 요구받고 결국 결별로 끝이 난다. 전처 김지수와의 재결합 가능성에 관해서도 "당신이라는 사람 나한테는 스무 번도 넘게 읽은 책 같아...(중략)그거 이제 재미도 없고 의미도 없어. 누구한테도 속박 안 돼 있는 지금이 편하고 좋아"(24회)[13]라는 김지수의 결정을 먼저 듣게 된다. 이처럼 〈내 남자의 여자〉는 세 남녀가 각자 길을 선택하는데 있어서 두 여성의 연대의식이 부각되고, 주체성이 강조됨으로써, 기존 불륜 소재 멜로드라마 대부분이 남성 중심 가부장제를 옹호하는 가족이데올로기 관습을 재현한 것과는 전혀 다른 양상을 보이고 있다. 이는 〈내 남자의 여자〉가 김수현 작가 자신의 작품 가운데 예전 작품의 확장이라고 밝힌 〈모래성〉(1988)에서도 드러나, 〈모래성〉의 여주인공인 불륜의 피해자, 아내가 가족 복원 대신 이혼이라는 선택을 주체적으로 실행함으로써 당시로서는 파격적으로 받아들여진다. 이에 관해 원용진(1997)은 〈모래성〉을 불륜드라마의 새로운 마감공식을 수립한 핵심텍스트(core text)라고 분석하고 있기도 하다.[14]

텔레비전 드라마가 시대상에 예민할 수밖에 없고, 이혼이 더 이상 터부시되지 않는 세태라고 하더라도 김수현 작가의 멜로드라마가 재현하고 있는 가족이데올로기는 세태반영 수준이 아닌 가족과 사랑에 관한 본질적인 의문을 제기하며 기존 관습을 파기한다는 측면에서 진보적이다. 즉 세태가 변했다고 하더라도 여타의 멜로드라마들이 가부장제를 중심으로 한 가족이데올로기를 사랑의 완결로 고수 혹은 일부만 변형하는 데 비해서7)[15], 김수현 작가는 애초 가부장적 가족이데올로기를 파기한 채 드라마를 전개하는 것으로 분석된다. 김수현 작가는 자신의 멜로드라마를 통해 남성에 의해 주도되는 낭만적 사랑이나 그 완결로서의 가족 표현이라는 관습을 파기하는 대신, 인간의 원초적 욕망인 사랑에 관한 일종의 자기성찰(self-reflection)을 구현해내고 있다. 그 구현 방법은 사회관습의 잣대에서 볼 때 파격적이거나 혹은 자극적인 상황을 시청자들에게 던져주고 궁극적으로 익숙하게 재현되어온 낭만적 사랑의 환상과 가족 환상을 낯설게 만들어줌으로써, 자기성찰의 메시지를 전달하는 것으로 분석된다.

〈엄마가 뿔났다〉를 중심으로 한 김수현 작가의 홈드라마 특성

1) 〈엄마가 뿔났다〉의 '반복과 변화' 서사전략

〈엄마가 뿔났다〉는 평균시청률 28.1%에 국민드라마로 불리는 40%대 시청률도 돌파하며 드라마 제목이 각종 사회 현안과 연관돼 패러디 될 정도로 화제가 됐던 KBS

---

7) 조항제 등(2007)은 "텔레비전 멜로드라마에서 나타나는 가족 표현의 변화"를 통해 멜로드라마가 가부장제의 기존 관습을 고수(또는 일부 변형)하거나 파괴하는 두 경우로 대별, 각각 〈하늘이시여〉와 〈굿바이 솔로〉를 분석하였다. 하지만 이 연구의 분류는 개별 텍스트 분류로, 모든 드라마에 적용시키는 힘들며 특히 시청률 등 수용자의 반응을 고려할 때, 〈하늘이시여〉와 같은 기존 관습 고수의 멜로드라마가 우세하다고 평할 수 있다.

주말연속극으로 2008년 2월 2일부터 2008년 9월 28일까지 총 66회 방송됐다. 〈엄마가 뿔났다〉는 김수현 작가의 본격적인 텔레비전 드라마 데뷔작인 일일연속극 〈새엄마〉(MBC, 1972~1973)의 계보를 잇는 홈드라마 장르의 연속극이다. 홈드라마는 멜로드라마와 함께 김수현 작가 작품의 한 기둥을 이루고 있는 장르로, 중국에 진출, 한류드라마의 원조가 된 〈사랑이 뭐길래〉(MBC, 1991~1992)를 비롯해 〈목욕탕집 남자들〉(KBS, 1995~1996), 〈내 사랑 누굴까〉(KBS, 2002), 〈부모님 전상서〉(KBS, 2004)에 이은 작품이다.

〈엄마가 뿔났다〉는 4대가 모여 사는 서민층 대가족이야기로, 대부분의 연속극이 주요 서사 축으로 삼고 있는 자녀의 사랑과 결혼을 둘러싼 갈등이 중심으로 펼쳐나간다. 2대의 세탁소 집을 무대로 펼쳐지는 〈엄마가 뿔났다〉 서사는 3대인 2녀 1남의 결혼을 둘러싼 가족 갈등이 차례로 혹은 뒤섞여 펼쳐지고, 자녀의 결혼 이후는 사돈집, 혹은 이혼남 사위의 전처와 딸 이야기 등으로 확장된 가족의 이야기를 다룬다. 또한 세 자녀의 결혼 생활이 어느 정도 안정기에 접어든 극의 후반부는 주부 경력 40년 차이자 이 드라마의 중심인물인 60대 초반의 전형적인 대한민국 어머니 김한자의 자아 찾기가 주요 갈등 요소로 등장한다.

〈엄마가 뿔났다〉 서사 구조는 4대 대가족을 중심으로 특히 2세대 장남 가족의 자녀들인 3대의 결혼을 주요 갈등 축으로 삼는 김수현 작가의 전작 〈목욕탕집 남자들〉, 〈내 사랑 누굴까〉와 유사하다. 다만 결혼 당사자의 성별이 〈목욕탕집 남자들〉에서는 손녀 셋이, 〈내 사랑 누굴까〉 경우는 손자 셋이, 그리고 〈엄마가 뿔났다〉에서는 손녀 둘과 손자 한 명으로 바뀐 정도이다. 이처럼 김수현 작가는 서사구조의 큰 틀은 반복적으로 재현하는 반면, 등장인물 창조와 묘사, 각 회 에피소드의 세부적 서사에 시대 흐름이라는 변화를 구현함으로서 '반복과 변화'라는 서사 전략을 구사한다. 노령 인구 증가에 따른 노년층 세대의 성과 사랑 문제, 혹은 가사노동에서 해방돼 자아 찾기에 나서는 중장년 어머니 세대의 변화 등을 반영한 나충복, 김한자의 에피소드가 그런 예이다. 또한 김수현 작가는 홈드라마에서 '반복과 변화의 융합'이라는 서사 전략 외에 '다층적 인물 구성'을 통해 서사의 풍부함을 이끌어 낸다. 즉 세대, 성별, 경제적 계층, 교육 정도, 성격, 가족 환경을 제각기 달리하는 다양한 인물을 창조하고 창조된 등장인물을 생생하게 살림으로써, 드라마의 갈등을 끌어내고 긴장시키며 극적 재미를 더해준다. 3세대 나영미의 결혼으로 확장된 가족관계 구성원 가운데 한 명인 상류층 집안의 귀부인 고은아가 대표적인 경우다. 무겁지 않게 그려지는 서민층 며느리와 상류층 시어머니의 갈등은 드라마 안에서 일종의 소우주를 형성하며 세계의 다양성을 보여준다. 평범한 결혼생활을 영위하는 대부분의 등장인물들과는 다른 나영수의 배우자인 이혼남과 그 전처의 이혼 부부의 모습 또한 이런 예이다.

또한 〈엄마가 뿔났다〉를 통해 또 하나 분석할 수 있는 김수현 홈드라마의 서사전략은 가족애 추구와 해피엔딩의 결말이다. 해피엔딩의 경우 불륜, 복수 등 강한 극적 장치가 없는 일상성을 바탕으로 한 홈드라마의 당연한 결과로 여겨질 수 있지만, 서사가 전개해온 일상의 갈등이 모두 해소된다는 점에서 해피엔딩을 의미한다. 이는 〈목욕탕집 남자들〉, 〈내 사랑 누굴까〉, 〈부모님 전상서〉와 같은 서사의 결말로 가족 갈등이 해피엔딩 속에 마무리되며 '그래도 피붙이 가족만큼 소중한 것은 없다'는 작가의 메시지를 전달받게 된다. 즉 김수현 작가는 홈드라마장르를 통해 반복적으로 '가족애'의 가치를 전달하고 서사를 구사하는 것으로 파악된다. 더불어 김수현 홈드라마 서사의 유사성 가운데 가장 두드러지는 특성은 가족관계에 관한 작가의 환상 재현이다. 〈엄마가 뿔났다〉는 언급한 홈드라마 연속극들과 마찬가지로 대단히 긴밀한 가족관계가 재현되고, 핵가족 시대에 찾아보기 힘든 대가족제도라는 비현실적 가족관계의 환상을 재현한다. 이는 홈드라마를 통해 작가가 강조하고 있는 '효' 중심의 '가족애'를 표현하는 방법으로, 멜로드라마 장르에서는 도덕적 가치를 내세우지 않은 반면, 홈드라마 장르에서는 '효'라는 도덕적 가치를 강조하고 있는 서사 전략을 구사하고 있는 것으로 분석된다.

2) 〈엄마가 뿔났다〉에 나타난 가부장 가족 이데올로기의 재현

핵가족 시대도 넘어서 단독가구 증가 등 멀티패밀리(muti-family)시대에 접어든 사회변화는 가부장을 중심으로 하는 전통적 가족공동체의 해체를 가져오고 있고, 〈엄마가 뿔났다〉 역시 이런 가족 변화상을 반영하는 서사를 구사한다. 그 대표적인 에피소드가 전형적인 60대 어머니 김한자의 독립선언이다. 홀시아버지까지 모시고 사는 모범적인 전업주부의 자아 찾기는 가부장제도 대변돼 온 가족이데올로기 관습의 도전으로 보인다. 하지만 이 도전은 어디까지나 기존 가족제도를 무너뜨리지 않는 유화적 요구에 그쳐, 김한자의 독립선언은 1년 안식년 요구였고 이 요구가 수락되는 것도 시아버지 나충복의 너그러운 이해심 때문으로 그려진다.

김수현 작가가 〈엄마가 뿔났다〉를 통해 재현하는 가부장 중심의 기존 가족 이데올로기의 재현은 인물 묘사에서 두드러진다. 그 인물묘사는 여성 등장인물묘사와 남성 등장인물 묘사로 구분해 볼 수 있다. 먼저 디지털 세대로 분류되어야 할 두 딸의 경우, 큰 딸 나영수는 이혼전문변호사라는 전문직 여성이지만 재혼자와 가정을 꾸린 후 전처와 전처소생 딸과 갈등하는 '새엄마'로서의 모습이 주로 그려지고 있다. 이 과정에서 갈등의 중심에서 있는 남성 배우자는 여자들 욕망의 대상으로 묘사되면서 기존 가부장 중심의 멜로드라마에서 흔히 보아온 갈등의 삼각관계가 재현된다. 또한 둘째 딸인 나영미 역시 중소기업 홍보직에 근무하는 디지털 세대 여성이지만, 자신 회사 사장집 외며느리로 시집가 가부장 권위의 확대 재생산자라고 할 수 있는 시어머니의 비위 맞추기에 전전하는 결혼 생활 모습이 주로 묘사된다. 또 시누이 나이석의 모녀 가족 경우, 각각 수선일과 만화작가로 모두 자기 밥벌이를 하며 부족함 없이 유쾌하게 생활하지만, 이는 외형상의 모습으로 외도로 헤어진 가장 부재의 결핍된 가족 모습으로 그려진다. 즉 별채라고는 하지만 아버지, 쌍둥이 오빠와 한 집에서 사는 더부살이 모습이 그렇고, 나이석을 주사가 심한 캐릭터로 설정한 것 역시 가장의 부재라는 결핍을 묘사하는 것으로 분석된다. 극중 신기가 있는 나이석의 딸, 만화작가 은실의 경우 드라마의 재미를 더해준 캐릭터였지만, 〈목욕탕집 남자들〉의 3세대에도 점술에 관심이 많은 유사한 캐릭터가 등장했고 이는 여성이 남성에 비해 이성과 논리 혹은 의지보다 불확실한 운명의 힘에 기대는 나약한 존재로 묘사되는 것으로 생각할 수 있다.

기존 가족이데올로기 관습을 재현하는 〈엄마가 뿔났다〉의 특성은 남성 등장인물 묘사에서도 찾아 볼 수 있다. 〈엄마가 뿔났다〉의 1세대인 나충복의 경우, 〈목욕탕집 남자들〉에서는 통 큰 대장부형 아내와 평생 해로한 권위주의적 가장으로 1세대가 등장한 반면, 일찍 상처하고 홀로된 노인으로 4세대를 아우르는 탈권위적인 모습으로 묘사된다. 이처럼 외형상으로 가부장의 권위는 찾아보기 힘들지만 그 가부장으로서의 상징성은 오히려 강화된 것으로 분석할 수 있다. 즉 드라마 안에서 뚜렷한 대립자(아내) 자체가 없으므로 가부장의 권위를 지키기 위해 안간힘을 쓰는 모습도 그려질 필요 없이 스스로 시대변화를 체감하고 실천하는 이상적인 가부장의 모습을 재현함으로서 그 가부장의 권위를 더해주게 된다. 이는 2세대 나일석의 경우도 마찬가지여서 평범한 듯 보이지만 까탈스럽고 생각 많은 아내 김한자보다 자녀와의 관계에서 더욱 유연하며, 가족에 충실한 희생적 아버지 모습이 부각된다. 이처럼 가부장 세대를 대표하는 남성 등장인물들의 모습을 탈권위적이고 희생적인 모습으로 묘사한 것은 가족 변화라는 시대상을 반영한 것이기도 하지만, 이들에 대한 친근감과 연민을 통해 이전 가부장 중심의 가족 이데올로기를 반동적으로 재현한 것이라 분석할 수 있다. 이같은 분석은 결혼생활 내내 부인을 왕비처럼 떠받들고 살아온 나영미의 시아버지 김진규 묘사에서 더욱 두드러진다. 고은아에게 가부장의 모든 권리를 빼앗긴 채 전전긍긍하며 살아온 것으로 묘사되는 김진규의 뒤늦은 자아 찾기로 발생하는 갈등은 가부장 중심 가족 이데올로기의 복고적 향수를 자극하는 관습 재현이라고 할 수 있다. 이처럼 김수현 작가는 〈엄마가 뿔났다〉를 통해 홈드라마가 지향하는 바를 '가족애'로, 또 그 '가족애'의 실현은 외견상 가족 구성원의 사랑과 이해로 달성되는 것으로 묘사하지만 실제적으로는 스스로 탈 권위화한 남성에 의해 달성되는 것으로 묘사함으로서 기존 가부장 중심 가족이데올로기를 재현하고 강화하고 있다고 평가할 수 있다.

맺음말

김수현 작가는 한국 드라마 역사를 만들어온 드라마 작가로, 그 대부분의 작품은 '사랑'과 '가족'을 제재로 멜로드라마와 홈드라마 장르로 이뤄졌다. 〈내 남자의 여자〉를 통해 본 김수현 작가의 멜로드라마는 '불륜'과 '삼각관계 갈등'이라는 관습적 서사와 갈등 당사자인 두 여성이 절친한 친구 사이라는 자극적 서사를 작동시켰다. 이는 김수현 멜로드라마가 반복적으로 구사해온 서사 전략으로 사회 관습과 통념에 반발하는 서사이다. 하지만 이러한 서사 전략은 특히 등장인물들의 심리 변화에 초점을 맞추는 '심리 추적'의 사실주의적 심리극으로 전개되면서, 여타의 멜로드라마와 차별성을 갖게 된다. 즉 여타의 멜로드라마가 지속적인 자극에 초점을 맞추는 반면 김수현 작가는 극 초반에 자극을 마무리한 후, 드라마 대부분을 등장인물의 심리 변화와 발전에 초점을 맞춤으로써 개연성을 획득한다. 또한 다면적, 입체적 인물 묘사에 의해 평면적 인물의 선악 이분법 구도 같은 '도식적' '일차원적' 극형식이라는 멜로드라마의 한계를 극복한다. 또한 그 이데올로기 측면에서 김수현 멜로드라마는 낭만적 사랑의 환상과 그 사랑의 완결로서의 가부장적 가족 이데올로기 고수라는 관습을 파기하는 대신, 인간의 원초적 욕망인 사랑에 관한 자기 성찰을 추구한다. 이처럼 김수현 작가는 멜로드라마 장르를 통해 자극적이고 선정적이며 도식적인 서사 구조의 큰 틀은 적용하고 있으되, 구체적이고 궁극적인 실현은 등장인물 내면에 맞춰짐으로써 여타의 멜로드라마에서는 찾아보기 어려운 '자기 성찰'을 완성해 나간다. 이는 무엇보다 김수현 작가가 독보적인 작가적 역량을 갖춘 때문이지만, 또한 그간의 결과로 획득된 드라마 작가로서의 완전한 자율성이 작품의 완성도를 더욱 높이는데 상승작용을 하고 있는 것으로 분석된다.

반면 김수현 작가의 홈드라마는 멜로드라마에 비해 서사 구조의 반복성이 두드러지고, 가부장적 이데올로기를 고수, 재현하는 경향성이 강하다. 〈엄마가 뿔났다〉를 통해 본 김수현 작가의 홈드라마는 대가족을 등장인물로 자녀의 결혼이라는 반복적 갈등 축에 시대상의 변화를 반영하는 '반복과 변화'의 서사를 구사한다. 특히 '변화'의 서사는 스스로 탈 권위화한 남성에 의해 형성된 변화로 묘사됨으로써, 오히려 기존 가부장적 가족 이데올로기를 강화시키는 것으로 분석된다. 이처럼 김수현 작가는 작품의 장르에 따라 상이한 서사전략을 구사하고, 그 관습적 이데올로기를 파기하는가 하면 재현하기도 하는 양면성을 보이게 된다. 이러한 김수현 작가의 양면성은 차별적인 작가적 역량과 더불어 또 다른 대중적 소구력으로 작용한다고 해석할 수 있다.

이처럼 김수현 작가가 드라마 장르에 따라 표출시키고 있는 양면성 기저에는 무엇보다 텔레비전 장르라는 매체적 특성이 자리하고 있음을 유추해 낼 수 있다. 그 근거로 텔레비전 장르는 산업, 텍스트, 주체(수용자)에서 순환되는 지향점, 기대, 관습의 체계라는 함수관계로 보아야 한다는 닐(S. Neale)[16]의 주장을 제시할 수 있다. 특히 닐이 제시한 삼각 함수 관계 가운데서도 무엇보다 수용자 관계의 제약 요소가 작가에게 작용한 때문으로 해석해 볼 수 있다. 김수현 드라마 텍스트와 산업의 관계는 앞서 언급한대로 드라마 작가로서의 독보적 자율성을 고려해볼 때, 수용자 관계보다는 그 함수관계의 제약이 덜한 것으로 생각할 수 있기 때문이다. 여기서 우리는 타율적 제재(制裁)가 불필요한 독보적 작가 지위를 점하고 있는 김수현 작가의 텔레비전 드라마와 장르에 관한 내재된 경향성을 유추해낼 수 있는 대목이다. 즉 공공재로서의 방송 역할로 거론되는 공공성, 공익성, 공정성에 관한 텔레비전 드라마 작가로서의 '자율적 규제'가 작동하면서, 무엇보다 수용자와의 관계와 그 환경을 고려하여 때로는 관습과 지배 이데올로기를 재현하기도 하고, 때로는 이것을 파기하고 전복하기도 하는 것으로 파악된다.

그러나 김수현 작가의 이 같은 자율적 규제는 독보적 작가 지위를 획득하고 있는 작가로서 가능한 일일 수 있다. 이런 작가적 지위를 획득하지 못하고 있는 대부분의 드라마작가 경우, 자율적 규제보다는 산업과 수용자의 외부 환경에 취약할 수밖에 없고, 이로 인해 김수현 멜로드라마 서사 가운데 특히 극히 일부분이랄 수 있는 선정성, 자극성이 복제, 확대될 개연성이 높으며 홈드라마 장르에 혼종 될 가능성 역시 높다고 예상된다. 여기서 본 연구는 김수현 작가가 다른 드라마 작가에게 끼친 영향에 관한 본격적 연구를 향후 과제로 제안한다. 이처럼 김수현 작가는 한국 드라마 역사를 써오면서 탁월한 작가적 역량으로 장르별 대중적 소구력을 갖추는 동시에 그 아류작 양산의 가능성 역시 제기시키며 한국 드라마의 명암을 함께 생성하는 작가로 평가할 수 있다.

〈참고문헌〉

[1] 김훈순, “한국 텔레비전 드라마의 역사적 동향”, 프로그램/텍스트, 제14호, pp.13-45, 2006.

[2] 김훈순, 박동숙, “TV 드라마 여성작가 연구”, 언론과 사회, 제24권, pp.149-186, 1999.

[3] 원용진, 텔레비전비평론, 한울아카데미, p.193, 2000.

[4] G. Murdock, “Fabrication fictions: Approaches to the study of television drama production”, Communication, Vol 6, pp.17-23, 1980, 김훈순, 박동숙, op.cit, p.154에서 재인용

[5] http://article.joins.com/article/article.asp? Total_ID=3643221

[6] 김포천 외 3인 엮음, 김수현 드라마에 대하여, 솔, p.79, 1998.

[7] 주창윤, “텔레비전 프로그램 장르 분류기준에 관한 연구”, 방송연구, 겨울호, pp.105~106, 2004.

[8] 토마스 샤츠, 한창호·허문영 역, 헐리우드 장르의 구조, 한나래, p.345, 1995.

[9] 빈센트 B 라이치, 권택영 역, 해체비평이란 무엇인가, 문예출판사, p.33, 1988.

[10] http://www.kshdrama.com/

[11] 오명환, 텔레비전 드라마 사회학, 나남, p.200, 1994

[12] http://www.kshdrama.com/

[13] Ibid.

[14] 원용진, “장르변화로 읽는 사회: 인기드라마〈모래성〉과 〈애인〉을 중심으로”, 언론과 사회, 통권 16호, p.118, 1997.

[15] 조항제, 홍찬이, 강승화, 문소영, “텔레비전 멜로드라마에서 나타나는 가족 표현의 변화: 〈하늘이시여〉와 〈굿바이 솔로〉를 중심으로”, 한국방송학보, 통권 제21-6호, pp.574-617, 2007.

[16] S. Neale, Genre, London: British Film Institute, p.19, 1980.

2.

김수현 멜로드라마 장르문법

들어가며

한국 텔레비전 드라마는 1956년 상업방송인 HLKZ- TV를 통해 처음 번역극이 선보인 이래 반세기를 넘는 역사를 이어오며 한국인의 유별난 드라마 사랑 속에 '드라마 공화국'으로 불릴 정도로 압도적인 대중적 인기를 누려왔고, 누리고 있다. 텔레비전 프로그램 편성비중을 살펴보면, 2008년 가을 편성에서 드라마 편성비중을 일제히 줄였다고는 하지만 지상파 3사의 4개 채널이 방영하는 드라마 수는 일주일 기준 18개로 방영횟수는 54편, 재방송 드라마를 포함하면 80편에 달하고 있고, 그 편성의존도가 17% 가까이 이른다. 특히 드라마는 주요 편성시간대를 독차지하고 있어서 평일 경우 각 방송사의 저녁 간판 뉴스프로그램을 전후로 연속극과 미니시리즈가 앞뒤로 배치되어 있다. 더욱이 주말의 경우는 주요 시간대의 드라마 편성의존도가 특히 높아서, 오후 8시에서 11시까지 드라마 주말 편성이 없는 KBS1채널을 제외하고 3개 지상파 채널의 드라마 편성의존비율은 무려 50% (2009. 07. 30 현재)에 이르고 있다.

이처럼 드라마가 텔레비전 프로그램에서 차지하고 있는 압도적인 비중에 비해서 그 학문적 연구는 크게 미흡한 것으로 나타났다. 김훈순(2006)이 실시한 한국 텔레비전 드라마 연구의 역사적 동향에 대한 메타 분석에 따르면 커뮤니케이션학의 주요 학술지에 1980년대부터 2006년까지 게재된 텔레비전 드라마와 관련된 연구는 31편의 연구논문과 17편의 학술비평에 불과하다[1]. 또한 이들 연구들을 포함해 텔레비전 드라마에 관한 기존 학문적 연구는 드라마텍스트와 수용자 연구에 집중된 반면 드라마 작가에 대한 연구는 극히 드물다. 김훈순·박동숙(1995)이 젠더 이데올로기에 초점을 맞추어 김수현 등 8명의 여성 인기 드라마 작가에 대한 실증적 연구를[2] 하였지만, 이 연구는 작가 비평에 요구되는 드라마 작품의 경향성, 다른 작가들과의 확연한 차별성, 작품성 등에 대한 구체적 언급[3]이 없으므로 본격적인 드라마 작가 연구로 보기는 어렵다. 또 드라마 작가 연구 대상이 되기 위해서 필요한 발표 작품 수, 대중문화 사회학적 영향력을 감안할 때 이수연(1995), 김응숙(1995), 하윤금(1999), 황인성(2000), 윤석진(2001), 한소진(2004), 양근애(2008)가 각각 연구한 〈모래시계〉, 〈종합병원〉, 〈청춘의 덫〉, 〈허준〉, 〈청춘의 덫〉, 〈대장금〉, 〈대장금〉의 드라마 작가는 연구 대상자라고 할 수 있었지만, 이들 연구는 개별 작품 텍스트 연구에 머물러 이 역시 드라마 작가 연구로 이어지지는 않았다.

텔레비전 드라마 작가 연구의 빈곤은 드라마 작가에 대한 지위 부여 문제이다. 드라마는 작가 개인의 생산물이 아니라 연출자, 연기자, 제작 스태프가 공동으로 참여하는 공동 생산물이다. 또한 시청률이라는 상업논리에 따라 끊임없이 경제성을 따져야 하는 상품으로, 방송 구조 등 제작 환경과 수용자 환경의 사회적 맥락과 강하게 연동된다. 따라서 개인의 작가의식, 창조성이 절대적으로 전제되는 순수 문학작품에서 행해지고 있는 작가론 개념을 드라마 작가에게 적용시킨다면, 드라마 작가는 작가가 아닐 수 있다. 하지만 공동 생산물인 점과 경세 논리에 따른다는 점에서 일치하는 영화에서는 일찍이 작가론(auteur theory)이 등장해서 특정 감독의 미학적 특성, 주제 의식을 폭넓게 다루고 있다. 이는 텔레비전 드라마가 영화에 비해 상대적으로 일천한 역사와 그 제작방식에 따른 작품의 완성도, 불특정다수라는 수용자를 대상으로 소재 선택과 표현에서 상대적으로 제약이 많을 수밖에 없는 방송의 특수성에 따른 이유라고 분석할 수 있다. 따라서 방송 드라마 작가에게 특정 영화감독과 똑같은 잣대로 작가주의를 논한다는 것은 드라마 창작의 컨텍스트(context) 요소를 배제한 논의로, 이는 영화는 고급한 예술이고 텔레비전 드라마는 저급한 대중 통속극이라고 층위화(hierachization)하는 것에 지나지 않는 오류에 빠지게 된다.

이처럼 텔레비전 드라마 작가에 관한한 불모지에 가까운 학문적 연구 현실을 감안한다고 해도, 한국 텔레비전 드라마 역사 50여년 가운데 40년 가까운 시기에 걸쳐 대중적 인기면에서 단 한 번도 2선에 물러난 적이 없는, 세계 방송 역사상 유례를 찾기 힘든 김수현 작가에 대한 학문적 연구를 찾아보기 힘들다는 것은 대중문화와 방송 연구에서 큰 손실이며 문제로 지적할 수 있다.[8)]

머독(G. Murdock)은 미디어 생산자 가운데서도 텔레비전 드라마 작가는 조직 관행의 압력이 적고, 작가 개인의 배경, 라이프스타일, 입장 등 개인적 요인이 드라마를 이해하는 데 중요하다고 주장한다[4]. 김수현 작가는 이처럼 미디어 생산자 가운데서도 상대적으로 자율성이 보장되는 드라마 작가, 그 가운데서도 작가로서의 자율성이 여느 드라마 작가와 견줄 수 없을 정도의 독보적 지위를 점하고 있는 작가이다.

김수현 작가의 드라마 작가로서의 독보적 지위는 무엇보다도 시청률이라는 대중적 소구력에 기인한다. 텔레비전 드라마 작가로의 본격적 데뷔작인 〈새엄마〉(1972~1973, MBC)가 평균 시청점유율 70%대를 기록한 것을 시작으로 〈사랑과 진실〉(1984~1985, MBC)과, 〈사랑과 야망〉(1987, MBC)이 연달아 70%대의 경이적인 평균 시청률을 기록했으며, 〈사랑이 뭐길래〉(1991~1992, MBC)는 시청률조사기관인 AGB닐슨미디어에 따르면 1992년 1월1일부터 2009년 5월 31일까지 방송된 모든 드라마 가운데 59.6%의 평균 시청률로 조사기간 역대 최고 평균시청률 드라마로 기록됐다[5]. 이 밖에도 〈목욕탕집 남자들〉(1995)을 비롯해 다매체, 다채널시대를 맞아 지상파 텔레비전 드라마의 독점적 지위가 격하된 2000년대 들어서도 〈불꽃〉(2000, SBS), 〈내사랑 누굴까〉(2002, KBS), 〈부모님전상서〉(2004, KBS), 리메이크작인 〈사랑과 야망〉(2006, SBS), 〈내 남자의 여자〉(2007, SBS), 〈엄마가 뿔났다〉(2008, KBS)를 연달아 발표했고, 대부분의 드라마가 평균 시청률 20~30%를 기록하며 변함없는 시청자 소구력을 확인시켰다. 이런 지속적이고 장기간에 걸친 김수현 작가 작품의 대중적 상품성은 김수현 작가로 하여금 독보적인 자율적 지위를 획득하게 하고 있고, 이러한 독보적인 자율적 작가 지위는 특정 영화감독에 대한 작가론 못지않은 연구적 가치를 부여하게 된다. 이에 본 연구는 그간 학문적 연구대상으로서 소외되어 왔던 텔레비전 드라마 작가 가운데서도 그 독점적 자율성과 지속적인 대중적 소구력을 확

---

8) 방송작가로는 최초로 1998년 "김수현 드라마에 대하여"(김포천 외 3인 엮음)란 종합 편저가 출간된 바 있다. 이 책은 김수현 작가의 방송작가 경력 30년을 맞이해 학계의 작가비평, 작품론, 일선 PD, 연기자들의 김수현 작가에 대한 다양한 목소리를 싣고 있다.

보하고 있는 김수현 작가의 최근작 멜로드라마 〈내 남자의 여자〉를 중심으로, 김수현 작가의 차별성과 경향성을 분석함으로써 드라마 작가 연구 작업의 필요성을 강조하고자 한다. 또한 본 연구는 나아가 한국 텔레비전 드라마에서 특권적이고도 독보적인 위치를 점하고 있는 것으로 분석되는 멜로드라마 영역[6]에 끼칠 수 있는 김수현 작가의 역할론에 문제 제기를 함으로써, 한국 텔레비전 드라마에 제기되는 제반 문제의 연결고리를 규명해볼 것과 드라마 작가에 대한 지속적인 학문적 연구의 필요성을 제안하고자 한다.

연구범위와 방법

텔레비전 드라마는 동시대적 감성에 예민할 수밖에 없다. 신상일(1998)은 김수현 드라마에는 아류와 고정관념이 없고 자신의 작품에서 조차 닮은꼴을 만들려고 하지 않는다며 다만 시대나 사회의 흐름에 민감하게 반응한다고 평하고 있다[7]. 이런 김수현 작가의 40년 가까운 작품 생활을 살펴보면 대부분을 점하고 있는 장르는 멜로드라마와 홈드라마[9]로 구분 지을 수 있다. 김수현 작가의 최근작 멜로드라마인 〈내 남자의 여자〉(2007, SBS)는 정통 멜로드라마가 퇴조했다는 분석 가운데 (세계일보, 07. 2. 5 한겨레 08. 2. 24 등) 이례적으로 자체 최고 전국 평균 시청률 34.8%(AGB 넬슨 미디어리서치, 2007 06. 17, 18)를 기록하며 김수현 작가의 저력과 위상을 다시 한 번 확인시켜준 드라마이다. 이에 따라 본 연구는 〈내 남자의 여자〉를 동시대적 시대 감성을 반영한 동시에 김수현 작가 작품 활동의 전형성을 구현하며 작가의 대중적 소구력을 확인시켜 주었다는 점에서 연구의 대상으로 삼았다.

또 본 연구는 멜로드라마 〈내 남자의 여자〉 연구를 통한 김수현 작가론에 있어서 장르적 이론을 그 연구 방법으로 삼고자 한다. 사실 텔레비전 드라마에 대한 장르적

---

9) 위 책에서 신상일(1998)은 김수현 드라마의 역사를 홈드라마와 멜로드라마, 그리고 멜로드라마로 이행하기 전 홈멜로라는 혼용형태 시기가 있다고 언급한 바 있다.

연구는 영화에 비해서 상대적으로 빈약하기 짝이 없으며, 이는 앞서 제기한 텔레비전 드라마 작가 연구의 부재 문제와 같은 이유인 층위화 때문이라고 할 수 있다. 하지만 역설적으로 텔레비전 드라마야말로 그 어떤 매체보다도 장르적 관습이 가장 유효하게 작용하는 매체로, 텔레비전 드라마는 상업성을 따져야 하는 공동 생산물이며 방송 제작 환경과 수용자 환경의 컨텍스트 요소가 강력하게 작용하기 때문이다. 이처럼 장르 관습이 유효하게 작용하는 텔레비전 드라마에 장르 이론을 도입하는 것은, 해당 작가가 장르 관습의 재현과 파기 혹은 변용과 나아가 변화 주도의 역할 등을 파악하게 하는 기재로서 유용하며, 이는 해당 작가의 차별성과 작품성, 경향성을 분석해 내는 결과물로 해석할 수 있다. 따라서 본 연구가 김수현 작가론을 위해 그 연구 방법으로 장르 이론을 도입하는 것은 타당한 작업이 될 것이다.

장르 이론은 주지하다시피 두 가지 흐름, 즉 반복과 변이, 유사성과 차이의 요소를 중심으로 장르의 관습적 문법을 다루는 미학적 이론과 신화적, 이데올로기적 속성을 다루는 사회-문화적 이론의 두 가지 흐름이 있다. 본 연구는 장르 이론의 이 두 가지 흐름을 함께 적용함으로써 김수현 작가를 분석하고자 한다. 이는 미학적 접근만 시도할 경우, 앞서 문제 제기한 대로 텔레비전 드라마 텍스트 분석에만 치우쳐 작가 연구로 이어지지 못한다는 경계 때문이다. 또한 이데올로기적 접근만 하게 될 경우, 텔레비전 드라마의 사회적 함의만을 조명함으로써 이 역시 작가 연구로 이어지기 힘들기 때문이다. 이는 1990년대 이후 페미니즘 관점이 주로 취해져 이루어진 멜로드라마 연구의 예에서도 찾아볼 수 있어, 김명혜·김훈순(1996)의 "여성이미지의 정치적 함의: 텔레비전 드라마를 중심으로", 황혜진(1997)의 "멜로드라마 속의 '착한 여자'와 그들의 운명", 홍석경(1998)의 "텔레비전 드라마가 재현하는 가족관계 속의 여성", 주유신(2000)의 "멜로 장르에 대한 여성주의적 비평", 황혜진(2004)의 "멜로드라마에 나타난 남녀/관계 재현의 변화"와 조항제, 홍찬이, 강승화, 문소영(2007)의 "텔레비전 멜로드라마에서 나타나는 가족 표현의 변화", 이희승(2008)의 "최근 TV 가정드라마 텍스트의 젠더 폴리틱과 여성 수용자 연구" 등이 이에 해당한다. 이에 따라 본 연구는 김수현 작가를 연구함에 있어, 〈내 남자의 여자〉를 미학적 접근법으로 그 장르 문법의 차별성을 규명하는 한편, 이데올로기적 접근법으로 김수현 작가의 경향성을 분석하고자 한다.

〈내 남자의 여자〉에 나타난 김수현 작가 멜로드라마 장르 문법의 차별성

1. 〈내 남자의 여자〉의 '심리추적' 서사 전략

장르 이론 연구에서 통상 언급되는 샤츠(T. Schatz, 1995)는 장르의 관습적 문법을 제시한 가운데 멜로드라마 영화를 "순수한 개인(보통 여성)이나 커플이 결혼, 직업, 가족 문제들과 관련된 억압적이고 불평등한 사회 환경에 희생되는 대중적인 연애 이야기"[8]라고 정의하고 있다. 특히 텔레비전 멜로드라마에 관해서는 손번(D. Thornburn, 1976)은 "센티멘털하고 작위적인 플롯을 가진 드라마로 과장된 사건을 위해 인물화(characterization)를 희생하고 관객의 감정에 선정적으로 소구하며 해피엔딩이거나 최소한 도덕적 정당성을 보장하며 끝내는 것"[9]이라고 정의한다. 영화와 텔레비전 드라마 가운데 멜로드라마 장르에 관한 대표적인 이들 정의는 멜로드라마의 장르 속성으로 '사회 관습이라는 장애를 안게 되는 연애 이야기'로 '감정에 소구하는 작위적 플롯의 통속극'임을 제시한다. 하지만 이들 정의는 일종의 준거틀이지 배타적 정형이 아니며, 특히 같은 멜로드라마 장르라고 해도 작가가 구사하는 장르 문법에 의해서 이 같은 텍스트 내적 규범은 그 변동성이 크고, 이를 증명하는 작품이 〈내 남자의 여자〉이며, 김수현 작가라고 할 수 있다.

40대 주인공들을 내세워 SBS를 통해 2007년 4월 2일부터 6월 19일까지 수목 미니 시리즈로 총 24회 방영된 〈내 남자의 여자〉는 불륜 즉 사회적 관습과의 갈등 속에 놓인 전형적 삼각관계 구도의 연애 이야기이다. 특히 이 드라마는 불륜이라는 선정적인 소재 외에도 친구의 남편과 아내의 친구가 불륜 상대자라는 관계 설정으로 인해 서사 갈등 구도는 도덕적 논란을 불러일으킬 수 있다. 그런데 이런 선정적이고 자극적인 서사 갈등구도는 김수현 작가가 멜로드라마에서 자주 사용하는 서사전략으로 사회적 논란과 반향을 불러일으켜왔다. 그 대표적인 경우가 일일연속극〈안녕〉(MBC, 1975), 주말연속극〈후회합니다〉(MBC, 1977), 주말연속극〈청춘의 덫〉 (MBC, 1978)으로, 방송 당시 시대 상황에서는 파격적이라고 할 수 있는 유부남과 미혼녀의 불륜이나 혼전임신 등을 소재로 한 삼각관계 갈등의 서사로 방송 중단 혹은 조기 종영된 작품들이다. 유신 정권 시대의 사회상을 반영한 경우지만 김수현 작가의 멜로드라마에 나타나는 서사의 특성 그 일단을 살펴볼 수 있는 부분이다. 그리고 김수현 작가 본인이 언급하였듯이[10], 〈내 남자의 여자〉의 모태가 된 작가 본인의 작품 〈모래성〉(MBC, 1988) 역시 선배 오빠인 성공한 유부남과 미혼녀와의 불륜을 그린 멜로드라마로 김수현 멜로드라마 서사전략은 사회 윤리적 관습의 통념에 일종의 도전장을 던지는 갈등구도가 축을 이룬다. 이로 인해 김수현 작가의 멜로드라마들은 때로 '드라마 망국론'의 원조격으로 지탄받기도 하지만, 이는 이들 드라마가 드러내는 외형적 내용의 일부 표피만을 사회 규범적 잣대만으로 평가한 때문으로 생각할 수 있다. 왜냐하면 김수현 멜로드라마가 구축해온 통념을 깨는 갈등 구도의 서사는 주로 욕망의 '부인'과 '좌절'과 '지연'을 통해 감정에 소구하는 멜로드라마의 통속적 감정 과잉의 장르 문법을 구사하고 있지 않기 때문이다.

〈내 남자의 여자〉가 감정 과잉의 장르 문법을 구사하지 않는다는 것은 드라마 초반부 서사전략에서부터 드러난다. 즉 이 드라마는 불륜에 빠지기까지의 과정은 애초 생략한 채 시작하고 있고, 불륜 발각의 서사 시점 역시 첫 회(불륜 피해 당사자라고 할 수 있는 조강지처 김지수가 아는 시점은 3회)로 대부분의 불륜 소재 멜로드라마가 불륜이라는 욕망을 '부인'하거나 발각이 '지연'되는 서사 전략을 쓰는 것과는 판이하게 다르다. 일일드라마 〈나쁜 여자 착한 여자〉(MBC, 2007. 01. 01~2007. 07. 13)는 아이까지 둔 첫사랑 연인 '송건우'와 '한서경'이 각각 결혼하여서도 불륜관계를 계속하는 이중생활의 비밀 갈등이 드라마의 대부분을 차지하고 있으며, 같은 시기 방영된 주말 연속극 〈조강지처 클럽〉(SBS, 2007. 09. 29~2008. 10. 05) 역시 여주인공 가운데 한 명인 '한복수'가 남편 '이기적'의 불륜을 알게 된 후 남편의 불륜 상대자인 '정나미'의 남편 '길억'과 맞바람이란 불륜에 빠지는 과정을 드라마 전체 방영 분량인 104회 대부분에 할애한다. 또한 역시 같은 시기 방영된 불륜 소재 멜로드라마인 〈달콤한 인생〉(MBC, 2008. 05. 03~2008. 07. 20)도 전업주부인 여주인공 '윤혜진'이 남편 '하동원'의 외도 사실을 알고 방황하다가 만난 연하남 '이준수'와 불륜에 빠지기까지 과정을 드라마 대부분에 할애하고 있다. 이처럼 불륜을 소재로 한 멜로드라마 대부분이 불륜이라는 선정적 소재를 등장시킨 후 일종의 도덕적 장치로 멜로드라마의 장르 문법으로 여겨지는 '부인'과 '지연'의 서사전략을 적극 구사함으로써 감정에 호소

하는 하는 반면, 김수현 작가는 애초 '부인'과 '지연'의 서사전략 자체를 파기해버림으로써 감정에 소구한다는 멜로드라마 장르 문법을 전복시킨다.

대신 김수현 작가는 〈내 남자의 여자〉를 통해 주요 등장인물들의 집요한 '심리추적'을 통해 서사를 전개함으로써, 감정 소구의 장르 문법 대신 논리와 이성에 소구하는 전략을 구사한다. 즉 〈내 남자의 여자〉는 불륜의 '부인', '지연', '좌절'을 위해 차용하는 우연, 비약, 비현실성 등의 관습적인 과장된 극적장치를 사용하는 대신 갈등 축의 세 남녀의 심리 변화와 발전에만 초점을 맞추고, 집요하게 파고들어 이후 전개되는 이혼, 동거, 그리고 세 남녀 각자의 독립이란 서사에서 개연성을 획득하게 된다.

2) 〈내 남자의 여자〉의 선악 이분법 파기

오명환(1994)은 멜로드라마 장르에 관해 "감상적인 호소방식을 통하여 매우 선정적이며 도식화된 플롯을 관객에게 전달하는 일차원적인 극형식으로 존재하며 권선징악, 의리정담, 불행과 비운의 여인 등을 소재로 관객의 동정과 흥미를 자극하는 장르"[11]로 분석한다. 〈내 남자의 여자〉는 앞서 분석한 대로 선정적인 불륜 소재와 삼각 갈등 구도라는 도식적 플롯을 채택하고 있지만, 감정적 호소방식이라는 장르 문법을 구사하지 않고 있다. 또한 〈내 남자의 여자〉에는 불행과 비운의 여인의 등장시킨 의리정담, 권선징악의 선악 이분법 구도에서도 빗겨나 있다. 이는 이 드라마 서사 갈등 축 가운데 소위 팜므파탈(femme fatale)로 분류할 수 있는 캐릭터인 이화영이 여주인공으로 그 중심에 서 있다는 것만으로도 우선 설명할 수 있다. 19세기 낭만주의 작가들에 의해 문학작품에 나타나기 시작한 이후 미술·연극·영화 등 다양한 장르로 확산되어, 남성을 죽음이나 고통 등 치명적 상황으로 몰고 가는 여성을 지칭하는 용어인 팜므파탈은 흔히 멜로드라마에서 '악녀'나 '요부'로 평면적으로 그려져, 여주인공의 순수함을 확대시켜주는 실질적 조연 역할을 담당하게 된다. 하지만 김수현 작가는 〈내 남자의 여자〉에서 이화영이라는 팜므파탈 캐릭터를 주인공으로 내세워 사회 관습과 통념에 반발하며, 사랑의 본질적인 실체와 욕망에 관해 집요하게 파헤친다.

앞서 예로 든 〈나쁜 여자 착한 여자〉와 〈조강지처 클럽〉, 〈달콤한 인생〉의 경우를 비교하면, 〈내 남자의 여자〉가 구사하는 선악 이분법 파기의 장르 문법 차별성은 더욱 확연하다. 〈나쁜 여자 착한 여자〉의 경우, 여주인공은 남편 '송건우'의 과거 비밀과 불륜의 배신을 알지 못한 채 착한 여자로 살아가는 '이세영'을 비련의 여주인공으로 내세운 반면, 불륜 상대녀인 '윤서경'은 드라마 제목 그대로 '나쁜 여자'로만 묘사되며 여주인공의 도덕성을 공고히 한다. 〈조강지처 클럽〉 역시 불륜 상대녀들인 '모지란'과 '정나미'는 '조강지처' 여주인공들의 공적(公敵)으로서, 심지어 여주인공의 맞바람 불륜조차 도덕적으로 합리화시켜주는 선악 이분법의 악역 담당자일 뿐이다. 또한 〈달콤한 인생〉의 여주인공 역시 남편의 정서적 학대와 외도라는 배신을 당하는 조강지처 '윤혜진'을 여주인공으로 내세우는 대신 남편 '하동원'의 외도 상대인 '홍다애'는 악녀 조연으로 '하동원'에게는 물질적 욕망을, '윤혜진'의 불륜 상대가 되는 '이준수'에게는 사랑을 추구하는 순결하지 못한 모습으로 그려지고 있을 뿐이다. 이처럼 불륜을 소재로 한 같은 시기의 멜로드라마 대부분이 악녀를 조연으로 내세워 여주인공의 도덕성과 선함을 부각시키는 반면, 〈내 남자의 여자〉는 이화영이라는 이분법적 관점의 악녀를 주인공으로 전면에 부각시켜, 서사를 끌어가고 있다. 즉 이화영의 등장과 함께 위기를 맞은 김지수, 홍준표 부부는 결국 이혼이라는 가족 해체를 맞이하고, 이어 이화영과 홍준표는 가족의 반대와 사회적 비난 속에 사실혼 관계에 들어가지만 이화영에 의해 다시 둘의 사랑은 파국을 맞이하고 세 남녀는 각각 홀로서기라는 담담한 결론에 도달하게 된다. 이는 앞서 언급한 드라마들이 회개와 용서를 통한 가족 복원의 해피엔딩 혹은 가련한 피해자였던 여주인공의 상황 역전이라는 도덕적 승리의 해피엔딩과도 그 결말을 달리하는 선악 이분법의 파기라고 분석할 수 있다.

〈내 남자의 여자〉에 나타난 김수현 작가 멜로드라마의 가부장적 성 이데올로기(gender ideology) 전복(顚覆) 경향성

양부모와 자녀로 이루어진 가족의 모습이 이혼 증가와 여성 지위 향상 등의 사회 변화와 함께 편부모 가족, 단독가구, 무자녀 가족, 조손 가족의 증가로 이른바 멀티패밀리(multi-family) 시대를 맞고 있다. 다양한 가족 형태의 시대 변화상은 남성 지배의 가부장 성 이데올로기에도 많은 변화를 가져왔다. '장애가 많은 남녀 연애 이야기'인 멜로드라마는 연애와 결혼이 주요 소재로 등장한다. 이처럼 멜로드라마는 시대상의 변화에 민감할 수밖에 없는 텔레비전 드라마 장르 가운데서도 결혼과 연애가 주요 소재인 까닭에 그 어느 장르보다 강력하게 성 이데올로기가 주요 기제로 작동한다. 그리고 일견 최근 텔레비전 멜로드라마가 재현하는 남성 중심 가부장 이데올로기에도 이런 시대상의 변화가 뚜렷하게 포착되는 양상이다. 앞서 언급한 〈조강지처 클럽〉과 〈달콤한 인생〉의 '맞바람' 서사 전개가 대표적인 예이다. 즉 불륜의 희생자인 여성이 가해자인 남성에 맞서 응대함으로써 남성 지배 이데올로기에서 벗어난 듯 보이는 것이다. 하지만 이는 외견상의 모습으로 이들 드라마는 실제적으로 또 다른 낭만적 사랑의 성취를 통해 여성이 타대상(objet petit a)이 되는 기존 가부장적 성 이데올로기를 반복하는 것이다. 이런 가부장적 성 이데올로기의 반복 재현은 불륜을 소재로 한 멜로드라마 뿐 아니라 출생의 비밀, 신분의 차이, 얽기고 설키는 가족관계 등 관습적 소재를 등장시키는 최근의 여타 멜로드라마에서도 쉽게 발견된다. 한 때 40% 넘는 시청률을 기록했던 주말드라마 〈하늘이시여〉(SBS, 2005. 09. 10~2006. 07. 02)가 대표적인 경우로, 자신의 딸을 며느리로 삼는 파격적 서사는 외견상 가문의 상속자가 딸이 되고, 이 모든 욕망실현의 주체로 어머니가 자리함으로써 일견 남성 지배 가부장 성 이데올로기에서 빗겨난 듯하다. 하지만 조항제 등(2007)은 〈하늘이시여〉를 "여성들이 욕망과 권력의 주체가 되면서도 정작 추구하는 목적은 남자를 통한 신분상승과 가부장제의 세속적 이익의 전유이라서, 가부장제에 도전하면서도 가부장제의 복원에 충실하다는 비판을 면키 어렵다"[12]고 분석한다.

이에 반해 김수현 작가는 〈내 남자의 여자〉를 통해 세 남녀 각각의 홀로서기라는 결말을 내림으로써, 낭만적 사랑의 성취를 추구하거나, 남자를 통한 신분상승을 꿈꾸거나, 혹은 가부장제의 세속적 이익을 전유하고자 시도하지 않는다. 이 도식은 특히 여주인공 이화영은 물론이고, 피해자라고 할 수 있는 김지수에게도 일관되게 적용되서, 김지수는 이혼 후 이상적인 후배 독신남 석준에게 구애를 받지만, "몸 바쳐...마음 바쳐...남자한테 그거 또 하면서 살기는 싫으네"(24회)[13]라며 주체적 삶을 선택하게 한다. 또한 여성이 가부장 중심 성 이데올로기에서 벗어나는 주체적 결말은 〈내 남자의 여자〉가 김수현 작가 자신의 작품 가운데 예전 작품의 확장이라고 밝힌 〈모래성〉(MBC, 1988)에서도 드러난다. 〈모래성〉의 여주인공인 불륜의 피해자, 아내가 가족 복원 대신 이혼이라는 선택을 주체적으로 실행함으로써 1980년도 당시로서는 파격적으로 받아들여졌고, 이에 관해 원용진(1997)은 〈모래성〉을 불륜드라마의 새로운 마감공식을 수립한 핵심텍스트(core text)라고 분석하고 있기도 하다.[14]

또한 〈내 남자의 여자〉에서 전복되고 있는 기존 멜로드라마의 가부장 이데올로기 관습은 삼각관계의 주인공들인 세 남녀의 인물화(characterization)에서 더욱 두드러진다. 즉 사회적 관습에 도전을 넘어서 무관한 듯 보이는 이화영의 주체적 인물화와 온유한 순종형 현모양처에서 배신의 피해자로 수동적 삶을 살던 김지수의 주체성 회복이란 변화의 인물화가 이루어진 반면, 남자 주인공인 '홍준표'는 상황에 떠밀린 채 주체성을 상실한 모호한 캐릭터로 작품 내내 인물화 되고 있다. "차라리 나약한 지식인, 기회주의 에고 덩어리 대학교수 그것이 당신 실체라고 해....내가 잘 못 본거라고. 내가 그린 당신 그림이 내 망상이었다고.."(24회)[15] 라는 이화영의 비난은 기존 멜로드라마가 그려온 낭만적 사랑의 성취 주도자로서 남성의 허상에 관한 혹은 이를 재현하는 여성작가들의 '양가적' 태도에 관한 김수현 작가의 비난으로도 해석될 수 있다. 이런 홍준표의 인물화는 결말에서도 이어져, 전처와의 재결합 가능성에 관해서도 "당신이라는 사람 나한테는 스무 번도 넘게 읽은 책 같아...(중략)그거 이제 재미도 없고 의미도 없어. 누구한테도 속박 안 돼 있는 지금이 편하고 좋아"(24회)[16]라는 김지수의 결정을 수동적으로 수용할 뿐이다.

이 같은 김수현 작가의 남성 인물화는 작가의 이전 작품과의 비교를 통해 보면, 가부장 성 이데올로기 변화의 경향성을 더욱 명확하게 유추해낼 수 있다. 혼전임신과 혼전동거라는 윤리적 논쟁으로 중도하차 했던 〈청춘의 덫〉(MBC, 1978)은 1999년 리메이크되어 최고 시청률 53.1%를 기록했던 작품으로, 대학 시절 가난한 연인으로 만나 아기까지 낳고 사실혼 관계에서 헌신했던 서윤희를 여주인공으로 내세우고 있다. 가련한 희생양 서윤희의 대척점에는 출세를 위해 사주의 딸 노영주와 약혼하고 서윤희를 버리는 남자주인공 강동호가 등장한다. 드라마의 서사는 아기의 사고사로 복수를 꿈꾸는 서윤희 앞에 구원자로 사주 후계자인 노영주의 오빠 노영국이 등장하면서 반전되어, 강동호는 파혼의 나락으로 떨어지고 대신 서윤희는 노영국과 진실 된 사랑과 결혼의 성취로 해피엔딩을 맞이하게 되는 서사가 전개된다. 〈청춘의 덫〉 등장인물 가운데 특히 노영국 캐릭터는 〈내 남자의 여자〉 속 홍준표 캐릭터와 대비되는 캐릭터로, 신분의 차이와 여주인공의 치명적 과거라는 사랑의 장애도 주체적으로 극복하고, 사랑을 주도, 완성해내며 신분상승까지 시켜주는 인물로 그려진다. 이런 노영국 캐릭터는 〈청춘의 덫〉에 관해 "또 다른 남성의 절대적 도움에 의해 여자의 복수가 성공했다는 점에서 전형적인 가부장제 이데올로기가 유지, 강화되는 기존 통속극의 서사 전략에서 벗어나지 못했다"[17]는 평가를 정당하게 한다. 그리고 이런 평가는 〈청춘의 덫〉과 〈내 남자의 여자〉 속 남성 인물화의 간극을 통해 김수현 작가의 가부장 이데올로기의 변화, 즉 가부장 이데올로기 파기의 경향성으로 대체된다.

또 김수현 작가가 최근작 멜로드라마에서 구사한 가부장 이데올로기 파기의 경향성은 〈내 남자의 여자〉 속 두 여주인공의 연대에서 더욱 공고해진다. 드라마 제목 〈내 남자의 여자〉가 이중적 의미를 전달하고 있듯이, 어쩌면 피해자이고 가해자일 수 있는 두 여주인공은 기존 멜로드라마가 흔히 구사한 한 남자와의 사랑의 성취를 놓고 승자와 패자를 가루는 적대관계로서의 대립이 아닌, 정서적 홀로서기라는 공통의 목표점을 향해 함께 나아가게 된다. 이러한 분석은 드라마가 진행될수록 두 여주인공의 친밀감과 연대감이 더욱 두드러지게 부각되면서 더욱 극명하게 드러난다. 이혼 후 홍준표와 동거에 들어가 낭만적 사랑의 승리자가 된 이화영이 친구이자 피해자라고 할 수 있는 김지수를 찾는 장면이 대표적인 경우다. 사실상 혼인관계를 지속하면서도 김지수와의 이혼신고를 미루고, 이화영 몰래 불임수술까지 받은 홍준표로 인해 사랑의 미망에서 깨어나고 있던 이화영은 김지수를 찾아 "나는 왜 힘들면 니 생각이 나는 걸까? 웃기지....니가 고해성사 바치는 신부님도 아닌데..."라며 정서적 유대감을 드러내고, 김지수 역시 "너 힘든 거..힘들겠다..결국 저 좋은 거...저 하고 싶은 거만 하겠다는 사람이구나..."(22회)[18]며 연대의식을 나타낸다. 이처럼 〈내 남자의 여자〉 속 여자들은 한 남자를 두고 벌였던 경쟁 구도를 접는 대신, 남자, 사랑, 혹은 남자의 사랑으로 완성되는 가족 환상의 미망에서 깨어나는 같은 길을 걷게 된다.

맺음말

김수현 작가는 속칭 '시청률 제조기'로 불리며 한국 텔레비전 드라마 역사를 써 온 작가다. 하지만 장기간에 걸친 이런 지속적이고도 독보적인 대중적 인기에 비해 작가에 관한 본격적인 학문 작업은 불모지에 가깝고, 이는 텔레비전 드라마 작가에 관한 학문적 연구의 부재를 증명하는 것이다. 이에 본 연구는 최근작 멜로드라마인 〈내 남자의 여자〉를 통해 김수현 작가에 관한 본격적인 작가 연구를 시도하였다.

김수현 작가의 〈내 남자의 여자〉는 남성에 의해 주도되는 낭만적 사랑이나 그 완결로서의 가족 재현의 장르적 관습을 파기하는 대신, 인간의 원초적 욕망인 사랑에 관한 일종의 자기성찰(self-reflection)을 구현해내고 있다. 그 구현 방법은 사회관습의 잣대에서 볼 때 파격적이거나 혹은 자극적인 상황을 시청자들에게 던져주고 궁극적으로 익숙하게 재현되어온 낭만적 사랑의 환상과 가족 환상을 낯설게 만들어줌으로써, 자기성찰의 메시지를 전달하는 것으로 분석된다. 이처럼 흔히 통속 신파극으로 불리는 멜로드라마에서 발견하기 쉽지 않은 내면적 깊이는 김수현 작가를 차별화시키는 결과로 이어진다. 이런 김수현 작가의 차별성은 텍스트 장르 문법의 차별성으로 구체화된다. 즉 주인공들의 치밀한 심리 추적과 선악 이분법의 파기가 대표적인 경우로, 이는 그동안 한국 텔레비전 드라마의 주종을 차지해 온 장르인 멜로드라마에 제기돼 온 상투성과 이분법, 비현실성, 감정 과잉의 텍스트 문제점 들을 극복해내는 결과로 분석할 수 있다. 하지만 〈내 남자의 여자〉는 동성 여성 친구가 한 남자를 놓고 불륜 관계에 얽이는 선정적 소재와 갈등구도의 드라마라는 점에서 김수현 작가의 작가적 탁월성과 차별성을 확인하게 하는 동시에 아류작 양산의 문제 역시 제기될 수 있게 하는 부분으로도 평가 할 수 있다.

또한 〈내 남자의 여자〉를 통해 김수현 작가는 남성 지배 가부장 성 이데올로기(gender idelogy)를 전복하는 진보적 성 이데올로기의 경향성을 보여주었다. 즉 김수현 작가는 〈내 남자의 여자〉 속 내러티브와 인물화를 통해 가부장 중심 성 이데올로기의 변화라는 시대상을 구현해내고 있는 동시에 남녀평등의 작가의 성 이데올로기 경향성을 파악하게 하였다. 하지만 이러한 김수현 작가의 진보적인 성 이데올로기 경향성이 김수현 작가 작품생활의 또 다른 축인 홈드라마 장르에서도 구현되어 작가의 온전한 성 이데올로기가 진보적 경향성을 띈다고 평가할 수 있는 지는 추후의 연구과제로 제안한다. 또한 앞서 제기한 대로 선정적 소재와 갈등 구도의 한계가 오히려 작가 개인적 탁월함과 차별성으로 평가된 요소가 다른 멜로드라마들에게는 어떠한 역할을 하는지에 관한 작가적 역할 역시 추후 연구 과제로 제안함으로써, 텔레비전 드라마 작가에 관한 지속적인 학문적 연구의 필요성을 본 연구는 강조하고자 한다.

〈참고문헌〉

[1] 김훈순, "한국 텔레비전 드라마의 역사적 동향", 프로그램/텍스트, 제14호, pp.13-45, 2006.

[2] 김훈순, 박동숙, "TV 드라마 여성작가 연구", 언론과 사회, 제24권, pp.149-189, 1999.

[3] 원용진, 텔레비전비평론, 한울아카데미, 2000.

[4] G. Murdock, "Fabrication fictions: Approaches to the study of television drama production", Communication, Vol 6, pp.17-33, 1980, 김훈순, 박동숙, op.cit, p.154에서 재인용

[5] http://article.joins.com/article/article.asp? Total_ID=3643221

[6] 대중서사장르연구회, 대중서사의 모든 것, 이론과 실천, 2007.

[7] 김포천 외 3인 엮음, 김수현 드라마에 대하여, 솔, 1998.

[8] 토마스 샤츠, 한창호· 허문영 역, 헐리우드 장르의 구조, 한나래, 1995.

[9] Thornburn. D., Television as a Cultural Force, Praeger:New York, 1976, 이수연, 한류드라마와 아시아 여성의 욕망, 커뮤니케이션북스, p.37, 2008에서 재인용.

[10] http://www.kshdrama.com/

[11] 오명환, 텔레비전 드라마 사회학, 나남, 1994.

[12] 조항제, 홍찬이, 강승화, 문소영, "텔레비전 멜로드라마에서 나타나는 가족 표현의 변화: 〈하늘이시여〉와 〈굿바이 솔로〉를 중심으로", 한국방송학보, 통권 제21-6호, pp.574-617, 2007.

[13] http://www.kshdrama.com/

[14] 원용진, "장르변화로 읽는 사회: 인기드라마〈모래성〉과 〈애인〉을 중심으로", 언론과 사회, 통권 16호, pp.100-133, 1997.

[15] http://www.kshdrama.com/

[16] Ibid.

[17] 윤석진, “텔레비전 드라마의 서사전략 고찰: 김수현의 〈청춘의 덫〉을 중심으로”, 국제어문, 제23집, pp.137-159, 2001.

[18] http://www.kshdrama.com/

3.
김수현 홈드라마의 장르문법

들어가며

본 논문은 지금껏 학문적 연구 대상에서 소외돼 온 텔레비전 드라마 작가에 관한 본격적 연구로, 김수현 작가에 관한 선행 연구("김수현 멜로드라마의 장르문법과 젠더 이데올로기": "내 남자의 여자를 중심으로" 한국콘텐츠학회논문지, 제9권 제11호, pp.175-183, 2009)에 관한 후속 연구이다. 선행 연구를 통해 필자는 김수현 작가가 멜로드라마에서 보여준 '심리추적과 이분법 파기'의 차별성과 '가부장 중심 젠더 이데올로기 전복'이라는 진보적 경향성을 논한 바 있다. 또한 이 같은 차별성과 진보적 경향성이 김수현 작가의 다른 장르 작품에도 적용 가능한 성향인지에 관한 후속연구를 제안한 바 있다.

김수현 작가는 본격적 드라마 작가 데뷔작인 일일드라마 〈새엄마〉(MBC, 1972~1973)[10] 이후 지금까지 계속되고 있는 작품 활동을 통해 한국 텔레비전 드라마의 '홈드라마'와 '멜로드라마'라는 장르 개념을 가져온 작가로 평가받고 있다. 또한 이같이 대별(大別)되는 작품 세계는 김수현 작가에 관한 평가 역시 크게 나눠지게 만들어, 임학송(2001) 경우 "홈드라마를 쓸 땐 시청자 공히 예찬의 박수를 받았지만, 멜로드라마의 경우는 어느 드라마건 윤리적인 면에서 매도를 당했다"며 "김수현 작가 홈드라마는 TV용이지만, 멜로드라마는 영화용으로 간직해야 할 것[1]"이라고 평가할 정도다. 이런 평가

10) 김수현 작가의 텔레비전 드라마 데뷔작은 1972년 목요 연속극 〈무지개〉(MBC)이지만, 이 작품은 라디오 드라마 당선작인〈저 눈밭에 사슴이〉(1968, MBC)를 리메이크한 작품으로, 평균시청률 70%의 경이적 시청률을 기록한 같은 해의 일일연속극 〈새엄마〉가 공히 텔레비전 데뷔작으로 평가받고 있다.

가 아니더라도 초기 멜로드라마들인 일일드라마 〈안녕〉(MBC, 1975), 주말드라마 〈후회합니다〉(MBC, 1977), 주말드라마 〈청춘의 덫〉(1978, MBC) 경우, 중단 혹은 조기 종영하는 윤리적 논란을 빚었다. 이 경우 유신시대라는 시대적 상황이 주요 외부 요인으로 작용했다고 하지만, 선행연구 작품인 멜로드라마〈내 남자의 여자〉(SBS, 2007) 역시 절친한 여고동창생의 남편과 불륜관계인 여주인공을 내세워 김수현 작가의 멜로드라마에 관한 원초적 논란은 이어졌다. 하지만 이 같은 평가는 많은 연구자들과 비평가들이 행해온, 방송의 사회적 역할만 강조해 온 기능주의적 방송 연구의 편협한 평가이다. 동시에 한국 텔레비전 역사와 장르를 개척해온 작가로서의 독점적 지위와 역할에 관한 사회 규범적 잣대에 의한 환원론적, 단편적, 일회성 평가라고 할 수 있다. 이 같은 평가는 다시 한 번 텔레비전 작가연구, 작가론의 부재를 증명하는 문제로 인식된다.

김수현 작가에 관한 학문적 연구, 작가론의 부재와 맞물린 장르별 엇갈린 평가는 김수현 작가론에 있어서 장르 논의를 빼놓을 수 없음을 적시한다. 영화 경우, 장르는 내러티브 체계와 영상 스타일에 의해 분류되는 영화의 종류, 유형 및 범주를 일컫는 용어이다. 하지만 이 장르라는 용어 자체를 텔레비전 드라마에 갖다 붙이는 것조차 낯설어 보인다. 텔레비전 드라마 작가에 관한 본격적 연구가 없었듯이, 텔레비전 드라마에 대한 장르적 연구 역시 미흡하기 때문이다[11][2]. 20세기 초반 영화의 산업화와 맞물려 진행된 영화의 장르 연구는 주로 장르의 안정화된 속성, 즉 어떤 장르의 공통적인 특성이 무엇인지를 살펴보고 또한 어떤 장르와 다른 장르의 차별성을 설명하는 방식으로 표출되는 속성에 관한 연구가 주를 이루었고, 토마스 샤츠의 연구(1981)가 대표적이다[3]. 하지만 장르 자체가 다양해지면서 일정화된 패턴을 보여주는 관습 자체에 끊임없는 변용이 일어나고, 더불어 장르의 분석이 사회적 맥락을 고려하는 장르의 사회성에 초점을 맞추면서 유사성과 차이점을 부각시키는 비교 방식 접근 역시 퇴조했다는 분석이다[4]. 즉 장르란 이론적으로 고정된 것이 아닌, 끊임없이 변화하는 변동적 속성을 지닌 것으

11) 텔레비전 드라마의 장르 연구 부족은 멜로드라마, 홈드라마라는 장르 용어조차 연구자의 정의에 따라 독자적으로 이용되는 현실에서 잘 드러난다. 예를 들어 원용진(1997)은 텔레비전 드라마를 가족을 주소재로 다루느냐, 다루지 않느냐에 따라 장르 구분하고, 가족 드라마도 장르 관습의 유지 정도, 서사 펼침의 공간, 극의 긴장도 등에 따라 홈드라마 Ⅰ,Ⅱ, 불륜 드라마 Ⅰ,Ⅱ, 사랑드라마 Ⅰ,Ⅱ 등으로 구분하고 있다.

로, 닐(Neale, 1990)의 연구가 대표적이다. 닐은 '장르를 과정'(genre as process)으로 인식하며 반복과 유사성을 통해서 장르가 형성되지만, 근본적으로 차이(difference), 변형(variation), 변화(change)로 특징 지워진다고 규정한다[5].

이 같은 장르의 두 가지 속성, 즉 안정성과 변동성은 한국 텔레비전 드라마 역사에 홈드라마와 멜로드라마라는 장르 개념을 가져온 김수현 작가를 분석하는 데 있어 유효하다. 머독(G. Murdock)은 미디어 생산자 가운데서도 텔레비전 드라마 작가는 조직 관행의 압력이 적고, 작가 개인의 배경, 라이프스타일, 입장 등 개인적 요인이 드라마를 이해하는 데 중요하다고 주장한다[6]. 김수현 작가는 이처럼 미디어 생산자 가운데서도 상대적으로 자율성이 보장되는 드라마 작가, 그 가운데서도 작가로서의 자율성이 여느 드라마 작가와 견줄 수 없을 정도의 독보적 지위를 점하고 있는 작가이다. 이런 이유로 이른바 홈드라마로 분류되는 드라마 텍스트에 내재해 있는 공통적 특성, 즉 관습과 관습 속의 변형(inventions in convention)의 두 가지 장르 속성을 발현했고, 발현하고 있는 주체는 김수현 작가 스스로였고, 스스로이다. 따라서 김수현 작가론에 있어서 홈드라마 장르 안에서 작가 스스로 답습하고 있는 관습은 무엇인지, 관습 속의 변형은 무엇인지를 분석하는 작업은 멜로드라마에서 보여준 작가만의 차별성, 경향성, 작품성이 홈드라마에도 적용 가능한 지를 가늠하는 주효한 작업이 될 것이다. 또한 그 지위와 영향력만큼이나 기능주의적 사회규범 비평의 잣대에만 머물러 호불호(好不好) 정도의 평가에 그침으로써, 40년 동안 지속적인 대중적 소구력을 지녀온 세계 방송 역사상 유례를 찾기 힘든 김수현 작가에 대한 논의를 본격적 학문적 연구 대상으로 삼고자 하는 본 연구의 목적과도 부합하게 될 것이다.

연구대상과 방법

본 연구는 김수현 작가의 2008년 화제작인 주말연속극 〈엄마가 뿔났다〉(2008. 2. 2.~2008. 9. 28, KBS)를 연구 대상으로 한다. 총 50회에서 66회로 연장 방송된 〈엄마가 뿔났다〉는 최고시청률 42.7%, 평균시청률 28.4%[12](TNS 미디어 집계), 17주 연속 시청률 1위를 기록했던 작품으로, 본 연구 목적인 김수현 작가의 홈드라마 특성을 보여줄 수 있는 대상이다.

또 본 연구의 방법론은 선행연구와의 보조를 맞추기 위해 장르 이론의 두 가지 접근법, 즉 미학적 이론을 바탕으로 장르의 관습적 문법을 다루는 텍스트 중심 분석과 사회-문화적 이론을 바탕으로 작품의 젠더 이데올로기(gender ideology)를 분석하는 맥락 중심적 접근법 두 가지 연구 방법을 모두 적용할 것이다. 선행 연구에서 제기했듯이 텍스트 중심 접근만 시도할 경우, 텍스트 분석에만 치우쳐 작가 연구로 이어지지 못하거나, 작가의 형식적, 기술적 측면만 부각할 우려가 있기 때문이고, 이데올로기적 접근만 하게 될 경우, 대상 드라마의 사회적 함의만을 조명함으로써 이 역시 작가 연구로 이어지기 힘들기 때문이다. 따라서 본 연구는 〈엄마가 뿔났다〉의 텍스트 중심적 접근을 통한 김수현 작가 홈드라마의 서사전략과 그 차별성을 논하고, 아울러 맥락 중심적 접근을 통한 젠더 이데올로기의 경향성을 논함으로써, 김수현 작가의 통합체적인 연구를 할 것이다. 구체적으로 텍스트 분석은 김수현 작가가 홈드라마에서 보여주고 있는 서사의 두 가지 측면, 즉 관습과 관습 속 변형을 분석할 것이며, 젠더 이데올로기 경향성의 연구 방법은 갈등 분석을 중심으로 갈등의 유형과 갈등관련 젠더의 역할을 분석하는 방법을 실시하기로 한다.

드라마의 젠더 이데올로기 연구

본 연구는 특히 김수현 작가의 젠더 이데올로기 경향성 논의에 앞서 젠더 이데올로기와 관련한 미디어 연구 동향을 살펴보고자 한다. 앞서 제기한 김수현 작가에 대한 기능주의적 사회규범 비평 잣대의 문제점을 심도 있게 논의하기 위해서이다. 즉 김수현 작가의 홈드라마가 멜로드라마에 비해 상대적으로 후한 평가를 받았다는 사실은 기능주의적 사회규범 기준에 부합했다는 반증이고, 이 같은 평가는 사회의 지배적 이

12)AGB닐슨미디어리서치 경우, 최고 시청률 40.7%, 평균시청률 27.9%로 집계했다.

데올로기인 가부장적 젠더 이데올로기에 저항하는 대신 유지, 혹은 강화의 역할을 김수현 홈드라마가 기여한다고 인식한 때문이다. 이 같은 인식이 정당한 것인지에 관한 보다 심도 깊은 논의는 김수현 작가의 작가의식과도 연계될 수 있는 부분이다.

텔레비전 드라마의 젠더 이데올로기에 관한 연구는 특히 1990년대 들어서부터 본격적으로 시작된 페미니스트 미디어 연구에 의해 활발하게 진행됐다. 텔레비전 드라마에 재현하고 재생산하는 가부장적 젠더 이데올로기에 주목하는 페미니스트 미디어연구로는 종합병원 내 전문직 종사자들의 일과 사랑을 그려낸 김응숙(1995)의 드라마 〈종합병원〉(1994~1995, MBC) 분석이 있다. 김응숙은 〈종합병원〉이 페미니즘과 해방의 메시지를 표방하고 있지만 인물 설정, 갈등과 대립 및 이의 해소 방식, 그리고 이를 통해 구축되는 남성성과 여성성의 본질적인 차별화, 여성간의 경쟁적 관계 설정을 통해 가부장적인 여성관을 더욱 강화시키고 있다고 결론 짓는다[7]. 김훈순과 김명혜(1996)는 1995년 지상파 네 방송국에서 방영된 2개월간의 드라마 16개를 분석대상으로 서사 분석과 이데올로기 분석을 병행하여, 가부장적 이데올로기의 재생산 메커니즘을 분석하였다. 이들은 여성을 제2의 성으로 구축하고 배치시키는 가부장적인 서사전략인 '선택과 배제', '권력부여 전략', '대리인 전략', '폄하 전략' 등 4개 서사전략을 제시하며, 자본주의와 가부장제의 결합으로 인한 여성노동의 소외와 평가절하, 주변화와 타자화를 통한 여성의 사회적 정체성 형성 억제, 유교적 가부장제에 입각한 여성의 분할지배 등 텔레비전 드라마가 가부장적 이데올로기를 재생산한다고 결론지었다[8]. 또한 같은 해에 행해진 텔레비전 드라마의 여성 이미지의 정치적 함의에 대한 김명혜와 김훈순(1996)의 연구는 16편의 텔레비전 드라마에 등장하는 여성인물들의 인구사회학적 특성과 역할별 이미지 분석을 토대로 하여 드라마 속의 여성들이 가부장적 질서를 강화시키도록 정치적으로 역할이 배정되고 있다는 점을 지적하였다. 즉 스스로 권력을 포기하고 가부장적인 권력질서에 순응하는 여성인물들의 '탈 권력화', 가부장제가 선호하는 여성을 성격적, 정서적으로 안정되 묘사하는 '일관화', 가부장적 권력에 도전하는 여성들은 과장되고, 희화화되고 우매하게 묘사하는 '주변화' 등 전략을 쓰고 있다고 진단한다[9]. 또 급진적인 페미니즘 시각에서 하윤금(1999)은 김수현 작가의 멜로드라마 〈청춘의 덫〉(리메이크작, 1999, MBC)이 갖는 이성애적 낭만적 사랑의 서사구조의 모순성과 남성 중심성을 지적하며 〈청춘의 덫〉의 낭만적 서사가 여성의 억압을 영속시키는 이데올로기 장치라고 결론 내린다[10]. 백선기, 김승희(2001)는 홈드라마 〈아줌마〉(2000~2001, MBC)의 갈등 구조를 중심으로 남성 중심 이데올로기와 신화가 재생산 되는가를 분석했다. 이들은 〈아줌마〉가 기존 가부장 이데올로기와 여성의 주체성을 강조하는 성 평등 이데올로기의 대립적 갈등을 드라마 안에 내재시키고 있지만, 여전히 기존 신화와 이데올로기들이 혼재, 상존해 변화의 폭과 정도가 기대에 미치지 못한다고 결론짓는다[11]. 송명희(2006)는 김수현 작가의 〈부모님 전상서〉에 나타난 가족 이데올로기와 젠더의식을 분석, 현실 너머 이상적인 가족 모습을 제시하며 유교적 가족주의와 남녀 성역할의 고정화를 통해 보수적 가족주의 재생산에 일조하고 있다고 분석한다[12]. 조항제 등은(2007) 드라마 〈하늘이시여〉(2005~2006, SBS)와 〈굿바이솔로〉(2006, KBS)를 정신분석학적 페미니즘 이론을 통해 분석, 두 편 모두 가부장적 가족이데올로기의 변화상을 보였고, 그 변화상에 적응하는 두 가지 다른 모습을 보여주고 있다고 분석한다. 또한 이전 드라마들이 오이디푸스 궤적을 따라 아들을 통한 모성 회복과 모성 강요에 따른 갈등이 주였던 반면, 두 편 드라마 모두 오이디푸스 전 단계까지 관통하는 모녀관계를 그림으로서 남성 중심 젠더 이데올로기의 변화를 보여주었다고 결론짓는다[13].

이처럼 텔레비전 드라마에 관련된 젠더 이데올로기 연구 동향은 페미니즘 시각과 이론에 근거해 지배적 이데올로기인 남성 중심 가부장 젠더 이데올로기가 드라마에서 어떻게 재현되는지 혹은 얼마나 그 지지, 강화 역할의 메커니즘으로 작동하는지에 맞춰져 있다. 이 같은 연구는 페미니즘의 다양한 이론들 자체가 성의 본질과 여성 억압의 원인, 그리고 이를 극복하기 위한 실천적 전략들의 차이에서 생겨났고[14], 이런 이론들을 배경으로 한 텔레비전 드라마의 젠더 이데올로기 연구는 가부장 이데올로기의 재생산 역할 여부, 정도로 드라마를 평가하기 때문이다. 이는 앞서 문제 제기한 드라마에 관한 사회 규범적 잣대가 남성중심 기능주의적 편협한 평가라는 점과 다르지 않다. 즉 드라마의 페미니즘 연구 역시 여성중심 기능주의적 평가로, 단순화하면 평등한 성 구현을 위해 드라마가 얼마나 일조했는가 여부를 연구 대상으로 삼음으로써, 작가자체의 젠더 이데올로기 의식 저변에 깔려있는 전체 경향성을 논하기에는 편협하다. 따라서 본 연구는 김수현 작가의 젠더 이데올로기 경향성을 논하는데 있어 페미니즘 이론에 기반을 둔 여성중심 기능주의 평가를 제한하는 대신, 김수현 작가가 지향하는 젠더 이데올로기가 무엇인지를 규명코자 한다.

〈엄마가 뿔났다〉에 나타난 김수현 작가 홈드라마 장르 관습의 차별성

1) 〈엄마가 뿔났다〉의 안정적 서사전략

〈엄마가 뿔났다〉는 드라마 제목이 각종 사회 현안과 연관돼 패러디 될 정도로 화제가 된 국민드라마이다. 또한 〈엄마가 뿔났다〉는 〈사랑이 뭐길래〉(1991~1992, MBC), 〈목욕탕집 남자들〉(1995~1996, KBS), 〈내 사랑 누굴까〉(2002, KBS), 〈부모님 전상서〉(2005, KBS)를 잇는 김수현 작가의 홈드라마로, 김수현 작가 홈드라마의 전형성인 3대, 4대가 함께 모여 사는 '대가족체제'가 반복 설정돼 있는 작품이다. 즉 〈사랑이 뭐길래〉, 〈목욕탕집 남자들〉, 〈내 사랑 누굴까〉, 〈부모님 전상서〉와 마찬가지로, 서민층 대가족을 무대로 2대, 3대의 사랑과 결혼을 둘러싼 갈등이 중심으로 펼쳐진다. 2대의 세탁소 집을 무대로 펼쳐지는 〈엄마가 뿔났다〉 서사는 3대인 2녀 1남의 결혼을 둘러싼 가족 갈등이 차례로 혹은 뒤섞여 펼쳐지고, 자녀의 결혼 이후는 사돈집, 혹은 이혼남 사위의 전처와 딸 이야기 등으로 확장된 가족의 이야기를 다룬다. 또한 세 자녀의 결혼 생활이 어느 정도 안정기에 접어든 극의 후반부는 주부 경력 40년차이자 이 드라마의 중심인물인 60대 초반의 전형적인 대한민국 어머니 김한자의 자아 찾기가 주요 갈등 요소로 등장한다. 특히 〈엄마가 뿔났다〉 서사 구조는 4대 대가족을 중심으로 2대 장남 가족의 자녀들인 3대의 결혼을 주요 갈등 축으로 삼는 김수현 작가의 전작 〈목욕탕집 남자들〉, 〈내 사랑 누굴까〉와 유사하다. 다만 결혼 당사자의 성별이 〈목욕탕집 남자들〉에서는 손녀 셋이, 〈내 사랑 누굴까〉 경우는 손자 셋이, 그리고 〈엄마가 뿔났다〉에서는 손녀 둘과 손자 한 명으로 바뀐 정도이다.

두 번째 〈엄마가 뿔났다〉의 안정적 서사전략은 '다층적 인물 구성'을 통해 서사의 풍부함을 이끌어낸다는 점이다. 김포천(1998)도 김수현 작가에 관해 다양한 인물 군상 창조라는 중층적, 다층적 구성을 통해 텔레비전 드라마, 특히 연속극의 경우 요구되는 중층적 내용이나 구성을 김수현 작가가 달성하고 있다고 평한다[15]. 즉 세대, 성별, 경제적 계층, 교육 정도, 성격, 가치관을 제각기 달리하는 다양한 인물을 창조하고 창조된 등장인물을 생생하게 살림으로써, 드라마의 갈등을 끌어내고 긴장시키며 극적 재미를 더해주고 있다는 점이다. 이 같은 '다층적 인물 구성'의 관습은 서사축의 중심인 대가족 내에서 우선 명확히 구현된다. 대가족이 중심인 만큼 세대별로 뿐만 아니라 교육 정도, 성격, 가치관이 다른 다층적 구성원이 드라마의 갈등을 창출하고, 특히 결혼으로 확장된 서사는 이 같은 다층적 인물 구성의 갈등을 더욱 확대시킨다. 평범한 결혼생활을 영위하는 대부분의 등장인물들과는 다른 3대 장녀 나영수의 배우자인 이혼남과 그 전처의 이혼 부부의 모습이 이런 예이다. 또한 3대 막내 나영미의 결혼으로 확장된 가족관계 구성원 가운데 한 명인 상류층 시댁의 귀부인 고은아의 모습도 이런 예이다. 서민층 며느리와 상류층 시어머니의 갈등은 경제적 계층 차이로 빚어지는 갈등인 동시에 상류층 집안 내부에서 벌어지는 부부간의 갈등이라는 복식 구성도 달성시킨다. 이 같은 중층적, 다층적 구성의 관습은 앞서 언급한 대부분의 홈드라마에서 보이고 있고, 〈사랑이 뭐길래〉가 대표적인 경우이다. 완고한 가부장제를 고집하는 극중 이사장 집과 개방적 민주가정의 박이사 집 구성원의 대비와 이들 가족 내 갈등구도가 그렇다.

세번째 〈엄마가 뿔났다〉가 보여주고 있는 홈드라마 관습의 안정적 서사전략은 '일상성을 기초로 한 사실주의' 전략이다. 홈드라마의 장르적 관습 가운데 하나로 여겨지는 일상성[16]은 김수현 홈드라마 장르의 대표적 관습으로 특히 하루 시간대별로 가족의 일상을 현미경으로 들여다보듯이 세밀하게 그리고 있다는 점이 두드러진 특성이다. 이런 사실주의적 묘사 관습전략은 매회, 식사 장면을 빼놓지 않을 정도로 일상의 중대사인 먹고사는 문제를 중심으로 세밀하게 묘사된다. 특히 이런 전략은 작가의 지문과 대사에서 두드러지게 나타난다[13]. '이석은 동태전 부치고 있고, 한자는 매운탕 끓일 쌀뜨물 받느라 쌀 씻고 있고, 영미는 큰 냄비 가스에 올리고 달아오르기 기다리

---

13) 김수현 작가 대사에 관해서는 후속연구에서 심도있게 논의할 예정이므로 본고에서는 지문 부분만 언급하기로 한다.

는, 옆 도마에 무 납작하게 썬 것 잔뜩 쌓여있고'[17](1회)에서 마지막 회의 '와인은 콜크 아니고 그냥 비틀어 여는 것으로'[18](66회) 등 전체 텍스트 지문은 허구로서의 드라마 지문이라기보다는 극사실주의 그림을 보듯, 미세하고 디테일하게 묘사 하고 있다. 이 같은 극사실주의적 지문은 연기자의 동선, 행동, 말투는 물론이고, 주 무대가 되고 '집' 자체를 허구의 드라마 무대가 아닌 일상 공간 '집'으로 그려냄으로써, 그 속에서 이야기를 끌어가는 배우들 스스로에게 또한 수용자들에게 등장인물들은 물론이고 이들의 이야기, 갈등 즉 전체 내러티브가 대단히 현실적으로 사실로 받아들여지게 만든다.

네 번째 김수현 홈드라마가 구사하고 있는 장르의 안정적 서사전략은 '가족애'라는 주제에 대한 작가의 천착과 해피엔딩이다. '가족애'의 주제 의식은 양성희(1998)에 의하면 1990년대 이전 김수현 드라마들이 모난 사람들이 주고받는 격렬한 애증의 양가감정을 특유의 독설로 풀어낸 반면, 1990년대 들어서부터 가족 드라마를 통해 이런 극단적인 감정의 상태는 '가족' '가족애' '더불어 살기'라는 새로운 주제로 바뀐다고 분석한다[19]. 〈사랑이 뭐길래〉, 〈목욕탕집 남자들〉, 〈내 사랑 누굴까〉, 〈부모님 전상서〉가 그렇고, 〈엄마가 뿔났다〉 역시 이전 홈드라마들과 마찬가지로 격렬한 애증의 감정 대신, 여느 가족이나 겪을 수 있는 일상의 그고 작은 갈등을 하나하나 풀어갔고, 또한 이런 가족 간 일상의 갈등 자체가 사는 것의 일부며, 그 근간에는 흔들리지 않는 가족애가 있음을 주지시킨다. 이런 가족애의 주제는 매 홈드라마마다 또 다른 유쾌한 갈등의 시작을 알리는 해피엔딩(〈사랑이 뭐길래〉, 〈목욕탕집 남자들〉 〈내 사랑 누굴까〉), 혹은 그야말로 'home sweet home'의 단란한 온 가족의 풍경을 담는 해피엔딩(〈부모님 전상서〉, 〈엄마가 뿔났다〉)의 서사구조를 보여준다. 이 같은 해피엔딩의 서사구조는 '그래도 피붙이 가족만큼 소중한 것은 없다'는 '가족애'의 가치를 반복 전달하는 것이며, 특히 '가족애'의 중심 가치로 '효'를 반복 제시한다. 즉 김수현 홈드라마 서사 관습 가운데 가장 두드러지는 특성 가운데 하나가 핵가족 시대에 찾아보기 힘든 대가족제도라는 비현실적 가족관계의 설정이다. 이런 설정을 통해 〈엄마가 뿔났다〉는 언급한 홈드라마들과 마찬가지로 대단히 긴밀한 가족관계가 재현되고, 특히 '효'의 가치는 시대를 넘어 더욱 강조된다. 〈엄마가 뿔났다〉 이전의 〈부모님 전상서〉

경우는 드라마 제목부터 '효'를 강조하며 자신의 집 뒷동산에 모셔진 부모님의 묘소를 수시로 찾고, 매일 일기형식 편지를 쓰고 있다. 〈엄마가 뿔났다〉 경우, 외시아버지 1대 나충복에 대한 효심 역시 이에 못지않게 그려지고 있음을 볼 수 있어, '효' 중심 '가족애'의 '해피엔딩'이 김수현 작가 홈드라마의 안정적 서사전략임을 알 수 있다. 이 같은 '효' 중심 '가족애'의 서사전략은 또한 같은 시기 방송돼 〈엄마가 뿔났다〉와 1위 시청률 경쟁을 벌였던 문영남 작가의 주말연속극 〈조강지처 클럽〉(2007년 9월 29일~2008년 10월 5일, SBS)이 조강지처와 조강지부를 내세워 가족해체와 복수를 주요 서사 축으로 삼았던 것과 크게 차별성을 띄고 있는 요소다.

2) 〈엄마가 뿔났다〉의 변동적 서사전략

원용진(1997)은 구조주의 언어학의 랑그(langue)와 파롤(parole)의 역학관계를 통해 장르를 고착화된 것으로 보는 위험성을 지적한다. 즉 구조주의는 언어의 구조나 체계를 갖춘 랑그에 비해 개인적 언어사용 스타일을 지칭하는 파롤을 하위에 둔 채, 공시적(synchronic)연구에만 치우침으로써, 항상 긴장관계에 있게 되는 랑그와 파롤의 관계를 제대로 파악하지 못했다고 지적한다. 원용진은 이런 랑그와 파롤의 관계를 통해 장르 내에 존재 하는 자체 내 변동성을 장르(Genre) 대 장르(genre)로 표현한다[20]. 박승현, 이윤진(2007)의 경우, 장르의 역사성과 개별 장르의 하부 장르, 내러티브의 다층적 구조, 장르 혼용 현상 네 가지를 장르의 변동적 속성으로 제시하며, 이 가운데 통시적 접근을 통해 우리 멜로드라마 영화 장르의 역사성을 설명한다[21]. 본고 역시 〈엄마가 뿔났다〉를 중심으로 김수현 작가가 홈드라마 장르에서 보여준 역사성을 분석함으로써, 앞서 언급한 되풀이된 장르 관습에 어떤 변동성을 스스로 구현하고 있는지 살펴보기로 하겠다.

첫째 〈엄마가 뿔났다〉에 나타난 김수현 작가 홈드라마의 변동성은 1대 인물 구성의 변화이다. 〈엄마가 뿔났다〉와 마찬가지로 4대 대가족이 등장하는 〈목욕탕 집 남자들〉, 〈내 사랑 누굴까〉[14]와 비교해보면, 〈엄마가 뿔났다〉의 1대는 두 작품과 달리 상처한

14) 〈내 사랑 누굴까〉에도 상처한 홀아버지가 설정돼있지만, 이 경우 1대가 아닌 집안 대소사에

홀시아버지로 설정돼있다. 가족 위계질서의 가장 위에 있는 주인공 집안 1세대를 일종의 결함이 있는 인물로 설정한 부분은 3대를 등장시킨 〈사랑이 뭐 길래〉[15]와 〈부모님 전상서〉에서 역시 찾아 볼 수 없는 설정이다. 82세로 설정된 1대 나충복은 중졸의 학력이지만 근면, 성실로 평생 가족을 위해 애쓴 인물로, 가부장의 권위 대신 며느리 김한자에게 '아버님'이 아닌 '아버지'로 불리며 마치 부녀지간 같은 관계를 유지한다. 초반 역할이 없었을 정도로 미미하게 그려진 나충복은 중반부 평생 결혼 한 번 안 해 본 독신 할머니 안여사와 로맨스그레이를 펼치며 마지막 회 가족의 일원이 되는 모습으로 그려진다. 이처럼 〈엄마가 뿔났다〉에 나타난 1대 인물 구성 변화는 1대가 더 이상 대가족 가부장 질서의 꼭지점으로 위치하지 못하는 현실의 반영이며 동시에 노령화 사회로 접어든 우리 사회의 변모 상을 반영하는 서사전략이다. 1대의 모습은 실제적이든 상징적이든 1대의 가부장적 최고 지위에서 가족 구성원의 한 명으로 변모하며, 그 인간적 모습 즉 인간의 본질적 욕구인 성과 사랑을 중심으로 1대의서사가 전개된다는 변화를 〈엄마가 뿔났다〉는 보여주고 있다.

둘째 〈엄마가 뿔났다〉에 드러난 김수현 작가 홈드라마의 변동성은 3대의 결혼 변화상으로, 3대인 장녀 나영수는 고소득 전문직 노처녀 변호사로 이혼남과 결혼하고, 둘째인 장남 나영일은 혼전임신으로 연상녀와 결혼한다. 이는 〈사랑이 뭐길래〉 〈목욕탕집 남자들〉에서는 볼 수 없었던 결혼상이며, 2000년대 들어 이혼 소재가 등장한 〈내 사랑 누굴까〉 〈부모님 전상서〉와도 다르다. 즉 두 작품 경우, 세 명 자녀들 가운데 한 명만 이혼한 첫사랑과 결혼하거나, 4명 자녀 가운데 한 명이 이혼하는 모습이 그려져 있다. 단순화일 수 있지만 다자녀 가운데 한 명이 소위 문제 있는 결혼을 했던 두 작품들에 비하면 세 명 자녀 가운데 두 명이 문제 있는 결혼을 하는 〈엄마가 뿔났다〉의 결혼 변화상은 결혼에 관해 더 이상 규범적으로 적용해야 하는 소위 정상적인 결혼은 있지 않다는, 다양해진 결혼 풍속도를 반영한 서사 변화라고 할 수 있다.

셋째, 〈엄마가 뿔났다〉의 주인공인 2대 전업주부 김한자의 역할 변화이다. 62세의

크게 관여치 않는 2대 김희갑(49세)으로 설정돼있다.

15) 〈사랑이 뭐 길래〉의 박이사집 1대 경우 과부 할머니로 설정돼 있지만, 여동생과 함께 살며 부부갈등 못지않은 자매갈등을 연출해 커플처럼 보인다.

김한자는 고졸 학력으로 25살에 결혼해 시집살이 하며 자녀 셋을 낳아 키운 전형적인 서민층 어머니 상이다. 그러나 김한자는 같은 배역이라고 할 수 있는 〈사랑이 뭐 길래〉의 대발이 엄마, 여순자(김혜자)나 〈목욕탕 집 남자들〉의 맏며느리 김영자(고두심), 〈부모님 전상서〉의 엄마, 김옥화(김해숙)와 다르다. 〈엄마가 뿔났다〉의 김한자는 한 대가족 안에서 자신에게 맡겨진 본분에 충실한 전형적인 한국 어머니상을 재현하는 듯하지만, 결혼생활 40년이 가까워오자 안식년을 요구할 만큼 '자아 찾기'에 몰두한다. 이 같은 역할 변화는 지독한 가부장적 권위에 눌려 사는 〈사랑이 뭐 길래〉의 여순자와는 극심한 간극을 보이는 어찌 보면 과격한 변화지만, 기실 〈사랑이 뭐길래〉 〈목욕탕 집 남자들〉과 〈부모님 전상서〉에서 축적돼 온 변화기도 하다. 다만 그 표현 양식에서 큰 변화를 보여, 전작 작품 속 어머니들이 가사노동과 어머니의 희생에 관한 불만을 감정적으로 남편 혹은 자녀들에게 표현했다면, 〈엄마가 뿔났다〉의 김한자 경우는 논리적, 이성적 표현과 실천에 옮겼다는 점이 변화이다. 가사 노동의 가치와 인간으로서의 자아 찾기라는 구체적 요구와 실천적 행동의 변화가 후반부 서사의 갈등 축으로 자리하며 드라마 제목에 걸 맞는 역할 변화를 통해 변동적 서사전략으로 작동한다.

〈엄마가 뿔났다〉에 나타난 김수현 작가 홈 드라마의 젠더 이데올로기 경향성

1) 〈엄마가 뿔났다〉의 갈등 유형

첫 번째 〈엄마가 뿔났다〉의 갈등 유형은 선행 연구 인 멜로드라마 〈내 남자의 여자〉에 비해 현저히 그 긴장도가 약한 갈등이 등장한다. 즉 〈엄마가 뿔났다〉의 갈등 유형은 생활 밀착형 갈등 유형으로, 일상에서 누구나 겪게 되는 연애, 결혼, 가족 간 소소한 말싸움, 기 싸움 정도의 갈등 유형이 전체를 차지하고 있어 〈내 남자의 여자〉에서 제시된 가족 해체 위기, 혹은 가족 해체라는 높은 긴장의 갈등 유형은 찾아 볼 수 없다. 유일한 드라마적 허구의 갈등으로 여겨지는 김한자의 1년 안식년 요구도 가족들의 이해 속에 집과 자신의 독립처를 오가는 약한 긴장으로 제시되고 있다. 이 같은 약한 긴장의 갈등 유형은 대가족제도를 홈드라마 장르 관습 무대로 사용하는 김수현 작가의 가부장 중심 젠더 이데올로기에 관한 저변의식을 분석해 낼 수 있는 부분이다. 즉 드라마라는 허구의 세계가 아닌, 이웃집 이야기, 나의 이야기로 갈등을 제시함으로써, 가부장 중심 젠더 이데올로기에 관한 논의조차 어쩌면 부질없는 논의일 수 있다는 작가의 메시지로도 해석된다. 멜로드라마에서 제시된 강한 긴장의 갈등이 성의 본질, 성의 역할, 가족의 의미 등 젠더 이데올로기에 관한 문제의식의 발현인 반면, 홈드라마의 약한 긴장의 갈등은 문제의식의 제시라기보다는 '공감'과 '현실성' '사실성'에 초점을 맞추는 일상의 재현이고, 젠더 의식에 관한 논의조차 일상에서는 찾아볼 필요 없는 그야말로 논의를 위한 논의라는 작가 의식의 일단으로 해석으로 해석할 수 있다.

두 번째 〈엄마가 뿔났다〉의 주요 갈등 유형은 3대 결혼을 둘러싼 2대 어머니 김한자의 저항 유형이다. 김한자의 자랑거리인 노처녀 변호사 장녀 나영수, 집안 애물단지인 고졸 출신 장남 나영일, 나무랄 것 없이 야무진 막내 나영미는 제각각 재혼남과의 결혼, 혼전임신으로 인한 연상녀와의 어거지 결혼, 상류층 사돈과의 결혼으로 갈등을 빚게 된다. 이 과정에서 빚어지는 갈등의 주(主) 대립자는 당사자들인 자식들과 어머니 김한자로, 전통적 결혼의 조건으로 여겨지는 비슷한 집안끼리의 총각, 처녀가 많은 이들의 축하 속에 결혼식을 올리고 사는 결혼을 정상적으로 생각했던 김한자에게는 수용하기 쉽지 않은 결혼이다. 세 자녀의 결혼을 둘러싼 갈등 가운데 첫 번째로 등장하는 나영일의 갈등은 이후 전개될 갈등에 비해서 비교적 수월하게 수용된다. 혈족의 자식을 가졌다는 가부장적 지배 이데올로기가 발현된 때문이다. 하지만 나영수의 경우는 결혼을 수용하기가 쉽지 않다. 가족 구성원 가운데 끝까지 반대하는 김한자와 나영수의 대립은 재혼남에서 더 나아가 전처소생 딸이 있다는 사실로 인해 극한으로 치닫는다. 이 역시 가부장적 지배 이데올로기의 발현에 의한 대립, 저항 양상으로, 전처소생 딸이란 전처와 동일시될 수 있는 적대 세력이자, 온전히 유지되어야 할 재혼남과의 가부장 가족 관계에 가져올 내재적 균열의 위협요소로 여기는 김한자의 두려움에서 비롯된 저항으로 해석된다. 하지만 60평생 전업주부로 살아오며 "나도 다음 생애는 내 이름 석 자로 불리고 싶다"는 마지막 회의 김한자 독백에서 묻어나온 성 역할에 대한 저항으로도 해석된다. 고정된 성 역할을 거부하고픈 자신의 한을 대신 풀어줄 것으로 기대한 자신의 대리인, 장녀에 대한 분노, 좌절에서 비롯되는 저항이고, 이런 저항은 김한자의 가부장적 지배 이데올로기에 대한 저항의식으로 바로 해석될 수 있다. 따라서 장녀 나영수와의 결혼을 둘러싼 갈등 유형은 60대 우리 시대 어머니들에게 '혼재'하는 전통적, 지배적 가부장 이데올로기에 대한 유지, 강화의 입장과 저항의 입장이 뒤섞여 제시되는 것으로 해석된다. 하지만 막내 나영미의 결혼을 둘러싼 김한자의 저항은 남성 중심 가부장적 지배 이데올로기에 대한 분명한 저항으로 해석된다. 즉 여성 억압은 자본주의 계급의 산물이라는 마르크스 페미니즘 시각으로 분석해 볼 때, 딸이 부잣집에 시집 가 호강하며 살 수 있다는 계층 이동의 환상 대신 다만 딸이 겪을 계급적 억압을 더욱 우려하는 김한자의 저항은 대단히 여성 해방적인 '진보'적 경향성이다. 남자에 의해 권력을 획득하고 세습하려는 여타 드라마들의 여성간 갈등 유형들과는 다르다. 대표적인 예가 〈하늘이시여〉로, 전통적 가부장제가 여성에 의해 도전받는 변화를 그렸다고[22]고는 하지만, 남성을 통한 신분 상승을 위해 자신이 버린 딸 자경을 의붓아들 왕모와 결혼시켜, 왕모 家에 편입시키려는 영선의 내러티브가 주요 갈등 유형인 것과 크게 대비된다.

2) 〈엄마가 뿔났다〉의 갈등 관련 젠더 역할

〈엄마가 뿔났다〉의 갈등 관련 젠더 역할에서 가부장 남성들인 김한자의 남편 나일석과, 시아버지 나충복은 갈등 중재자 역할을 담당하고 있다. 나일석과 나충복은 권위적인 가부장 모습을 탈피한 인물들로, 나일석은 자녀들의 결혼 문제에 있어서, 특히 나영수의 결혼을 둘러싼 갈등에 있어서 적극적인 중재자 역할을 담당한다. 나일석은 간신히 고등학교 졸업하고 말단 철도 공무원으로 시작해 철도공무원으로 정년퇴직한 근면 성실의 표본이고 다정다감 속이 따듯하고, 갈등 자체를 회피하는 인물로 설정되어 있다. 또한 가족이 자신의 전 세계이자 우주이며 온 가족에게 늘 모든 것이 미안한 인물로 설정돼 있어 능력보다는 인간성으로 자녀들에게 존경과 사랑을 받는 인물로 묘사된다. 나충복 역시 나일석과 유사한 캐릭터로 설정돼 있으며 더불어 민주적이고 개방적이며 합리적으로까지 그려지고 있어서 김한자의 안식년 요구를 둘러싼 갈등 중재의 주 역할을 담당한다. 이 같은 가부장의 모습은 〈부모님 전상서〉에서도 구현돼, 가부장인 안교감은 첫째 성실의 이혼문제에 관해서조차 묵묵히 지지를 보내며 아내 옥화보다 자녀들과의 소통의 채널을 더 많이 보유하고 있는 인물로 그려진다. 이런 남성의 역할에 관해 페미니즘 시각에서는 전통적 남성 중심 가부장 지배 이데올로기를 옹호하는 작가의 보수적 의식을 반영하는 것이며, 홈드라마가 보여주는 일상성도 이상화된 가족의 판타지라고 분석한다[23]. 이 같은 분석은 김수현 작가가 홈드라마 장르에서 구사하고 있는 안정적 관습 전략, 즉 대가족 체제의 반복 설정과 '효'를 중심 가치로 내세운 '가족애'의 주제 의식과 맞물려 일견 타당한 분석이라고 할 수 있다. 하지만 본 연구는 앞서 언급한 대로 페미니즘 시각의 젠더 이데올로기 연구가 작가의식의 총체성을 다루기에는 편협하다는 점을 다시 상기하며, 〈엄마가 뿔났다〉에서 구현된 이상적 가부장 남성이 작가의 보수적 시각, 즉 남성 지배적 젠더 이데올로기를 옹호 내지는 가부장체제로의 회귀를 생산하는 메커니즘이라기보다는 김수현 작가의 자본주의 이데올로기 속에 매몰되고 있는 인본주의 경향성을 지적하고자 한다. 이런 인본주의 경향성은 우리 자본주의 사회의 변화상에 따라 때로는 여자 입장을 내세운 것으로, 때로는 남자 입장을 내세운 것으로 외견상 비춰질 뿐이다. 즉 여권신장 시대, 더구나 나이 들고, 경제적으로 무능력한 남자들을 다만 약자로 생각하는 김수현 작가의 인본주의 작가의식의 발현이라고 분석한다.

이 같은 분석은 갈등 관련 여성의 역할에서도 동일하게 적용할 수 있다. 나영수의 결혼을 둘러싼 갈등 해결이 가부장 남성들의 중재가 있긴 했지만, 결국 해결자는 김한자 스스로의 변화된 의식이었고, 이런 김한자의 변화된 의식은 모녀간의 상호이해에서 나아가, 나영수 배우자인 이혼남의 전처소생 까칠한 딸 소라의 마음을 열어 가족으로 결속시키는 역할도 담당한다. 페미니즘 시각의 젠더 이데올로기 연구 대부분에서 여성의 대립자는 남성이 아닌 같은 여성이며, 여성들은 남성의 대상, 주체로서만 타자화(他者化) 된다는 연구 결과들을 뒤집는 결과이다. 또한 나일석의 쌍둥이 여동생으로 등장하는 시누이 나이석의 갈등 관련 성 역할 역시 대립자가 아닌 지지자로 구현된다. 외견상 김한자의 독립선언에 가장 저항한 인물은 나이석이지만, 이는 외견상 저항이었을 뿐 가장 살가운 친구, 동지를 잃을까봐 두려운 심리의 방어기재인 것으로 묘사한다. 많은 홈드라마가 결혼 등 갈등 관련 성역할에서 여성 간 대립을 그리고 있다는 면에서 김수현 작가의 홈드라마가 보여주는 젠더 이데올로기는 결코 퇴행적, 보수적이지 않다. 다만 성 대립의 젠더 이데올로기를 작품 내 투영하거나 내포하는 대신, 돈의 가치가 모든 것을 대치하는 자본주의 이데올로기에 저항하고 있는 것으로 분석된다. 자본주의 이데올로기 속에 붕괴돼 가는 가족의 가치, 일상의 갈등 속에 사랑과 이해, 화합을 모색하는 가족 관계를 복원시키려 하고 있고, 남자든 여자든 약자, 희생사에 대한 인간의 도리를 지향하는 인본주의 경향성이 두드러지기 때문이다.

맺음말

이상에서 논의한 바와 같이 김수현 작가는 홈드라마 장르에서 관습 반복의 안정성과 변화의 변동성을 적절히 융합하는 서사전략을 통해 대중적 소구력을 확실하게 획득하고 있음을 볼 수 있다. 이는 작가의 시대적 감수성에 기인하는 작가적 차별성으로, 홈드라마가 요구하는 사실성과 공감 획득에 대단히 주효한 작가적 역량이다. 또한 〈엄마가 뿔났다〉를 통해 보이는 김수현 작가의 젠더 이데올로기는 성 대립 혹은 남성지배 가부장 젠더 이데올로기에 대한 보수, 진보의 경향성을 논의하기 보다는, 자본주의 이데올로기에 함몰, 붕괴되어 가는 인간성의 회복, 사랑과 이해, 신뢰를 기본으로 하는 가족의 가치를 회복하고자 하는 인본주의적 경향성을 볼 수 있다. 이는 불륜이라는 가족 관계 자체를 붕괴시키는 강한 긴장의 갈등을 배치한 멜로드라마에서 보여준, 남성 지배 가부장 젠더 이데올로기(gender idelogy)를 전복하는 작가의 진보적 젠더 이데올로기의 경향성과는 다른 부분이다. 하지만 장르별로 철저히 다른 갈등, 인물을 배치한 작가의 의식을 전제하지 않은 채, 김수현 작가의 이데올로기 경향성을 논한다는 자체가 사회규범적 기능주의 잣대 혹은 페미니즘 시각의 편협한 잣대를 들이댄 우를 다시 되풀이 하는 것이라고 할 수 있다. 즉 김수현 작가는 장르별로 내적 자율 규제에 의해 갈등의 정도를 조절할 뿐이며, 그 저변에는 문제를 제기할 때와 해결책을 제시할 때의 명확한 선긋기가 시청자도, 방송사도 아닌, 스스로에 의해서 통제되기 때문이라고 분석할 수 있다. 하지만 이 같은 장르별 자율 규제와 통제의 작가의식이 수많은 아류작을 양산하는 텔레비전 드라마 현실 속에 어떻게 작용하는 지에 관한 논의는 다시 후속 연구로 제안되어야 할 부분이다. 또한 텍스트 분석을 통한 작가연구에 있어서도 서사 전략을 중심으로 한 차별성과 더불어 김수현 작가만의 독보적 역량이자, 호불호의 엇갈린 세평을 낳고 있는 대사력에 관해서도 심도 있는 깊은 논의를 후속 연구로 제안한다.

〈참고문헌〉

[1] 한국방송비평회, 방송비평의 실제, 한울아카데미, p.282, 2001.

[2] 원용진, "장르변화로 읽는 사회", 언론과 사회, 제16호, pp.100-133, 1997.

[3] 토마스 샤츠, 한창호·허문영 역, 헐리우드 장르의 구조, 한나래, 1995.

[4] 박승현, 이윤진, "장르의 속성에 대한 고찰", 언론과학연구, 제24권 1호, pp.78-107, 2007.

[5] S. Neale, "Questions of genre", Screen, Vol 31 (1), pp.45-66, 1990, 주창윤, "텔레비전 프로그램 장르 분류 기준에 대한 연구" 방송연구, 겨울호, pp.105-136, 2004, p.108에서 재인용.

[6] G. Murdock, "Fabrication fictions: Approaches to the study of television drama production", Communication, Vol.6, pp.17-33, 1980, 김훈순, 박동숙, "TV 드라마 여성작가 연구", 언론과 사회, 제4권, pp.149-189, 1999, p.154에서 재인용.

[7] 김응숙, "텔레비전 드라마 〈종합병원〉의 담론분석", 언론과 사회, 제7권, pp.130-161, 1995.

[8] 김훈순, 김명혜, "텔레비전 드라마의 가부장적 서사전략", 언론과 사회, 제12권, pp.6-50, 1996.

[9] 김명혜, 김훈순, "여성이미지의 정치적 함의: 텔레비전 드라마를 중심으로", 한국언론학보, 제38호, pp.203-248, 1996.

[10] 하윤금, "멜로드라마의 이성애적 서사구조에 대한 해석: 〈청춘의 덫〉을 중심으로",

한국언론학연구, pp.307-335, 1999.

[11] 백선기, 김승희, "텔레비전 드라마의 갈등 표출과 이데올로기적 의미: 드라마 〈아줌마〉에 대한 기호학적 분석을 중심으로", 기호학연구, 제10권, pp.157-195, 2001.

[12] 송명희, "〈부모님 전상서〉에 나타난 가족 이데올로기와 젠더의식", 우리어문연구, 제26집, pp.121-139, 2006.

[13] 조항제, 홍찬이, 강승화, 문소영, "텔레비전 멜로드라마에서 나타나는 가족 표현의 변화: 〈하늘이시여〉와 〈굿바이 솔로〉를 중심으로", 한국방송학보, 통권 제21-6호, pp.574-617, 2007.

[14] T.,Rosemary, 이소영 역, 페미니즘 사상, p.15, 한신문화사, 1995.

[15] 김포천 외 3인 엮음, 김수현 드라마에 대하여, pp.40-42, 솔, 1998

[16] 최영묵, 주창윤, 개정판 텔레비전 화면깨기, 한울아카데미, pp.142-144, 2003.

[17] http://www.kshdrama.com/

[18] Ibid.

[19] 김포천 외 3인 엮음, op.cit., pp.236-249.

[20] 원용진, "장르변화로 읽는 사회: 인기드라마〈모래성〉과 〈애인〉을 중심으로", 언론과 사회, 통권 16호, pp.100-133, 1997.

[21] 박승현, 이윤진, op.cit., pp.78-90.

[22] 조항제, 홍찬이, 강승화, 문소영, op.cit., p.596.

[23] 송명희, op.cit.,pp.135-136.

2막.
김수현 멜로드라마의 주체와 욕망

1.

라깡으로 들여다 본 김수현 멜로드라마의 여성캐릭터

들어가며

본고는 지금껏 학문적 연구 대상에서 소외돼 온 텔레비전 드라마 작가에 관한 연구 작업의 지속으로, 김수현 작가를 논한 선행 연구에 이은 후속 연구이다[1]. 선행 연구에서 필자는 장르 문법과 이데올로기 분석을 통해 김수현 작가의 차별성과 경향성을 제시 했다. 특히 선행 연구 작업에서 주목하고자 하는 바는 김수현 작가의 멜로드라마이다. 작가가 멜로드라마를 통해 보여준 '심리추적과 이분법 파기'의 차별성과 '가부장 중심 젠더 이데올로기 전복'의 진보석 경향성은 안정과 변동의 서사 전략을 구사하며 인본주의적 경향성을 보인 홈드라마에 비해, 김수현 작가의 차별성과 경향성이 상대적으로 두드러지고, 도드라지게 발화되고 있기 때문이다. 여기서 상대적이라 함은 선행 연구에서도 분석했듯이, 김수현 작가는 장르별로 갈등의 소재, 정도, 해결 방식과 주제 의식에 있어 명확한 선긋기를 함과 동시에 시청자도, 방송사도 아닌 스스로의 자율 규제 의식에 의해 통제하고 있음을 의미한다. 즉 홈드라마 장르에서 보인 김수현 작가의 차별성과 경향성은 스스로의 자율 통제 의지와 의식에 의해 멜로드라마에 비해 상대적으로 억압되고 있음을 의미한다. 따라서 멜로드라마에서 발화되고 있는 김수현 작가의 차별성과 경향성에 관한 심층 분석이야말로 작가의 의식 저변을 파헤쳐 볼 수 있는 의미 있는 드라마 작가 연구 작업이 될 것이다.

특히 장르 이론과 관련해 TV 프로그램에 일반적으로 장르 이론을 적용하는 것은 한계가 있음을 지적하는 많은 비평가 견해를 생각할 때 그 의미는 더한다. "TV 프로그램과 관련해서 장르의 순도를 주장하는 것은 무의미하고,(Feuer, 1992), TV 장르와 편성 포맷은 대단히 혼재되어 있으며(Allen, 1989) 더욱 그런 방향으로 나아가고 있다"는 터너(G. Turner)의 요약[2]이 그렇다. 하지만 불륜드라마로도 분류[3]되는 불륜의 재제 멜로드라마 경우 김수현 작가는 주말연속극 형태로 편성된 홈드라마에서 철저히 배제하는 경향성이 두드러지다. 반면 〈엄마가 뿔났다〉와 같은 시기에 방송돼 시청률 1위 경쟁을 벌였던 문영남 작가의 주말연속극 〈조강지처 클럽〉(2007. 9. 29~2008. 10. 5, SBS)은 불륜이 소재가 된 홈드라마와 멜로드라마가 혼재된 대표적 비교 사례이다. 또한 김수현 작가는 미니시리즈 형태가 자리 잡은 1990년 이후 들어 특히 편성시간대별 장르 구분이 확고해져 〈사랑이 뭐길래〉(1991. 11. 23~1992. 5. 35, MBC)를 필두로, 〈목욕탕집 남자들〉(1995~1996, KBS), 〈내 사랑 누굴까〉(2002, KBS), 〈부모님 전상서〉(2005, KBS), 〈엄마가 뿔났다〉(2008, KBS), 〈인생은 아름다워〉(2011, SBS) 등 주말 연속극은 홈드라마로, 〈두 여자〉(1992, MBC), 〈청춘의 덫〉(1975, MBC, 리메이크 1999, SBS), 〈불꽃〉(2000, SBS), 〈내 남자의 여자〉(2007, SBS) 등 미니시리즈에는 멜로드라마를 등장시킨다. 하지만 편성 시간대별 김수현 작가의 홈드라마와 멜로드라마의 장르 구분에 있어 멜로드라마를 불륜드라마와 동일시하는 것은 지양하고자 한다. 김수현 작가의 멜로드라마는 남녀의 사랑을 중심으로, 불륜뿐만 아니라 운명적 장애 등이 사랑의 의미 추구 재제로 혹간 등장하기 때문이고, 〈완전한 사랑〉(2003, SBS), 〈사랑과 야망〉(1987, MBC, 리메이크 2006. SBS), 〈천일의 약속〉(2011. SBS)이 그 예이다. 하지만 주말연속극으로 방영된 홈드라마 경우, 예외 없이 불륜 등 소위 자극적 소재는 배제한 채 대가족을 포진시켜 3세대의 결혼을 중심으로 일상을 꼼꼼히 그려내고 있다. 이처럼 편성시간대를 중심으로 한 김수현 작가의 장르별 특성은 그럼에도 불구하고 선행연구에서도 언급했듯이 단순히 사회 규범적 기능주의 잣대 혹은 페미니즘 시각의 편협한 잣대를 들이대는 우를 범하는 대신, 작가의 내적 자율 규제에 더 주목해야 함을 강조하고자 한다. 따라서 본 연구는 가족 시청 층을 대상으로 한 주말연속극으로 편성되는 홈드라마보다는 작가의 내적 자율 규제 의식이 덜한 멜로드라마에서 발화되고 있는 김수현 작가의 의식 그 심층 저변을 분석해보고자 한다.

연구 대상과 방법

1) 연구 대상

김수현 작가의 멜로드라마에 발현된 저변 의식을 탐구하기 위해서는 멜로드라마에 관한 장르 논의가 먼저 언급되어야 할 부분이다. 우리가 알고 있는 멜로드라마에 관한 정의는 우연성과 비극성이 과장된 정서에 기대 관객의 눈물샘을 자극하는 내러티브, 특히 도덕성이 강조되는 장르로 생각하는 것이 일반적이다. 멜로드라마 장르 논의에서 빼놓을 수 없는 브룩(P Brook)이 멜로드라마의 특성을 "강력한 감정성에 몰두/도덕적 양극화와 도식화/존재와 상황과 행동의 극단화/명백한 악행/선한 자에 대한 박해/궁극적으로 미덕에 대한 보상"[4]으로 규정한 것이 그렇다. 하지만 이처럼 여성용 오락 생산물쯤으로 진지한 논제 대접을 받지 못하던 멜로드라마가 페미니스트 영화 학자들을 중심으로 한 연구자들에 의해 사회 관습의 질서와 규칙, 그 모순을 드러내는 시스템 속에서 개인 연애 담론을 내러티브 욕망으로 풀어가는 성 정치 이데올로기 연구로 확장, 재정립[5]된 것도 사실이다. 그런데 이와 같은 멜로드라마 장르 연구의 시선 변화와는 별개로 김수현 작가 경우, 저작 초기부터 과장된 정서와 감상주의에 의존하는 사랑의 환상 이야기 대신 가부장 이데올로기 관습의 모순과 틈새를 드러냈고, 엄혹한 유신 시절 불륜, 혼전 동거 등 윤리적 논란을 빚으며 중단, 조기 종영 사태를 빚은 초기 멜로드라마 〈안녕〉(1975, MBC), 〈후회합니다〉(1977, MBC), 〈청춘의 덫〉(1978, MBC) 사례가 반증이 될 수 있다. 이처럼 김수현 작가의 멜로드라마는 작가 스스로의 장르별 내적 규제 완화와 일관되게 진보적 이데올로기 의식을 중층적으로 내포해 온 작가 의식의 발현체라는 점에서 작가의 의식 저변을 탐구하는데 유효하다. 본 연구는 작가의 멜로드라마들 가운데서도 정통 멜로물로 주목 받았던 미니시리즈 〈내 남자의 여자〉(2007, SBS)와 김수현 작가의 대표작 가운데 하나인 서사멜로드라마 〈사랑과 야망〉(1987, MBC, 리메이크 2006, SBS)의 여주인공, 화영과 미자를 연구대상으로 삼는다. 〈내 남자의 여자〉는 앞서 언급한 대로 장르 혼재의 TV 드라마 틀 속에서 불륜을 소재로 한 정통 멜로였다는 점, 〈사랑과 야망〉 경우는 일반적으로 작가의 대표작 가운데 하나로 꼽힌다는 점 이외에 산업적 외연에 그다지 영향을 받지 않는 것으로 보이는 김수현 작가의 지위와 더불어 조기 종영한 〈청춘의 덫〉(1999, SBS 리메이크)을 제외하고 유일한 리메이크 작이란 의미, 그리고 20년을 관통한 작가의 의식 변화를 주목해서이다.

또한 〈내 남자의 여자〉와 〈사랑과 야망〉의 두 여주인공 이화영과 김미자는 김수현 작가 멜로드라마의 여주인공들 가운데서도 특히 그 심리적, 성격적 캐릭터 특성에서 대단히 유사한 것도 주목할 부분이다. 1958년 겨울부터 1987년 겨울까지 전후 근대사를 배경으로 한 서사멜로 〈사랑과 야망〉(2006년 리메이크 작품 경우는 1992년이 최종회인 81회의 마지막 시점으로 그려진다)의 여주인공 미자는 전쟁 통에 아들을 잃고 알코올 중독자가 된 아버지를 둔 어두운 인물로 가출, 상경, 톱스타의 인생 역정을 독립적으로 쟁취하는 인물이다. 이 과정에서 유명 감독과의 첫 결혼, 사별, 그리고 첫사랑인 박태준과 재결합하며, 외견상 부침 많은 인생이지만 사랑의 완성을 이뤄내는 전형적 멜로드라마의 여주인공으로 보인다. 하지만 미자는 태준과의 결합 이후 히스테리와 강박관념에 줄곧 시달리며 끝내 불행하다. 〈내 남자의 여자〉의 화영은 유일한 친구의 남편인 홍준표와 불륜 끝에 온갖 사회적 비난에도 불구하고 사실혼 관계에 들어가지만 사랑, 상대 남에 관해 끝없이 회의하고 갈등하며 스스로 파국, 결별, 홀로서기를 선택하는 인물이다. 외형적으로 화려하고 도발적인 이 둘은 치명적 매력으로 남성을 죽음이나 고통 등 불행한 상황으로 몰고 가는 여성을 지칭하는 용어인 소위 팜므 파탈(femme fatale) 유형이다. 도덕성이 강조되는 멜로드라마에서 흔히 '악녀'나 '요부'로 평면적으로 그려져, 여주인공의 순수함을 확대시켜주는 실질적 조연 역할을 담당하는 유형이지만, 김수현 작가 경우 이 둘, 팜므 파탈을 여주인공으로 내세워 사회 관습과 통념에 반발하며, 사랑의 본질, 실체와 욕망, 그리고 주체에 관해 집요하게 파헤친다. 바로 이 점에서 〈사랑과 야망〉의 미자, 〈내 남자의 여자〉의 화영은 김수현 작가의 차별성과 경향성을 심도 있게 파헤쳐 볼 수 있는 대상이고, 또한 20년 시간의 궤적을 되짚는 작가의 의식 심연을 분석해 볼 수 있는 연구 대상이다.

2) 연구 방법

본고는 욕망의 실현에 있어 주체적이고 사랑의 실체에 관해 끊임없이 회의, 갈등하는 두 인물을 분석하는 데 있어, 라깡(J. Lacan)의 정신분석 이론을 연구 틀로 적용한다. 철학, 문학, 문화학, 심리학, 여성학 등 다양한 분야의 기초 학문으로 뿌리내린 정신분석학 역사에서 '프로이드의 복귀'를 주창하며 '무의식은 언어처럼 구조화 돼있다'는 대명제로 오늘날의 정신분석학 기초를 재정립한 라깡의 정신 분석 이론을 적용함은 본고의 연구 목적과 대상을 고려할 때 타당한 일이다. 'Cogito, ergo sum: 나는 생각한다. 고로 존재 한다'는 데카르트(R. Descartes)의 근대 철학의 대명제를 뒤집은 라깡은 "나는 존재하지 않는 곳에서 생각하고, 따라서 생각하지 않는 곳에서 존재 한다"(Lacan, 1966, p.571)[6]는 정의를 통해 사유의 존재와 존재의 주체를 분리하며, 주체의 소외와 결여, 분열을 설명해냈다. 이러한 주체의 소외와 결여, 분열은 라깡 이론의 핵심이라고 할 욕망(desire)이론 이어진다. 본고는 이 같은 라깡의 주체 개념과 욕망 이론을 준거 틀로 〈사랑과 야망〉 〈내 남자의 여자〉의 미자, 화영을 분석함으로써, 김수현 작가 의식 저변을 탐구한다.

라깡의 주체(Subject)와 욕망(Desire)

라깡의 주체는 구조주의 시각에 영향을 받는다. 코기토(Cogito)의 이성적, 주체와 대립하는 구조주의는 주체의 행위와 의미가 구조의 요소들이 맺는 관계와 위치에서 발생하는 부차적 결과물일 뿐[7]으로, 레비-스트로스를 위시한 구조주의자들이 사용하는 주체는 무의식과 문화적 중층결정에 좌우되는 빈 주체이다[8]. 라깡에게도 주체는 사유하는 주체와 존재하는 주체가 '에르고(ergo), 그러므로'로 연결되는 분리 불가능한 것, 단일하고 투명하고 통일 된 것이 아니다. 라깡에게 주체는 사유의 주체와 존재의 주체가 분열된 것이다. 라깡은 주체 개념에 있어 구조주의 시각에 더해 소쉬르(F.Saussure)로부터 연원하는 공시적(synchronique) 구조주의 언어 연구 관점을 적용, "무의식은 언어처럼 구조화 돼있다"며 무의식의 언어 효과를 주장했다. 이는 무의식의 개념을 실체적 내용보다 형식적 개념으로 정의한 것으로 라깡에게 인간의 무의식은 단지 억압된 생물학적 본능의 집합체가 아니라 상징적, 언어적 가치와 구조를 가진 것이다[9].

라깡에게 언어란 무엇인가? 언어란 '사유의 주체'를 상징계 안에서 기표(시니피앙, sinifiant)로 대리하고 거기서 의미를 얻게 하는 것으로, 기표로 대리할 수 없고 합리적으로 규정할 수 없는 '존재의 주체'와 '분열'을 발생시킨다. 라깡은 소쉬르의 언어 도식에서 기표(시니피앙, sinifiant)와 기의(시니피에, sinifier) 위치를 바꿔 기의를 분리선 아래 위치시킴으로서, 기의는 억압되어 영원히 도달할 수 없는 것, 따라서 억압된 무의식적 내용, 기의는 은유와 증상을 통해서 간접적으로만 도달할 수 있는 것으로 설명한다. 즉 소쉬르는 기호(sign)를 음운론적 요소인 기표와 개념적 요소인 기의로 구분하고 이 둘의 연합이 의미를 만들어 낸다고 보았지만, 라깡은 음운 요소와 개념 요소의 안정적 대응을 통한 의미 고정은 불가능하다고 본다[10]. 후기 구조주의로도 분류되는 라깡은 이처럼 소쉬르가 제시한 언어적 기호의 작용, 즉, '기표'와 '기의'의 대칭적 통일, 자의적 결합을 통한 의미 고정은 불가능함을 제시하고 있다. 또한 구조주의가 간과한 기호와 주체의 관계도 제시해, 주체는 불가능한 의미 고정과 도달할 수 없는 기의를 표현하기 위해 '끊임없이 기표에서 기표로 미끌어진다'(Lacan, 1966, p.506)[11]고 말한다. 이처럼 라깡에게 주체는 언어에 의해 형성되지만, 언어의 불완전성으로 주체의 존재를 그대로 반영 할 수 없는 채, 존재 결여에 시달리는 존재이다. 즉 라깡의 주체는 언어의 기호 작용(signification)에 의해서만 형성되어, '나'라고 말하는 언어의 기호 작용에 의해서 주체가 형성되지만, 바로 그 순간부터 존재와의 일치는 사라진다. 라깡에게 주체는 존재로부터 '소외'된 주체이고, '존재 결여'와 '분열'에 시달리는 존재이다. 그렇다면 라깡에게 주체란 단지 존재로부터 '소외'된 '빈 주체'로 '결여'와 '분열'만 자리한 존재일까? 불완전한 언어에 예속되어 도달할 수 없는 기의를 향해 끊임없이 '미끄러지는' 기표에만 허무하게 의존하는 존재일까? 여기서 우리는 라깡의 욕망 이론을 주목한다, 자유 의지를 가졌음에도 구조적 결정론과 예속론을 주장한 구조주의자의 수동적 '빈 주체'와는 달리, 라깡의 주체는 '욕망의 주체'로 수동성을 극복한다.

라깡의 욕망(desire)은 우리가 흔히 일반적으로 사용하는 의미에서의 욕망과는 다른 새로운 개념이다. 라깡의 욕망은 자본주의적, 성적, 사회정치적 의미의 욕망으로 단순히 규정지을 수 없다. 라깡에게 욕망이란 인간이 존재하기 위한 전제 조건이며, 인간의 필연적인 근원적 결여 속에 발생하는 능동적 행위이다. 라깡의 욕망은 인간의 전제 조건으로, 자연 현상과 부딪힐 때 발생하는 생물학적 본능, 즉 '욕구(needs)'와는 다른 인간만의 행위이다. 욕구의 대상은 추위나 배고픔 등을 해결해 주는 자연적· 물리적 사물이다. 반면 욕망은 인간만이 가능한 '요구(demand)'의 과정에서 발생하는 개념으로, 욕망의 대상은 '타자의 욕망'이다. 말 못하는 아기가 울음으로 표현하는 것은 생물학적 욕구가 전부가 아니다. 자궁에서의 충만함과 동일시 될 수 있는 대타자(the Other)의 무한한 사랑도 '요구'한다. 여기서 대타자라 함은 에반스(D. Evans)의 해석에 따르면 주체를 형성하게 하는 '타자성'의 영역의 총칭으로, 때에 따라서는 다른 대상을 지시하기도 해서 타자 중에서도 중요한 타자인 부모(특히 어머니)이기도 하고, 상징계, 즉 언어의 영역이기도 하다. 이러한 상징계(le symbolique)로서 대타자는 무의식이 존재하는 장소이다[12]. 하지만 라깡에게 대타자 역시 완전하지 않다. 대타자 역시 불완전하고, 결여에 시달린다. 라깡에게 '요구'란 생물학적 욕구의 충족에 대한 갈망과 이런 대타자에 의한 무한한 사랑에 대한 갈망을 모두 포함하는 것으로, 완전한 사랑에의 갈망은 불완전하고 결여에 시달리는 대타자에 의해 결코 충족이 가능하지 않다. 이 충족되지 않은 '요구'의 '잔여'가 욕망을 불러일으킨다. 즉 라깡 욕망이론의 핵심은 결코 채워질 수 없는 결여와 결합된 개념으로, 주체의 욕망은 타자의 욕망이며, 욕망의 대상도 타자의 욕망의 대상이며, 역시 결여된 타자에 의해 본질적으로 어떤 실재적 대상으로도 채워질 수 없는 것으로 규정된다.

또한 라깡에게 욕망은 항상적(constant) 기제이다. 즉 빈 주체지만 인간이므로 언어의 영역인 상징계에 진입해, 끊임없이 생성하고 환유(metonymy)하는 욕망을 작동시키는 심리적 메커니즘을 갖는다. 환유는 고전적 의미에서는 일종의 대유법으로 부분과 전체, 원인과 결과 등 인접성을 가진 두 단어가 만들어 내는 비유적 효과를 일컫는다. 라깡은 욕망을 이 환유로 설명하는데, 라깡에게 환유는 우리가 흔히 수사법에서 일컫는 고전적 의미의 환유 대신, 의미화 효과는 실패한 채 언어를 지속시키는 연결로서만 의미된다[13] [14]. 이 같은 욕망의 환유 개념은 결국 욕망이란 현실에서 충족되지 않는 것이란 결론에 도달케 한다. 즉 라깡에 따르면, 욕망의 차원은 어떤 실재적 대상으로도 채워질 수 없는 '결여'와 결합하여 등장하고, 욕망을 작동시키는 욕동 대상이란 결국 욕망 대상의 끊임없는 환유대상일 뿐이기 때문이다. 그러나 인간 주체가 갖는 개별성과 특수성은 부재와 결여, 나아가 불가능한 것으로 보이는 욕망을 그럼에도 불구하고 끊임없이 추구한다는 것이다. 라깡은 이와 같은 욕망의 능동성과 역동성, 작동 과정에 관해 주체와 타자가 맺는 '관계'를 통해 설명한다.

즉 라깡에 따르면 형성된 욕망이 지속되는 과정은 실재(le rėel), 상징계(le symbolique), 상상계(l'imaginaire)가 설명한다. 라깡의 실재·상징계·상상계에 관한 일반적 원론은 인간 의식(psyche)의 세 가지 국면에 관한 개념으로, 인간은 출생 이후 대략 6개월 동안 전적으로 상상계에 속해, 주체와 대상이 분리되지 않고, 이후 18개월까지 이미지에 의해 대상을 인식하다가 점차 대상이 허구임을 깨닫고 상징계로 진입한다고 설명한다. 또 실재는 말하는 존재로서 인간으로 불가능한 것으로, 객관적 인식이나 기술이 불가능 한 것으로 규정한다. 필자의 해석으로 단순화 한다면, 상상계는 언어 '이전'의 세계, 상징계는 언어 '속'의 세계, 실재는 언어 '밖'의 세계로 구분지을 수 있다. 라깡은 특히 주체와 대상이 미분화된 상상계 초기 국면을 주이상스(희열, la jouissance)로 규정하며, 인간이 살아 있는 동안 의식의 일부로 남아 있다고 설명한다. 즉 불완전한 상징계에 의해 체현(가시화)되는 실재(사실은 궁극적으로 표현될 수 없는 순수차이)가 의미 고정된 조화로운 전일체(全一體) 상상계를 '끊임없이 요구'하고, 상징계의 결여와 불완전성을 '거부함'으로서 욕망은 지속된다. 욕망이야말로 라깡이 얘기하는 인간의 특수성인 동시에 보편적 특성이라고 할 수 있다. 라깡에게 욕망은 말하는 유일한 존재로서 인간이 타자와 형성하는 관계 속에 근본적으로 발생하는 것, 그리고 능동적 주체의 방증이 되는 것, 인간이 인간임을 규정하는 개념이다.

여기서 본고가 김수현 작가의 의식 분석에 준거 틀로 적용하고 있는 라깡의 주체와 욕망 이론 중 반드시 논의되어야 할 부분이 남겨진다. '환상(fantasy)' 개념이다. 라깡은 타자의 욕망으로서의 인간의 욕망이 형성되는 '주체적인 공간'을 중시하는데 이것이 '환상(fantasy)'이다. 환상은 인간의 욕망이 타자의 욕망에 의해서만 형성되고, 수동적으로 응대하는 대신, '주체적' 응답인 무의식적 환상에 의해 형성된다는 것이 라깡의 설명이다. 라깡은 '존재 결여'와 '분열'된 주체가 타자의 욕망을 욕망의 대상으로 삼아, 도달할 수 없는 의미고정과 전일체로서 불가능한 실재를 찾아 끊임없이 '미끄러지지'만, 타자의 '욕망'으로부터 '분리' 과정을 거쳐 존재의 소외를 극복하고 진정한 주체로 재탄생할 수 있다고 말한다. 즉 이 무의식적 환상을 타파할 때 존재의 소외로부터 해방된, 진정한 주체가 탄생할 수 있는 것이다. 라깡은 이를 '환상 가로지르기(traversée du fantasme)'로 부른다. 임상적 차원에서 사용된 라깡의 이 '환상 가로지르기'에 관해 김석(2007, p.98)은 "피분석가는 결국 분석가가 초월적이고 절대적인 존재가 아니라 상호주체적 욕망의 구조에 종속된 존재임을 깨닫게 되는 것"이라고 풀이한다[15]. 슬로바키아의 라깡으로 불리는 지젝(S. Zizek)의 경우, 라깡의 '환상' 개념을 두 가지 테제로 정리해, 1) 현실은 욕망의 실재를 은폐할 수 있도록 하는 환상 구성물이다 2) 이런 환상은 그 무엇으로도 환원할 수 없는 단단한 잔여물, 잉여 향락(surplus enjoyment)을 남긴다[16]는 것이다. 이토록 거부하기 힘든, 돌파하기 힘든 환상의 패러독스, 이중 구조는 어쩌면 인간 존재에게 주어진 능동적인 주체적 행위이자, 또한 극복해야 할 주체적 행위이다. 홍준기(2002)의 표현을 빌자면, "환상 가로지르기는 정신분석학에서 말하는 주체의 의무"이며, 따라서 "정신분석학은 기억할 수 없는 나의 무의식에 책임질 것을 요구하는 윤리적 주체이론"[17]이다. 즉 타자의 욕망으로부터 주체가 '분리' 될 때, 타자의 욕망 속에 소외된 자신의 진정한 주체를 해방할 수 있는 것이고. 주체를 해방시킬 수 있는 것도 다름 아닌 주체이다.

멜로드라마에 나타난 김수현 작가의 주체와 욕망 : 〈사랑과 야망〉, 〈내 남자의 여자〉의 여주인공을 중심으로

1) 〈사랑과 야망〉 여주인공의 주체와 욕망

〈사랑과 야망〉 여주인공 미자는 텔레비전 드라마에서 쉽게 찾아보기 어려운 인물로, 드라마 작가 최초 평전인 "김수현 드라마에 대하여" 속 임우기(1998)는 "작가 의식의 심연을 이해하기 위해 깊이 들어갈 필요가 있는 인물", "현존 속에서 부재를 겪는 인물" 이라고 평가 한다[18]. 고등학교만 졸업하고 고향 춘천의 작은 사진관에서 아버지 일을 도우며 하루하루 절망감 속에 사는 모습으로 처음 등장하는 미자는 화려하고 뜨거운가 하면, 반항적이고 도전적이며, 약한가 하면 모질고, 계산적인가 하면 즉흥적이고, 자학적인가 하면 가학적인 복잡한 인물[19]로 그려진다. 미자는 김수현 멜로드라마에 등장하는 여느 여주인공과 마찬가지로 가부장제 사회 속에서 일종의 결함을 지닌 인물로, 고아인 〈겨울새〉(1992. SBS)의 영은, 〈청춘의 덫〉의 윤희, 결혼 20일 만에 남편이 식물인간이 돼 생과부나 다름없어지는 〈배반의 장미〉(1990, MBC)의 지영 등이 그 예이다. 〈사랑과 야망〉의 미자는 전쟁 통에 아들을 잃고, 실성해 죽음에 이른 어머니와 알코올 중독자를 아버지로 둔, 결함을 지닌 인물이다. 미자의 결함은 앞서 예로 든 김수현 작가의 멜로드라마 여주인공들의 결함과 함께 자칫 페미니스트들에 의해 해석된 라깡을 적용하면 평가 절하될 수 있는 결함이다. 즉 낭만적 사랑은 허구에 불과하며, 불완전한 반쪽이 만나 완전한 전체 혹은 소외를 극복한 형태로서의 사랑은 기만이고, 착각이고, 상상계적 허구에 불과하다는 라깡에 대한 해석[20]이 그러하다. 하지만 미자의 결함은 허구와 기만과 착각의 사랑 담론을 위한 필요조건으로 주어진 결함이 아니다. 결함을 지닌 여주인공으로 여타의 멜로드라마 여주인공들처럼 상상계적 사랑의 허구와 기만에 의해 위장된 행복과 평화를 누리지 않기 때문이다. 특히 미자는 김수현 작가 멜로드라마의 여타 주인공들과도 달라서, 앞서 예로 든 여주인공들이 환경적 결함으로 가부장 이데올로기의 질곡 속에서 허우적대는 인물들이라면, 미자는 '도덕적 결함'까지 가진 소위 팜므파탈이기 때문이다. 오로지 자신의 머리와 의지로 대기업 회장으로까지 자수성가하는 냉철한 능력자 태준 인생의 유일한 아킬레스건일 정도로 미자는 둘의 관계에서 주도적이고 때로는 가학적이기 까지 하다. 태준과의 불안한 첫사랑 관계에서 먼저 이탈하고, 이후 낭만적으로 보일 수 있는 첫사랑과의 운명적 재결합 (그것도 결혼 경력을 지닌 채) 이후에도 끊임없이 회의하고, 이탈을 꿈꾸는 미자는 라깡이 분석한 대로 '상상계적 기만과 허구와 착각인 사랑'의 주인공이 아니다. 혹은 시청자들에게 이런 허구의 사랑을 체현시키는 인물이 아니다. 미자는 통속극으로 폄하되는 멜로드라마의 여주인공이 아니라 '주체의 표상'이다. 모성의 '부재'와 부성의 '결핍' 이라는 드라마 속 외연은 존재에서 '소외'된 인간 본연의 '결여'에 시달리는 '주체의 표상'이다. 또한 이탈을 꿈꾸지만 끊임없이 태준과의 관계,

사랑에 강박적으로 집착하는 드라마 속 미자의 외연 역시 '분열'에 시달리는 '주체의 표상'이다.

또한 미자의 욕망은 라깡이 규정한 '타자의 욕망'의 다름 아니다. 자신의 욕망을 투사한 아들의 죽음으로 알코올 중독자가 된 아버지의 욕망이 미자의 초반 욕망이었다면, 상징계 속에 진입한 이미지의 허상, 스크린 속 여배우로 성장하고 자리한 것 역시 타자의 욕망의 대상이 되고자 한 욕망의 주체로서의 미자이다. 또한 아버지에서, 첫 결혼 대상자인 나이 차이 나는 감독, 그리고 평생을 매달리고, 회의하고, 이탈을 꿈꾸게 하는 태준이라는 대상 모두 미자의 욕망의 환유이다. 미자의 욕망은 앞서 언급한 '타자성'을 의미하는 상징계로의 진입에서 끊임없이 생성되는 환유 그 자체로서, 라깡의 욕망의 환유 개념 그대로 결코 현실에서 실현될 수 없는 욕망의 모습이다. 여기서 본고는 미자라는 인물의 의식 심연을 좀 더 깊이 들여다 볼 수 있는 주요 특징, 미자의 히스테리에 주목한다. 주지하다시피 프로이드의 정신분석학이 탄생할 수 있었던 병리 현상이 '안나 O'라는 여환자의 히스테리였고, 라깡 역시 프로이드의 재복귀를 주창하며 히스테리에 주목했고, 히스테리에서 욕망이라는 개념을 발견한다. 라깡은 히스테리자(者)를 '욕망을 만족되지 않은 상태로 유지하려는 주체'(Lacan, 1966, pp.621~622)로 규정한다[21].

라깡에게 히스테리자는 더 이상 정신적 결함을 지닌 병리적 현상자, 환자가 아닌, 욕망의 실체에 관해 강력하게 반응하는 적나라한 주체인 셈이다. 미자는 이런 점에서 히스테리자의 전형적인 모습을 보여준다. 태준과의 소위 사랑의 완성이라고 할 결혼 이후 미자가 보이는 행태는 시청자들에게는 대단히 낯선, 불편한 모습으로 일관한다. 자기중심적이고, 극단적 감정의 불안 속에 변덕스러움과 예민함, 종잡을 수 없는 발작적 행동 등 소위 히스테리컬한 모습으로 일관하고, 알코올 의존증에 시달리며 태준은 물론이고 가족 모두와 주변을 힘들게 한다. 미자는 가부장 이데올로기의 순결한 희생양이거나 혹은 저항적 희생양도 아니고 오로지 자신에게 매몰돼있는 형상으로, 피해의식과 열등감 속에 대립각을 세운 태준모의 사망 이후에도 이 같은 병적 모습은 변하지 않는다. 최종회에서조차 미자와 평생 우정을 나누며 유일하다고 할 수 있는 정신적 의지처 역할을 하는 시누이의 남편이자, 태준의 친구인 정신과 의사(분석가의 설정 역시 의미 부여가 가능하다)홍조마저 "참 힘든 사람이야"라며 포기하는 모습을 보일 정도이다. 또한 1987년 작품 최종회 경우에는 늙은 홍조가 정신과 환자들의 사이코드라마를 유심히 보는 장면이 나오는 반면, 2002년 리메이크작의 경우 이 부분은 생략되는데, 분석가로서 홍조의 역할을 강조하기보다 피분석가인 미자의 결여와 고통 자체에 더 비중을 둔 것으로 보이는 부분으로, 피분석가와 분석가(작가)의 경계가 허물어졌음으로 해석해 볼 수 있다. 〈사랑과 야망〉의 엔딩 역시 낯선 미자의 모습만큼이나 생경하다. 가족 모임을 히스테리 발작성 기괴한 웃음으로 망치게 만든 미자는 엔딩에서조차 시청자로서는 참으로 당혹스럽게 발작성 울음을 이어가며 '아버지, 아버지'를 되뇌이는 것으로 대단원의 막을 내린다. 미자의 이 마지막 대사는 참으로 의미심장하다. 히스테리자는 최초의 사랑의 대상으로부터 분리되었지만, 상실한 최초의 완전한 사랑을 대신해주는 다른 대상에 도달하지 못했으므로 결여로 고통 받는 주체이다. 미자는 완전한 아버지, 완전한 주인, 무의식에 자리한 상상계의 주이상스를 갈망하지만, 결여된 상징계의 균열과 틈새 속에 욕망의 환상구조를 깨지 못한 채, '욕망을 만족되지 않은 상태로 유지하려는 주체', 바로 우리 인간의 근원적 결여와 욕망의 패러독스를 그대로 구현하고 있다.

2) 〈내 남자의 여자〉 여주인공의 주체와 욕망

〈내 남자의 여자〉 화영은 〈사랑과 야망〉 미자와의 20년 세월 간극을 성격, 심리적 유사성으로 메운다. 이 유사성은 통칭 '팜므 파탈' 유형의 특성으로 간략하게 특정할 수 있다. '팜므 파탈'로 주인공 역을 담당하는 것은 우리 멜로드라마에서 쉽게 찾아보기 어려운 사례이고, 동시에 김수현 작가 작품에서도 〈사랑과 진실〉(1884~1985, MBC)의 공동 여주인공인 미선을 제외하고는 찾아보기 어려운 경우다. 물론 '팜므 파탈'의 용어 적용 여부에 따라 이들 모두를 한 부류로 묶을 수 있는 여지가 줄어들 수도 있다. 다만 이들이 타자와의 관계에서 자기중심적이며, 자기 주도적이며, 주체 의식과 욕망 추구에서 통칭 '팜므 파탈'에 분류될 수 있을 만큼 상대적으로 두드러지는 것만은 분명하다. 특히 화영 경우, 주체 의식과 욕망 추구에서 미자와 세월을 관통하는 유사성을 지닌 동시에 더욱 진보한 양태를 보인다. 미자가 히스테리자로 분열과 결여된 주체의 욕망의 본질을 보여주었다면, 화영은 불륜이라는 가족 관계 자체를 붕괴시키는 강력한 긴장의 갈등 유발자, 주동자에서 스스로 이별과 파국을 선택하는 주도자로, 작가의 진보적 젠더 이데올로기(gender ideology)의 대변자이다. 본고의 연구 목적은 김수현 작가의 이데올로기를 논함이 아님을 주지하며, 이 같은 진보적 젠더 이데올로기는 라깡의 정신분석의 끝(목표)이라는 의미, '환상 가로지르기'에 성공해 '분리'로 갈 수 있는 가능성을 보여주었다는 의미로 다시 부여한다.

이처럼 주체 의식과 욕망 추구에서 진보한 양태를 보인 화영이지만, 부성과 모성, 대타자의 부재, 결여로 시달리는 주체의 표상이기는 마찬가지이다. 특히 주목할 부분은 어머니와의 관계로 재미 성형외과의사로 어머니의 허영심, 욕망을 채워주어야 했던, 스스로의 표현을 빌자면 '앵벌이'였다. 화영의 주체로서의 결여는 가장 친한 친구 지수의 남편 준표와의 불륜 끝에 사실혼 관계에 들어감으로써, 상징계의 틈새, 사회의 질서, 윤리의 그물망을 벗어난 채 전일체의 주이상스를 누리며 완전한 존재가 되는 듯하다. 하지만 사실혼 관계에서 보인 준표의 결여(상징계의 질곡에서 보인 우유부단함)는 화영으로 하여금 자신의 사랑이 상상계의 허위와 기만임을 깨닫게 한다. 최종회(24회)에서 화영은 일방적으로 이별을 선언하고, 무책임을 탓하는 준표를 향해 "나약한 지식인, 기회주의 지성인, 에고덩어리 대학교수"라며 "내가 그린 당신 그림, 당신 실체는 내 망상"이라고 자인한다. 또한 타자, 혹은 대타자로서의 완전한 사랑의 요구가 좌절됐음을 시인하며, "사랑은 올인 하는 것" "목숨을 거는 게 올인"이고 "챙길 거 챙기고 남길 것 남기는 건 올인이 아니다"고 절규한다. 대신 화영의 선택은 "자존심이 나야, 내 전부야, 만신창이 된 내 자존심 조각 모아 다 되찾았다"며 매달리는 준표와 이별의 파국을 선택한다. 히스테리자로서 끝내 자신 주체를 찾아 긴 울음을 울던 마지막 미자의 모습과는 달리 결여된 타자의 욕망의 대상이 되고자 했지만, 타자의 결여를 깨닫고 진정한 자신의 욕망을 찾는 모습의 화영은 이런 점에서 진보한 주체이다. 물론 화영 역시도 라깡의 정신분석의 목표점인 완전한 '분리', 진정한 주체의 해방이 이루어진 것은 아니다. 미국행 비행기 안에서 선글라스를 낀 채 오열하는 장면, 유일하게 가족의 사랑을 보여준 남동생의 충고에도 불구하고 다시 어머니에게 일단은 돌아가겠다는 모습 등이 그러하다. 따라서 김수현 작가의 진정한 주체 해방을 향한 인간 탐구 작업은 현재 진행형이다.

맺음말

이상에서 논의한 바와 같이 김수현 작가의 드라마는 비록 대중을 소비자로 한 방송이라는 산업의 생산물로 저작되지만, 대단히 본질적이고 근원적이다. 20년 세월의 간극 속에도 〈사랑의 야망〉과 〈내 남자의 여자〉의 여주인공들이 보인 동일한 갈등의 요체는 세월을 관통하는, 인간의 본질과 근원과 연관된 것이다. 즉 인간이란 존재의 주체와 욕망에 관련된 대단히 본질적이고 근원적인 질문이 요체이다. 두 여주인공은 '결여'와 '분열'에 시달리는 주체의 표상이다. 또한 이들은 인간이 가진 숙명적인 욕망의 고리 속 인물들로, 결코 채워 질 수 없는 완전한 사랑에의 요구와 이것의 '잔여'로 욕망을 낳고, 이 욕망이 결여된 이들 인간적 주체를 생성하며, 다시 이들은 끊임없이 결여를 메우기 위해 욕망한다. 이들 주체의 욕망의 대상 역시 결여된 타자의 욕망이다. 이런 타자의 결여를 깨닫고 타자의 욕망으로부터 분리 될 때 주체는 진정한 해방, 자유를 찾을 수 있음을 이들 여주인공은 보여주고 있다.

김수현 작가의 멜로드라마 속 여주인공들은 분석자로서의 작가에게 피분석자인 인간 탐구 대상이다. 동시에 작가 자신의 투사(projection)로, 작가는 분석가이며 동시에 피분석가이다. '결여'에 시달리면서도 '욕망'하는 '능동적 주체'로서의 인간에 대한 끊임없는 분석과 탐구가 바로 김수현 작가 의식 저변에 자리한 가장 큰 욕망이다. 바꿔 말하면 완전한 사랑에의 이상 추구, 그러나 현실에서는 불가능하며, 주체의 소외와 결여를 낳는 욕망의 고리 속에 주체의 진정한 해방, 자유를 향한 물음이 김수현 작가 의식 저변에 자리한 영원한 테제이다. 이는 또한 40년 넘는 최고 인기 작가의 원동력이다. 왜냐하면 이 같은 인간 본질과 근원을 탐구하는 김수현 작가의 주체와 욕망 의식이야말로 인간 모두에게 적용되는 보편적 테제로, 작가가 획득한 대중성은 이 같은 점에서 차별성을 유지할 수 있기 때문이다. 다만 TV 매체의 한계 혹은 대중 작가로서의 한계로 인하여, 이 같은 본질적이고 근원적인 인간 탐구 작업이 멜로드라마 장르의 틀 안에 갇혀 있음을 직시하고자 한다. 더불어 김수현 작가만의 차별성이 대중매체에 의해 아류작으로 재생산되는 경우, 주체와 욕망의 표피만 창조, 왜곡, 과장되게 묘사되면서 오히려 기존 멜로드라마에 부과되던 부정적 평가를 더할 수 있다는 점 역시 김수현이라는 인기 드라마 작가가 지닌 한계일 수 있음을 지적하고자 한다. 또한 라깡의 정신분석 이론을 적용한 본 고의 논의는 라깡 이론의 광범위함을 제고했을 때, 보다 심도 있는 논의를 위한 추후 텍스트 작업 분석 역시 요구되고 있다.

〈참고문헌〉

[1] 유진희, "김수현 멜로드라마의 장르문법과 젠더 이데올로기: 〈내 남자의 여자〉를 중심으로", 한국콘텐츠학회논문지, 제9권, 제11호, pp.175-183, 2009, "김수현 홈드라마의 장르문법과 젠더 이데올로기: 〈엄마가 뿔났다〉를 중심으로", 한국콘텐츠학회논문지, 제10권, 제11호, pp.165-111, 2010.

[2] 글렌 크리버· 토비 밀러· 존 털로크 엮음, 박인규 역, 텔레비전 장르의 이해, 산해, 2004.

[3] 원용진, "장르변화로 읽는 사회", 언론과 사회, 통권16호, pp.100~133, 1997.

[4] P. Brook, The Melodramatic Imagination: Balzac, Henry James, Melodrama, and the Mode of Excess, New Haven and London: Yale University Press, 1976, 이수연, 한류드라마와 아시아 여성의 욕망, 커뮤니케이션북스, 2008, pp.36~37에서 재인용.

[5] 유지나 외, 멜로드라마란 무엇인가, 민음사, 1999.

[6] J. Lacan, Ēcrits, Paris:Seuil, 1966, 홍준기, 자끄 라깡, 프로이드로의 복귀, 김상환· 홍준기 엮음, 라깡의 재탄생, 창비, 2002, p.163에서 재인용.

[7] 김석, 에크리: 라깡으로 이끄는 마법의 문자들, 살림, 2007.

[8] 이수연, "라깡을 통한 영화분석 방법론의 모색: 라깡의 시선 개념과 〈트루먼 쇼〉", 라깡과 현대정신분석, 제6권 제2호, pp.105~125, 2004.

[9] 홍준기, "지제크의 라깡 읽기: 〈이데올로기의 숭고한 대상〉을 중심으로", 문학과 사회, 제52호 겨울호, pp.1880~1899, 2000.

[10] 조엘 도르, 홍준기·강응섭 옮김, 라깡 세미나· 에크리 독해Ⅰ, 아난케, 2009.

[11] J. Lacan, 홍준기, 김상환· 홍준기 엮음, op. cit., p.86에서 재인용.

[12] 딜런 에반스, 김종주 외 옮김, 라깡 정신분석 사전, 인간사랑, 1998.

[13] 홍준기, 김상환·홍준기 엮음, op. cit., pp.90~97.

[14] 김석, op. cit., pp.141~143.

[15] Ibid..

[16] 김용규, "지젝의 판타지이론과 윤리적 행위", 大同哲學, Vol.23, pp.1~20, 2003.

[17] 홍준기, 김상환·홍준기 엮음, op. cit., p.79.

[18] 임우기, 집과 밥과 말과 사랑, 김포천·원우현·김민수·김홍근 엮음, 김수현 드라마에 대하여, 솔, 1998.

[19] http://tv.sbs.co.kr/yamang/character02.html.

[20] 임옥희, 사랑, 여성문화이론 연구소 정신분석세미나팀, 페미니즘과 정신분석, 여이연, 2003.

[21] J. Lacan, 김상환·홍준기 엮음, op. cit., p.109에서 재인용

2.
라깡으로 들여다 본 김수현 멜로드라마의 남성 캐릭터

들어가며

본고는 학문적 연구 대상에서 소외돼 온 텔레비전 드라마 작가에 관한 본격적인 연구 작업의 지속으로, 김수현 작가를 논한 선행 연구[1][2][3][4]에 이은 후속 연구이다. 선행연구들은 장르 문법과 이데올로기 분석을 통해 김수현 작가가 자율 통제 의식에 의해 멜로드라마와 홈드라마의 장르를 스스로 뚜렷하게 구별 짓고 있으며, 그 젠더 이데올로기에 있어서 멜로드라마는 '가부장 중심 젠더 이데올로기 전복'의 진보적 경향성을 보인 반면 홈드라마는 인본주의 경향성을 보인 것으로 분석하였다. 또한 라깡과 바흐친의 이론을 통한 멜로드라마, 홈드라마 각각의 분석을 통하여서는 김수현 작가에게 멜로드라마란 인간 주체의 '결여'와 '분열'이란 근원적 문제에 관해 질문을 던지는 장르인 반면, 홈드라마는 가족의 가치를 내세우는 데 있어 '상호텍스트성'의 '의도성'을 사용함을 제시했다. 이처럼 다각적인 연구 분석에 이어 본고는 멜로드라마를 통해 상대적으로 두드러지게 발현되고 있는 김수현 작가의 인간에 대한 근원적 질문에 주목하여 작가 의식 저변을 보다 심도 있게 탐구하고자 한다.

이를 위해서 우선 논의할 과제는 멜로드라마 장르 자체에 관한 관습적 규정에 관한 비판들이다. "'장애가 많은 연애 이야기'를 통칭"[5]한다는 멜로드라마의 대표적인 정의처럼, 멜로드라마는 주로 남녀 간의 사랑이야기를 다룬 대중서사로 인식된다. 하지만 이 같은 인간의 원초적 욕망과 "모든 언어적 장벽을 뛰어넘는 공통의 감정"[6]을 다루는 멜로드라마의 서사는 생득적으로 다른 장르와의 혼종성과 확장성을 지향할 수 밖에 없다. '정통' 멜로드라마라는 용어가 대중에게 일반적으로 수용될 정도로 멜로드라마는 홈 멜로, 미스테리 멜로, 범죄 멜로, 코믹 멜로, SF 멜로 등 다른 장르와 혼종, 확장해 단일 특성으로 규정지을 수 없는 광활한 개념이 된 것이다. 즉 멜로드라마는 학문(이론)이 규정한 장르 형식적 독립성으로는 실제 작품을 포괄하지 못한 채 심지어 "대중들이 즐겼던 대부분의 이야기 양식이 멜로드라마적"[7]이라는 평가가 나올 정도이다. "멜로드라마를 하나의 작품 군을 지배하는 고정된 개념이 아니라 '여느 장르에서/ 특정한 효과를 위해 특정 부분에 삽입되는' 즉 모든 장르를 수식할 수 있는 일종의 형용사로 인식해야 한다"[8]는 주장도 앞선 단언적 평가와 맥을 같이 하는 유의미한 연구 결과이다.

그러나 이와 같은 멜로드라마의 탈장르적 성격은 영화 연구에 한정되어 TV 멜로드라마에 관한 국내의 장르 연구나 논의는 전무한 형편이다. TV 드라마에 관해 활발한 연구가 이루어지고 있는 서구의 경우 멜로드라마 뿐만 아니라 장르 자체와 관련해 TV 프로그램에 일반적으로 장르 이론을 적용하는 것은 한계가 있다는 지적이 많다. 터너(G. Turner)가 "TV 프로그램과 관련해서 장르의 순도를 주장하는 것은 무의미하고,(Feuer, 1992), TV 장르와 편성 포맷은 대단히 혼재되어 있으며(Allen, 1989) 더욱 그런 방향으로 나아가고 있다"[9]고 요약한 것이 그 예이다.

이처럼 멜로드라마의 장르적 독립성 논의에 더해 TV 프로그램, 드라마 자체의 장르 혼재와 교잡의 특성을 고려할 때 TV 멜로드라마를 통해 김수현 작가를 심층 연구한다는 것이 자칫 연구자의 주관적 관점에 기인한다는 우려를 낳을 수 있다. 그러나 이 같은 우려는 대중 예술 작품의 근본적 토대인 '생산'과 소비의 과정을 '장르 이론이 간과 한다'는 지적[10]을 상기함으로써 불식할 수 있다. 즉 대중 예술에 적용하는 장르 이론이 작품과 교집합을 형성하지 못하는 상황은 생산과 소비의 과정은 간과한 채 결과물인 작품의 의미와 역할, 특성만을 분류함으로써 일련의 표본을 제시하는데 그치고 있다는 지적이기 때문이다. 나아가 이 같은 지적은 다음의 이유로 본고의 연구 목적을 보다 명확하게 제시하는 기저로 사용 될 수 있다. 첫째, 선행 연구에서 분석한 대로 김수현 작가의 명확한 편성대별 멜로드라마 장르 구분[11]은 기존 장르 이론을 적용한 작품 연구의 한계에 생산 과정을 포함함으로써 유용하다. 즉 TV 드라마의 장르 혼재와 교잡에다 멜로드라마 장르 자체의 불명확성이 더하는 것과는 대조적으로, 김수현 작가는 멜로드라마 장르 구분을 스스로 명확히 한다는 의미에서 본 연구 목적을 강화한다. 둘째, 장르 이론에 생산 과정을 포함한다고 해도 주로 텍스트 혹은 텍스트 생산 환경인 산업의 사회문화적 컨텍스트에 주목하는 연구 사례들을 고려할 때 혼성, 개방, 혼재의 특성을 보이는 TV 멜로드라마 장르에서 김수현 작가는 생산 과정 '주체'로서 오히려 소위 정통 멜로드라마를 고수함으로써 작가만의 장르 인식의 특정 기재가 작용함을 가늠할 수 있기 때문이다. 따라서 김수현 작가의 작가 의식, 심리 기저의 심층을 탐구하고자 하는 본고의 연구목적이 작가의 멜로드라마 논의를 통해 이루어지는 것은 분석결과의 유효성을 지지할 것이다. 특히 본고는 인간 주체에 관한 근원적 질문을 지속적 메시지로 구현하고 있는 멜로드라마를 통해 김수현 작가가 구체적으로 인식하고 있는 성(gender), 특히 남성 인식은 어떤 특성을 드러내고 있는지 분석함으로써 보다 심층적인 작가의식 연구를 지향코자 한다.

연구 대상과 방법

1) 연구 대상

본 연구는 미니시리즈 〈내 남자의 여자〉(2007, SBS)와 김수현 작가의 대표작 가운데 하나인 서사멜로드라마 〈사랑과 야망〉(1987, MBC, 리메이크 2006, SBS)의 두 남자 주인공, 준표와 태준을 연구대상으로 삼는다. 〈내 남자의 여자〉는 앞서 언급한대로 특히 그 혼재, 교잡의 경향이 두드러진 TV 멜로드라마의 최근 추세 속에 정통 멜로물로 주목 받았다는 점, 〈사랑과 야망〉의 경우는 일반적으로 작가의 대표작 가운데 하나로 꼽힌다는 점 이외에 산업적 외연에 그다지 영향을 받지 않는 김수현 작가가 〈청춘의 덫〉(1999, SBS 리메이크)과 함께 유이하게 스스로 리메이크한 작품이란 의미, 그리고 20년을 관통한 작가 의식의 변화를 주목해서이다. 특히 앞선 연구가 동일 연구 대상 작품 속 여주인공들의 분석을 통하여 인간 주체의 분열과 결여에 관한 작가 의식을 규명[12]한데 반해, 본고는 남성 주인공들을 연구 대상으로 삼음으로써 인간 주체에 관한 작가의식의 외연을 확장 규명하는 한편, 성(gender)을 초월하는 작가의식의 함의 여부를 분석하고자 한다.

1958년 겨울부터 1987년 겨울까지 전후 근대사를 배경으로 한 서사멜로 〈사랑과 야망〉(2006년 리메이크 작품 경우는 1992년이 최종회인 81회의 마지막 시점으로 그려진다)은 강원도 춘천과 서울을 무대로 태준과 태수 형제, 두 남자 주인공을 내세워 이들이 사랑과 일에서 성공과 실패를 거듭하는 이야기를 다루고 있다. 〈사랑과 야망〉은 전작인 〈사랑과 진실〉(1984, 1부, 1985, 2부, MBC)이 효선과 미선이란 판이한 성격의 자매 관계 두 여주인공을 내세워 미움과 거짓이 사랑과 진실로 성숙해지는 파란만장 인생 유전사를 다뤄 공전의 히트를 기록한데 뒤이어 남성을 전면에 포진시킨 드라마이다. 하지만 작품의 제목이 드러내듯이 남성이 전면에 포진했다고는 하나, 남성중심 기업드라마라기 보다는 전후 우리 근대 경제사가 배경이 된 남녀의 사랑이야기가 주축을 이룬다. 즉 〈사랑과 야망〉은 태준과 태수 형제가 각각 첫 사랑 미자, 은환과 사랑하고, 헤어지고, 또다시 만나 갈등하는 애정사가 이들의 성공 여정과 맞물려 펼쳐지지만, 특히 일과 사랑에서 모두 성공해 안정과 평온을 구가하는 해피엔딩의 동생 태수와는 달리 자수성가로 대기업 회장까지 된 태준은 끝내 미자와 애증의 질곡을 벗어나지 못한 채 해피엔딩을 맞지 못하는 남녀 애정 갈등이 내러티브의 주요 축을 이루는 것이다. 이와 같은 이유로 〈사랑과 야망〉이 1990년 미니시리즈 도입 이후 확고해진 편성시간대별 김수현 작가의 장르 구분 이전 작품이라고 해도 본고의 연구 대상 으로서의 멜로드라마 요건을 충족한다. 또한 연구 대상인 태준은 우리가 익히 멜로드라마에서 보아온 남자 주인공과 그 모습을 달리한다. 다른 남자의 아내가 됐던 미자를 어머니의 반대에도 불구하고 결혼으로 자신의 사랑을 완성함으로써 사랑 지상주의의 여타 멜로드라마 남자 주인공의 모습을 일견 보이나, 성공을 향한 자기 욕망과 자기애(自己愛)를 놓지 않으며 이혼과 재결합을 반복하고 재결합 끝에도 미자와 끝내 사랑의 합일을 이루지 못하기 때문이다.

〈내 남자의 여자〉는 '불륜'이라는 자극적 소재가 동원된 멜로드라마로 작가 스스로 여타 불륜 소재 멜로드라마와는 차별화를 표방한 작품이다. 드라마 방영 시작 전 자신의 홈페이지를 통해 “최근 우리 드라마들을 보면 불륜, 출생의 비밀, 복수, 시한부, 등등등의 잡탕 요리가 대부분인 느낌입니다. 나는 원래 잡탕 요리를 좋아하지 않는지라 퓨전 스타일의 음식도 기피하는 사람이지요. ‘불륜’이 불륜답지도, 왜 불륜을 집어넣었는지도 모르겠는. 그저 많은 조미료 중의 하나로 동원되는 ‘불륜 이야기’들이 깝깝해서 시작해보는 ‘이야기’입니다. 〈중략〉 나는 불륜을 미화하지도 매도하지도 않을 작정입니다. 그저 ‘무늬만 불륜’이 되지 않을 수 있도록 애써 볼 작정입니다”[12]라고 밝힌 드라마로, 우회적으로 소위 한국드라마의 병폐로 지적되는 멜로드라마의 부정적 요소들을 열거했다. 그리고 38.7%의 자체 최고 시청률(2007. 06. 19. AGB닐슨미디어리서치)을 기록함으로써 진부한 자극적 소재의 원초적 논란을 불식하고 차별화된 불륜드라마란 세간의 평가를 얻어냈다. 〈사랑과 야망〉에 비해 상대적으로 작가의 편성 시간대별 장르 구분이 더욱 확고해진 멜로드라마 〈내 남자의 여자〉는 지극히 단순한 이야기 구조이다. 불륜이 저질러지기까지 혹은 진행 과정조차 생략된 단순한 이야기로 이미 펼쳐진 불륜상황 속에 놓인 남녀와 그 아내의 심리 변화를 집요하게 추적한 작품이다. 저작 초기부터 김수현 작가는 과장된 정서와 감상주의에 의존해 사랑의 환상을 소구하는 멜로드라마 장르 관습을 거부하는 대신 가부장 이데올로기 관습의 모순과 틈새를 드러내는 진보성을 보였고, 엄혹한 유신 시절 불륜, 혼전 동거 등 윤리적 논란을 빚으며 중단, 조기 종영 사태를 빚은 초기 멜로드라마 〈안녕〉(1975, MBC), 〈후회합니다〉(1977, MBC), 〈청춘의 덫〉(1978, MBC)의 사례가 그렇다. 〈내 남자의 여자〉 역시 이 같은 김수현 작가만의 멜로드라마 양식이 그대로 이어져 체현된 작품이라고 할 수 있다. 또한 본고의 연구대상 홍준표는 아내인 지수에게는 익숙함과 편안함을, 불륜 상대녀인 화영에게는 사랑과 열정을 구하는 남성으로 드라마 종반부에 이르러 심지어 연대의 감정까지 공유하는 지수, 화영으로부터 그 이기심과 우유부단함을 동시에 비난받는 인물이다. 이처럼 연구 대상인 〈사랑과 야망〉과 〈내 남자의 여자〉는 멜로드라마의 장르 관습을 거부하는 작가만의 차별성을 보여주는 연구대상으로, 특히 작품 속 남성에 대한 작가의 인식은 차별성을 넘어 작가 의식의 심층 연구에 필수적 대상이다.

2) 연구 방법

본고는 선행 연구에서 동일 연구 대상 작품의 여주인공 분석 틀로 사용한 라깡(J. Lacan)의 정신분석 이론을 다음과 같은 이유로 역시 동일하게 남성 연구에도 적용하고자 한다. 첫째, 라깡의 핵심 이론인 인간 주체의 '분열'과 '결여'가 여주인공을 통해 구현됨으로써 작가가 인간 존재에 관해 근원적 질문을 던지고 있다는 선행 연구의 결론이 남성 주인공을 통해서도 실현되는지 여부를 가늠함으로써 앞선 결론을 확장, 강화할 수 있는지 분석하기 위해서이다. 둘째, 라깡 정신분석의 핵심 이론인 욕망이론이 남자와 여자 성차(性差) 개념 자체와 일맥상통하기 때문이다. 즉 라깡 이론은 남녀 차이가 단순히 생물학적 원인에 의해 발생하는 것이 아니라 욕망의 재현 방식, 정도의 차이에서 발생하는 심리 문화적 결과로 설명하기 때문이다. 이 같은 라깡의 성차 개념은 본고의 연구 목적을 수행하는데 유용한 준거 틀이 될 수 있다.

라깡의 성 구분을 통해 본 남성 성(masculine sexuality)이론

라깡 관련 수많은 국내의 번역, 주해서를 통해 제시되는 라깡 『세미나 제 20권: 앙코르』(1975)의 유명한 성 구분 공식(formules de sexuation)을 보면 남성과 여성을 구분하는 잣대는 욕망의 최고 목표인 향유(jouissance, 혹자는 쥬이상스, 쥬상스로 표기하나, 본고는 향유로 표기한다)를 획득하는 방식의 차이이다. 이 공식에 따르면 모든 남성은 팔루스(phallus)를 가지고 있으므로 남성 '전체'가 팔루스의 영향을 받는, 전체성 혹은 보편성의 정체성을 갖는다. 혹자에 의해 남근으로도 번역된 팔루스는 남근에 대한 프로이드(S. Freud)의 개념을 수정한 라깡의 개념으로 남성은 가지고 있으나 여성만이 잃어버린 그 무엇으로서의 남근, 남근 선망 이론을 낳은 프로이드의 남근과는 다른 개념이다. 라깡 이론이 집대성된『에크리』(Écrits)를 통해 라깡은 팔루스를 '대타자의 욕망의 능기', 그리고 '향유의 능기'[13]로 서술한다. 즉 팔루스는 최초의 타자이자 욕망의 대상인 어머니이며, 어머니 자신의 욕망의 대상이며, '타자의 결여'와 거세로 인한 욕망 실현의 불가능성을 상징하는 변증법적 관계의 개념이다. 이 라깡 팔루스의 지위는 실재적 팔루스(The real phallus)와 상상적 팔루스(The imaginary phallus), 상징적 팔루스(The symbolic phallus)로 구분되어 상징적 팔루스의 단계에서 남성과 여성의 성 차이가 발생한다. 즉 거세 콤플렉스와 외디푸스 콤플렉스가 상상적 팔루스를 중심으로 맴도는 반면 남성 주체와 여성 주체 모두는 상징적 팔루스를 통해서 자신의 성을 지니게 된다고 설명한다. 즉 라깡의 팔루스는 핑크(B. Fink)의 해석대로 '의미화 과정자체를 가리키는 기표로서, 기표와 기의 사이의 관계 또는 차라리 기표와 기의의 무관함'[14]을 나타내는 개념으로, 성 차이를 발생시킴과 동시에 모든 인간 주체의 결여로 남녀 모두가 동일하게 성취할 수 없는 욕망의 대상이며 상태인 기표로 사용된다. 물론 이러한 라깡의 팔루스 개념은 생물학적 기관으로서의 남근(penis)에서 출발해 프로이드의 가부장 중심, 남성 우월주의를 반복한다는 페미니스트 학자의 비판을 받거나[15]. 기존 언어 체계에서 남성과 연관된 단어를 썼다는 사실로 중립적 기호로 인식 되는데 동의하지 않고 오히려 남녀 불균형을 초래한다[16]는 비판을 받기도 한다. 그러나 이 같은 일부 페미니스트 관점의 해석은 라깡의 성 구분 이론 전체를 들여다보면 해소될 수 있는 비판이다.

라깡은 성 구분 공식을 통해 모든 남성은 팔루스(The real phallus)를 가지고 있으므로 남성 전체가 팔루스의 작용을 받는다는 전체성, 보편성, 혹은 집합 관점의 성 정체성을 제시한다(∀x Φx: 모든 x는 팔루스 기능에 복종한다). 남성은 따라서 상징계의 법에 종속되어 있고, 상징적으로 모두 거세되어 있다는 보편 긍정명제를 제시한다. 하지만 남성을 구분하는 라깡의 공식은 이 공식 위에 또 하나의 공식이 함께 제시되는데, 특수(혹자는 존재로 명명함) 부정명제인 이 공식(∃x -Φx)은 팔루스 기능을 따르지 않는 예외적 남성이 있다는 공식으로, 남성이 남성으로서의 성 정체성을 가질 수 있기 위해서는 '예외'로 '분열'되어야 한다고 제시한다. 즉 '보편'과 '예외'로의 '분열'이 라깡이 정의하는 남성의 성정체성으로 보편긍정명제와 특수부정명제가 동시에 적용되는 남성은 상징적 거세를 받아들이지 않고 스스로를 상징계의 법칙에 종속되지 않는 '예외적 존재'라고 믿음으로써 '보편성'을 획득하는 존재인 것이다.

반면 남성처럼 두 가지 공식이 제시된 여성은 보편, 특수(존재)명제 모두 부정명제로, -∀x Φx 즉 모든 x는 팔루스 기능에 복종하지 않으며, -∃x -Φx 즉 어떤 x도

팔루스 기능에 복종하지 않는 x는 없다고 제시한다. 즉 라깡의 여성성에 관한 논리는 남성과 달리 개별적 주체든 집합적이로든 보편성, 통일성을 보장하는 논리를 갖지 않는 비전체(pas-toute, not-all)로서의 여성이다. 따라서 라깡이 제시한 여성은 모든 부분이 팔루스의 작용에 종속되어 있지 않으므로 남성처럼 예외적 존재가 되고자 하는 환상이 없는 주체이다.

라깡의 성 구분 공식은 남녀관계 공식을 통해 남성 여성 구분이 구체화되는데 핵심은 남녀 향유의 획득 방식 차이이다. 즉 남성을 빗금 친 S로 표기함으로서 거세된 분열의 주체로 정의한 라깡의 남성 주체 S는 화살표를 여성 쪽 a 즉 '대상 a'를 향한다. 이 화살표는 향유를 획득하는 방식으로 남성이 환상 속(여성을 표기한 La로 직접 향하지 않고 여성 쪽 a로 향함)에서 대상 a를 여성으로 생각하고 향유를 획득하려 함을 의미한다. 이는 남성의 팔루스적 향유(jouissance phallique)를 의미하는 것으로 남성 성 정체성의 이중적 의미 즉 예외적 존재에 대한 환상 속 믿음을 통해 획득한 전체, 보편성의 존재로서의 남성을 구체화한다. 즉 남성은 예외적 존재를 필요로 하며, 예외적 존재를 인정하는 거세된 분열 주체로서 여성 쪽 대상 a를 통해 자신의 분열과 결핍을 채우려 하며 완전한 향유가 가능하리라는 환상을 통해 예외적 존재가 됨으로써 보편성을 획득한다는 의미이다. 남성의 이러한 향유 개념과 획득 방식은 여성과의 차이로 더욱 명확해진다.

라깡은 여성 주체를 팔루스 기능에 모두 종속되어 있지 않은 비전체로서 빗금 친 La로 표기하여 두 방향, 즉 여성 쪽 빗금 친 대타자 S(A)와 팔루스 기능을 의미하는 남성 쪽 Φ의 두 방향으로 향유를 의미하는 두 개의 화살표를 지시했다. 전자는 여성이 상징적 질서를 이탈하여 원초적 어머니 혹은 신적 존재와 같은 금지된 대상에게서 향유를 획득 수 있음을 의미하고, 후자는 팔루스를 통해서도 향유를 획득할 수 있음을 의미한다. 라깡은 이처럼 여성이 획득하는 향유를 남성과는 다른 여성적 향유(jouissance feminine)로, 또는 다른 향유 (l'Autre jouissance)라고 부르거나 경우에 따라서 잉여 향유 (jouissance supplementaire)로 지칭한다. 즉 여성은 남성과는 다른 분열로 팔루스적 질서에 참여하는 부분과 이를 넘어서는 부분으로 분열되어 팔루스적 향유와 다른 향유를 동시에 누릴 수 있다는 설명이다. 반면 전체와 예외로의 분열 주체인 남성은 팔루스적 질서 내부에서 분열되어 있으며, 이러한 분열을 은폐해 분열되지 않은 전체가 되려하는 환상, 불가능한 완전한 팔루스적 향유를 대상 a를 통해 추구하게 된다는 것이 라깡의 남성의 성 정체성 이론이다. 라깡의 이론에서 대상 a(objet-petit-a)는 현실적으로 존재하는 대상이 아니라 욕망의 원인이 된 대상으로서의 이론적 개념으로, 남성에게 여성은 환상 속에 환유적으로 교환되는 욕망의 부분 대상이며 욕망의 원인일 뿐이다. 라깡은 성 구분 도식을 설명하면서 "남성 리비도만 존재한다"는 프로이드의 말을 인용하며 "여자는 존재하지 않는다"[17]는 명제를 제시하기도 했다. 상징적 거세를 은폐하기 위한 분열된 주체로서 남성은 결코 여성에게 도달할 수 없으며 직접 만나지 못한 채 자기 자신이 투사된 이미지를 거쳐 여성을 만나 그 이미지를 투사하고 그 이미지를 사랑하는 것이다. 이처럼 라깡에게 남성이란 상징적 질서에 예외 없이 종속되어 존재하지만 그 질서를 넘어서 예외가 되려는 환상 때문에 역설적으로 팔루스적 질서에 감금되는 주체이다. 또 이 환상은 남성으로 하여금 남녀 관계에서 대상을 통해서만 팔루스적 향유를 추구하게 함으로써, 여성 혹은 타자에 도달하지 못한다는 것이 라깡의 남성 성 이론이다. 요컨대 라깡이 제시한 남성과 여성의 성 차이는 생물학적 기관의 차이, 혹은 불평등한 제도나 관습으로 발생, 고착 존재하는 차이가 아니라 심리 문화적 산물에서 발생하는 차이임이 강조되어야 하는 개념이다.

멜로드라마 속 김수현 작가의 남성 주체 인식: 〈사랑과 야망〉, 〈내 남자의 여자〉의 남자 주인공을 중심으로

1) 〈사랑과 야망〉 남자 주인공의 남성 주체

〈사랑과 야망〉 남자 주인공 박태준은 강원도 소도시 방앗간 집 2남 1녀의 장남으로 시험이라고는 떨어져 본적 없는 수재 중의 수재로 오로지 자신의 실력만으로 대기업 회장에까지 오르는 입지전적 인물이다. 태준은 신중하고 과묵하며 분석적이고 스스로에게 엄격하며 철두철미한 완벽주의 성품의 소유자이다. 태준은 전후 급속한 경제성장을 일궈 낸 한국 근대 경제사의 성공 사례를 대변하는 인물로 그의 일에서의 성공은 탄탄대로라고 해도 과언이 아닐 정도로 거침없다. 다만 그의 인생의 아킬레스건은 첫 사랑인 미자로 사진관 집 주정뱅이 딸에서 스타 영화배우로까지 부침 많은 인생을 산 인물이다. 태준을 평생 동안 애증의 질곡으로 몰고 가는 미자는 자기중심적이고, 극단적 감정의 불안 속에 변덕스러움과 예민함, 종잡을 수 없는 발작적 행동 등 소위 히스테리컬한 모습으로 일관하고, 알코올 의존증에 시달린다. 이성적인 능력자 완결체로 보이는 태준이지만, 자신 아버지 죽음에 단초를 제공하고 이미 한 번의 결혼 경력까지 있는 미자와의 관계에서는 철저히 약자이다. 무골호인 아버지와는 달리 강인함으로 실질적 아버지의 모습으로 등장하는 어머니(이름조차 주어지지 않은 채 '어머니'로만 캐릭터가 등장함)와 유일한 갈등의 원인인 미자를 평생 놓지 못한 채 그 애증의 질곡을 헤어나지 못한다.

이처럼 일과 사랑의 성취 과정에서 비대칭의 모습을 보이는 태준은 라깡이 제시하고 있는 남성 주체의 체현이다. 사고뭉치로 거친 인생을 사는 동생 태수와 달리 태준은 대타자인 어머니와의 관계에서 욕망의 변증법을 대변하는 팔루스가 된다. 아들의 인생, 특히 애정과 결혼사에 깊숙이 개입해 멜로드라마의 진부한 갈등을 빚어내는 여타 멜로드라마의 대부분 남자 어머니와는 달리 〈사랑과 야망〉의 어머니는 속내조차 제대로 비치지 않는 여장부의 모습으로 그려진다. 드라마 초반, 대학 재학 중 외무고시에 패스해 보기 드물게 흥분한 모습으로 어머니에게 합격 소식을 알리는 태준에게 어머니는 "그럼 떨어질 줄 알았더냐"며 태준을 무색하게 한다. 태준에게 어머니는 팔루스이며, 어머니에게 태준은 팔루스이다. 어머니는 태준의 욕망의 대상이며, 태준은 어머니의 욕망의 대상이며, 또한 어머니와 태준은 각각 타자로 타자의 결여와 분열로 욕망 실현은 불가능한 팔루스의 기표들이다. 어머니와의 관계에 뿐만 아니라 미자와의 남녀관계에서 태준은 라깡이 제시한 남성 주체의 속성을 더욱 명료하게 구체화한다.

> 태준: 당신을 내 인생에 소품으로 생각한 적 없어. 우리 몇 년이야. 그동안 겪은 일도 많아. 소품으로 쓰자고 어머니하고 거기까지 가면서 결혼한 거 아니야.

미자: 당신은 누구한테도 꺽이는 거 싫어하니까. 염라대왕도 이기려고 들테니까

태수: 출세 외에 아무 것에도 관심 없다면 굳이 당신하고 결혼 강행할 필요 없었어.

미자: 별로 이득이 없는 결혼을 하고서도 잘 뻗어 나갈 자신이 있었겠지. 그리고 그걸 보여 주는 걸로 더 잘난 사람이 되고 싶었겠죠.

태수: 나한테서 여자는 당신 밖에 없었고 없어

미자: 그건 당신 결벽증이지 나에 대한 사랑이 아니야. 나이기 때문에 나라야만 하는 것도 아니야. 어떤 여자였어도 당신은 같을 거야. 그리고 어떤 여자였어도 지금 내가 당신한테 받고 있는 대접 이상 못 받을 거야. 당신은 당신 자신만을 사랑하기에도 너무 바쁜 사람이니까.

〈사랑과 야망 44회〉[18]

대부분의 멜로드라마들이 모든 장애를 사랑으로 극복하고 결혼에 이르는 과정을 보여줌으로써 사랑의 환상을 고착화하는 장르 관습을 반복하는데 비해, 김수현 작가는 위의 예처럼 왜곡된 사랑의 환상 대신 집요하리만치 인간의 속성을 탐구한다. 미자에 의해 벌거벗겨지는 태준의 사랑은 라깡이 제시한 남성성의 정체성, 속성의 체현이다. 여성에게 도달하지 못한 채 팔루스의 질서에 종속되어 있으면서 그 질서를 뛰어넘는 예외가 되려는 남성의 분열이 만들어낼 수밖에 없는 향유의 환상인 대상 a가 미자이고, 미자를 통해 김수현 작가는 그 사실을 적시하고 있다.

미자: 〈중략〉당신 말대로 난 형편없어. 아무것도 없어. 그런 나한테서 상우까지 뺏어야 하니? 한땐 대신 죽어도 될 만큼 목숨 걸고 사랑한 남자가 어떻게 그런 짓을 할 수가 있어? 당신이 나한테!!!

태준: 당신 사랑해 아직

미자: (어이없다는 듯)허!

태준: 죽는 날까지 널 사랑해

미자: 그러세요?

태준: 왜냐면 넌 바로 나니까. 당신 위해 사랑한다 그러면서 나 자신 때문에 당신을 사랑했어. 이건 엄밀한 의미에서 사랑이 아니야. 잘못된 사랑이라서 오히려 뿌리가 깊고 질겨. 이쯤 해서 잘못된 사랑 정리해야겠어...

나 결혼해.

미자: ....

태준: 사랑을 제대로 할 줄 아는 사람한테 이제부터 제대로 하는 사랑을 배울 참이야

〈사랑과 야망 65회〉

불행한 결혼 생활을 끝내고 다른 여자하고 결혼한다면서도 "당신 사랑해 아직도"라든가 "죽는 날까지 널 사랑해"라고 이율배반적으로 말하는 태준은 분열된 남성 주체이다. 상징적 거세를 은폐하기 위한 분열된 주체로서 남성 태준은 결코 여성 미자에게 도달할 수 없고, 직접 만나지 못한 채 자기 자신이 투사된 이미지를 서쳐 그녀를 만나 그 이미지를 투사하고 그 이미지를 사랑하고 있다. 분열된 주체인 자신을 인정하지 않으려는 태준은 결국 미자를 떠나지 못하고 불행한 채 서로의 곁을 지키며 팔루스의 향유는 불가능의 기표로만 남는다. 따라서 태준과 미자가 마치 되돌이표처럼 불행한 채 서로의 곁을 지키는, 어찌 보면 대단히 생경할 수 있는 소위 오픈 엔드(open-end)의 이 서사멜로드라마 엔딩은 라깡 이론을 적용하면 당연한 귀결로 보여진다.

2) 〈내 남자의 여자〉 남자 주인공의 남성 주체

〈내 남자의 여자〉의 남자 주인공 홍준표는 재벌가의 외아들로 천사표 현모양처와 아들을 둔 42세의 대학교수이다. 하지만 행복의 완벽한 외형을 두루 갖춘 준표는 아내의 친구인 화영과 불륜을 저지르고 두 여자 사이를 안일하게 오고 가다 종내 두 여자 모두로부터 버림받는 인물이다. 〈내 남자의 여자〉 속 준표는 '불륜을 저지른 수많은 남자들의 치졸함, 허세, 나약함, 발 빠른 계산속 같은 전형적인 속내를 적나라하게 보이고 있는 너무나도 현실적인 근래에 보기 드문 캐릭터'[19]라는 평가를 받으며 자극적이고 통속적인 소재를 작가적 역량으로 성공시킨 사례로 꼽히기도 했다. 하지만 이 같은 평가는 불륜을 '미화'도 '매도'도 하지 않겠다는 김수현 작가 스스로의 집필 의도가 아니더라도, 자칫 남성의 이기적 본능을 성 이데올로기와 윤리적 잣대로 재단

했던 혹은 재단하기 위한 작품으로 편협하게 해석한 평가이다.

〈내 남자의 여자〉 속 준표는 즉 가부장 중심 성 이데올로기나 모럴(moral)을 중심에 놓고 작가가 그 시시비비를 따지거나 우위를 전달하려는 목적성을 가진 캐릭터로 해석하는 것은 편협한 해석이다. 준표는 〈사랑과 야망〉의 태준과 20년 세월의 간극을 관통하는 작가의 일관된 작가의식을 보여주는 캐릭터로, 탐구 대상으로서의 동일 남성이기 때문이다. 다만 작가가 이들 두 남성에게 던져 놓은 다른 상황, 즉 사회변화를 그대로 흡수 반영하는 TV 드라마의 속성과 김수현 작가의 특성이 만들어 낸 무대만 다른 동일 탐구 대상으로서의 남성인 것이다. 따라서 〈내 남자의 여자〉 속 준표를 논함에 있어 20년 세월의 흐름 속에 김수현 작가에게 인식된 남성 주체의 변화 유무와 그 정도 혹은 동위소를 분석 평가하는 것이 작품, 작가에 대한 적절한 접근이며 또한 본고 논의에 보다 유효하다고 할 것이다.

〈내 남자의 여자〉 속 준표는 태준과 비교해 대단히 부드러운 여성적 성향의 소유자이다. 앞서 "염라대왕도 이기려고 들 거"라는 미자의 평가처럼 '법'이고 '상징적 질서'였던 어머니를 이기고 미자와 결혼을 강행할 만큼 강인한 모습의 태준과는 달리 자신의 열정 앞에 준표는 그저 무기력하고 유약하다. "아무 것도 할 수가 없어 글자가 눈에 안 들어 와. 책 한 줄을 읽을 수가 없어. 머리가 터질 것 같아. 차라리 누군가 총이라도 쏴서 머리를 날려버려 줬으면 좋겠다" (〈내 남자의 여자〉 3회)라고 자신을 방기하고 싶어 할 만큼 준표는 유약하다. 이런 모습은 이혼 이후 화영과 사실혼 관계에서도 이어져서 두 여자 사이를 오가며 전처 지수에게는 편안함과 익숙함을, 화영에게는 열정과 사랑을 간구한다. 이런 준표는 일탈의 불륜남 쯤으로 매도되어야 하는 드라마 속 캐릭터가 아니라 상징적 질서에 철저히 종속되어 있으면서 그 자신 예외가 될 수 있다는 환상 속에 역설적으로 팔루스의 질서에 감금된 남성 주체의 표상이다. 다만 경제 성장이 최우선 공동의 시대 목표였던 〈사랑과 야망〉의 태준이 상징적 질서를 적극적으로 창조해간 인물인 반면, 준표는 개인의 행복이 상대적으로 그 가치를 더하는 이 시대의 남성 주체로 상징적 질서의 균열을 감지한 여성적 성향의 인물이란 차이를 보인다. 하지만 준표와 태준 모두 예외가 되려는 환상을 통해 보편성을 획득하는 남성의 자기 분열을 공통적으로 보여주고 있고 이의 반증이 바로 이들의 공통적인 실패한 사랑이다.

화영: 〈중략〉그래서 나는 지금 현재 교차로 한가운데 주저앉아 열심히 의미를 찾고 있는 중...내 사랑의 의미, 내 선택의 의미, 당신이라는 남자의 의미, 당신 사랑의 의미

준표: 살면서 보상해 줄게

화영: 나랑 끝까지 살아주는 걸로...그래 당신은 그럴 거야. 그건 믿어. 그런데 그게 나한테 보상이 될까. 오히려 지긋지긋한 올가미는 아닐까〈중략〉지루하게...아무 의미 없이... 보람없이 허무하게...뭐 좋아. 그렇거나 말거나 미친 여자처럼 될대로 되라 히히덕거리며 살아볼까도 싶어

준표: 뭐라고 할 말이 없다. 그러나 이거 하나만은 믿어줘.

화영: 뭘? 뭘 믿을까? 말해봐. 뭘 믿게 해줘서 내 마음을 잡아 줄건지.

준표: 당신 없는 나는 생각할 수가 없어. 가끔 한 번씩은 감당하기 힘들기도 하지마는. 당신은 내 영감이야. 학교에서 끝나고 당신한테 달려갈 때 내 마음을 당신이 알아야 해. 남은 세월...우린 영원한 연인으로....누구보다 절친한 친구로....살아갈 수 있어〈중략〉

준표: 당신을 사랑해

화영: 고마워. 거짓말이라고는 생각 안 해

준표: 어떻게 그런 말을...

화영: 당신 사랑은 비겁해...비.겁.해...
아주...아주 아주 비.겁.해... .

〈내 남자의 여자 23회〉[20]

위의 예처럼 애초부터 상징적 팔루스 질서에 속하지 않았던 화영으로부터 준표는 ‘비겁한 사랑’으로 비난받으며 일방적으로 결별을 통보 받는다. 준표는 앞서 언급한 〈사랑과 야망〉의 태준처럼 실패한 사랑 앞에서도 상대 여성에게 “사랑한다”고 말하며 자신들 사랑의 진정성을 고집한다. 그러나 둘 모두 자신의 사랑이 진짜 여성과 만난 것이 아니라 ‘대상 a’를 향했음을 “잘못 된 사랑”(태준) 혹은 “꿈을 꿨었어/ 사랑하는 법을 몰랐던 걸 거야”(준표)라는 말로 인정한다. “당신... 내가 찌질해서...실망시킨 거 사실이야. 그런데...나는 당신이랑...늙어가는 꿈을 꿨었어. 속았다지만... 사랑했던 거

진실이야. 부족했다면…내가 사랑하는 법을 몰랐던 걸 거야" (〈내 남자의 여자〉 최종 24회). 이처럼 준표는 태준과 함께 김수현 작가에게 탐구 대상으로서의 남성, 인간이며 그 남성성에 있어서 시대의 상징적 팔루스 질서의 변화를 반영한 자기 분열의 남성 주체이다.

맺음말

이상에서 논의한 바와 같이 김수현 작가의 멜로드라마는 인간 공통의 감정인 남녀의 본능적 사랑과 그 장애를 내러티브 주요 축으로 삼고 있지만 여타 멜로드라마와는 달리 그 장르 관습을 탈피해 인간 주체의 근원적 질문을 던지는 탐구 장르로 저작되어 차별성을 보이고 있다. 이 같은 김수현 작가의 작가의식은 불특정 다수를 대상으로 하는 TV 드라마의 특성에 견주어 볼 때 대중적 소구력을 획득하기 어려운 시도로 보이지만, 오히려 사례를 찾아보기 힘든 독보적인 대중성을 획득하고 있다. 이는 작가의 집요한 인간 탐구의식이 캐릭터 각각의 내면화로 이어지면서 캐릭터를 지극히 현실적인 살아 있는 인간 주체로 만드는데 성공했고 이를 통해 대중적 공감을 획득한 때문으로 분석된다. 하지만 이런 분석이 자칫 김수현 작가의 독보적 역량을 재확인하는 결과로만 해석될 수 있는 점을 주지하고자 한다. 즉 장르 관습을 반복하며 안일한 대중성 획득에 매몰되는 TV 드라마 생산 과정과 그 참여자의 문제를 제고해야 함을 주지코자 한다.

또한 김수현 작가의 멜로드라마 속 남자 주인공은 분석자로서의 작가에게 피분석자인 인간 탐구 대상으로 이는 여주인공과 다름없다. 이에 따라 김수현 작가는 여성 작가이면서도 남성 캐릭터에 관해 중립적 태도를 견지하며 양성 모두의 '분열'된 주체로서 안게 되는 '결여'의 근원적 문제를 제기한다. 김수현 작가에게 남성과 여성은 인간 주체에게 불가능한 팔루스의 향유를 각각 서로 다른 방식으로 획득하려는 동일한 '분열'과 '결여'의 인간주체로, 남녀의 성 차이를 심리 문화적 산물로 강조한 라깡의 인식과 동일하다. 또한 그 남성 인식 역시 팔루스의 상징적 질서에 종속되어 있지만 예외가 되려는 환상 속에 오히려 팔루스 질서에 감금되는 변증법적 존재로서 인식하는 것으로 분석된다. 또 사랑을 실현하지 못하는 두 남성 주인공의 정도의 차이를 통해 20년 세월 동안의 작가의 남성 인식 변화 일단을 엿 볼 수 있다. 즉 팔루스의 향유와 잉여 향유를 동시에 누릴 수 있는 여성에 비해 상대적으로 대상 a를 통한 환상의 팔루스 향유만을 누릴 수 있는 남성에 관해 좀 더 포용적인, 좀 더 중립적인 작가의 남성 인식의 변화를 가늠해 볼 수 있다.

〈참고문헌〉

[1] 유진희, "김수현 멜로드라마의 장르문법과 젠더 이데올로기: 〈내 남자의 여자〉를 중심으로", 한국콘텐츠학회논문지, 제9권, 제11호, pp.175-183, 2009.

[2] 유진희, "김수현 홈드라마의 장르문법과 젠더 이데올로기: 〈엄마가 뿔났다〉를 중심으로", 한국콘텐츠학회논문지, 제10권, 제11호, pp.102-112, 2010.

[3] 유진희, "라깡을 통해 본 김수현 작가의 주체와 욕망: 〈사랑과 야망〉 〈내 남자의 여자〉 여주인공을 중심으로", 한국콘텐츠학회논문지, 제12권, 제9호, pp.126-135, 2012.

[4] 유진희, "김수현 홈드라마의 상호텍스트성", 한국콘텐츠학회논문지, 제13권, 제10호, pp.103-112, 2013.

[5] 대중서사장르연구회, 대중서사장르의 모든 것1, 멜로드라마, 이론과 실천, p.13, 2007.

[6] J. Belton, 이형식 역, 미국영화/미국문화, 한신문화사, p.128, 2000.

[7] 윤석진, 멜로드라마의 근대적 상상력, 푸른사상사, p.14, 2004.

[8] 이다운, "멜로드라마의 관습적 장르 규정에 대한 비판적 고찰", 현대문학이론연구, 제45권, pp.328-343. 2011.

[9] 글렌 크리버· 토비 밀러· 존 털로크 엮음, 박인규 역, 텔레비전 장르의 이해, 산해, p.19. 2004.

[10] 토마스 샤츠, 한창호·허문영 역, 헐리우드 장르의 구조, 한나래, p.40, 1995.

[11] 유진희, 2012, op. cit., p.127.

[12] http://www.kshdrama.com/

[13] 딜런 에반스, 김종주외 옮김, 라깡 정신분석 사전, 인간사랑, pp.90-91, 2004.

[14] 브루스 핑크, 김서영 역, 에크리 읽기:문자 그대로의 라캉, 도서출판 b, p.243, 2004.

[15] 딜런 에반스, op. cit., p.93.

[16] 신명아, "자끄 라깡의 남근이성중심적 여성관의 해체", 영미문학페미니즘, 제3권, pp.103-140, 1996.

[17] J. Lacan, Le Seminaire XX: Encore, Paris: Seuil, p.75, 1975, 홍준기, 오이디푸스 콤플렉스, 남자의 성, 여성의 성, 아난케, 2005, p.274에서 재인용.

[18] http://www.kshdrama.com/

[19] 정수연, 드라마 맛있게 읽기: 21세기 대한민국 드라마의 변화를 읽어라, 북인, p.87, 2008.

[20] http://www.kshdrama.com/

3막.
김수현 홈드라마의 가족로망스

1.
김수현 홈드라마의 상호텍스트성

들어가며

본고는 학문적 연구 대상에서 소외돼 온 텔레비전 드라마 작가에 관한 지속적인 집중 연구로, 김수현 작가에 관한 선행 연구들[1]에 이은 후속 연구이다. 선행 연구는 김수현 작가가 멜로드라마를 통해 '심리추적과 이분법 파기'의 차별성과 '가부장 중심 젠더 이데올로기 전복'의 진보 경향성을 보이는 한편, 홈드라마에서는 '안정과 변동의 서사 전략'을 구사하며 인본주의 경향성을 보이는 것으로 분석했다. 특히 김수현 작가의 홈드라마의 경우, 사회 규범적 기능주의 잣대 혹은 페미니즘 시각의 편협한 잣대로 분석 평가하게 되면 멜로드라마에서 보인 작가의 상대적 진보 경향성에 비해 보수 성향 나아가 남성 지배 젠더 이데올로기 옹호 작품들로 해석될 수 있는 우려를 지적한 바 있다. 즉 김수현 작가는 젠더 이데올로기 논의를 초월해, 자본주의 논리에 붕괴돼 가는 인간성 회복의 장, 사랑과 이해, 신뢰를 바탕으로 하는 가족애 지향의 장으로 홈드라마를 적용하고 있음을 주지한 바 있다. 이처럼 장르별로 뚜렷이 상이한 성향을 보이고 있는 작가의 특성이야말로 김수현 작가만의 도드라진 차별성으로, 가족시청 시간대에 방송되는 가족 드라마 대부분이 김수현 작가가 구분하고 있는 홈드라마와 멜로드라마가 혼재된 홈멜로 형태로 방영되고 있기 때문이다.

김수현 작가는 독보적 지위의 방송 작가로서 스스로의 자율 통제의식 하에 홈드라마와 멜로드라마의 장르 구분에 엄격해, 홈드라마의 경우 소위 감정 과잉의 인위적인 멜로드라마 요소의 개입이나 장치 없이 3대의 결혼을 중심으로 일상성과 시대 변화를 통한 가족상을 세밀하게 그려내고 있다. 그러나 이 같은 작가만의 장르 구분 통제의식은 작가의 차별성과 더불어 작가의 혼재된 성향에 관한 논의를 남기게 된다. 한 예로 김수현 작가에 관해 "홈드라마를 쓸 때는 시청자 공히 예찬의 박수를 아끼지 않았으나 멜로드라마의 경우는 어느 드라마건 윤리적인 면에서 매도를 당했다"며 "김수현은 홈드라마는 TV용으로 멜로드라마는 영화용으로 간직해야 할 것이다"[2]라는 극단적 평가를 받기도 했다. 이 같은 평가가 앞서 언급한 편협한 잣대를 들이댄 평가라고 하더라도, 보수적 매체인 TV와 불특정 다수 시청자를 감안할 때 논외로 배격할 평가만은 아니다. 따라서 본고는 김수현 작가 연구 그 논의의 깊이를 더하기 위하여 김수현 홈드라마의 보다 폭넓은 유용한 독법을 찾아보고자 한다. 즉 장르별로 혼재된 작가의 성향에 관한 논의를 시작점으로, 상대적으로 보수적인 홈드라마를 어떻게 독해하는 것이 진보 보수의 성향 논의를 넘어서 작가 연구의 보다 유효한 결과를 획득하는 것인지를 밝히는 것이 본고의 연구 목적이다.

연구 대상과 방법

본 연구는 김수현 작가의 주말연속극 〈목욕탕집 남자들〉(1995. 11. 18~1996. 9. 1, KBS)과 〈무자식 상팔자〉(2012. 10. 27~2013. 3. 17, JTBC)를 비교 연구 대상으로 한다. 총 83부작의 〈목욕탕집 남자들〉은 평균 시청률 37.7%, 최고 시청률 53.42% (미디어서비스코리아 집계)을 기록함으로써, 1991년 방영된 최고의 화제작 〈사랑이 뭐길래〉(1991. 11. 2~1992. 5. 30, MBC)에 뒤이어 방영된 주말 드라마 〈산다는 것은〉(1993 4. 24~1993, 10. 17, SBS), 〈작별〉(1994. 6. 13~1994. 12. 27, SBS)의 연이은 시청률 부진으로 제기된 '시청률 제조기'의 퇴조 평가를 불식시킨 드라마이다. 또한 〈목욕탕집 남자들〉은 서민층 1, 2, 3대 대가족 구성원을 등장시켜 3대의 결혼과 사랑을 서사 중심축으로 삼음으로써. 2000년대로 이어지는 김수현 홈드라마의 전형 패턴을 제시한 드라마이다. 즉 2002년의 〈내 사랑 누굴까〉(KBS), 2008년의 〈엄마가 뿔났다〉(KBS), 2010년의 〈인생은 아름다워〉(SBS)가 이에 해당한다.

드라마 작가로는 최초로 1998년 발간된 김수현 작가 평전 『김수현 드라마에 대하여』

에서 양성희는 통속멜로에서 가족극으로의 작품세계의 큰 변화를 가져온 작품으로 1991년의 〈사랑이 뭐길래〉를 꼽았다[3]. 역사주의(historicism) 작가 연구관점에서 볼 때 가능한 분석이나, 본고는 〈사랑이 뭐길래〉의 서사 구조의 상이성, 즉 1대 가부장의 부재와 보수와 진보, 가부장제와 민주주의로 대변되는 사돈 집안의 갈등을 서사의 중심 축으로 삼았다는 점에서 〈사랑이 뭐길래〉를 〈무자식 상팔자〉로 이어지는 김수현 작가의 홈드라마 전형 패턴 비교 연구 대상에서 제외하였다. 따라서 본고의 논제를 전개하는 연구 대상으로 1995년 작 〈목욕탕집 남자들〉과 최근작 〈무자식 상팔자〉를 비교 연구 대상으로 삼는다. 〈무자식 상팔자〉는 종합편성채널 사상 처음으로 두 자리 수 전국 시청률을 기록(최고 시청률 10.052% 닐슨코리아 집계)한 드라마로, 〈목욕탕집 남자들〉에 이어 계속된 김수현 홈드라마의 대중적 소구력을 다시 한 번 입증한 작품이다. 또한 본고의 연구 대상인 김수현 작가의 홈드라마 전형 패턴이 드러난 작품이기도 하다.

본 연구는 김수현 작가의 홈드라마 텍스트에서 발견할 수 있는 이 같은 전형 패턴을 상호텍스트성 이론을 통하여 면밀 분석함으로써 작가의 궁극적인 구조 의지를 밝혀보고자 한다. 작가 분석에 사용할 수 있는 통상적 역사주의 이론 경우, 작가가 글을 쓰면서 추구한 목적, 작가의 세계관, 가치관의 근원적 뿌리, 그리고 시청자의 반응에 대한 고찰에 초점이 맞추어진다. 그러나 이와 같은 접근 방식은 텍스트를 오로지 작가만의 생산물로 귀결시키며, 결국 텍스트와 수용자의 관계, 텍스트와 다른 텍스트 간의 관계에 대한 고찰을 차단하는 역할을 하게 끔 만들었고, 이 같은 맹점을 극복하기 위해 상호텍스트성 이론이 등장한다[4]. 상호텍스트성은 텍스트의 구성이 이전에 존재하던 다른 텍스트와의 교류를 통해 이루어지고, 또한 텍스트는 생산된 사회적 맥락(context)과의 교류 속에 이루어지며, 이런 텍스트의 궁극적 이해와 수용은 텍스트와 독자와의 대화 속에 이루어짐으로써 다층적 구조를 가진다는 개념이다. 매스미디어를 매개체로 불특정 다수의 수용자와 만나는, 특히 시청 층이 폭넓은 홈드라마 텍스트야말로 다층적 구조의 텍스트라는 점에서 상호텍스트성이 발현되기에 적합한 환경이다. 본 연구는 이 같은 상호텍스트성 이론의 출발점과 개념에 주목, 역사주의 분석만으로는 충분치 않은 김수현 작가의 궁극적 구조 의지를 상호텍스트성 이론을 통하여 규명해보고자 한다. 또한 이와 같은 연구는 작가의 홈드라마 텍스트들 간의 접맥, 반복, 혹은 변형되는 지점들을 조명함으로써, 특히 홈드라마와 멜로드라마로 장르별로 대별되어 보이는 작가의 혼재된 저작 의지에 관해 보다 근원적인 본질을 규명할 수 있도록 할 것이다.

상호텍스트성 이론과 연구의 틀

앞서 간략히 서술한 상호텍스트성의 개념은 그 이론과 적용에 있어서 대단히 광범위하게 전개되어, 상호텍스트성 관련 탁월한 입문서를 쓴 알렌(G. Allen)은 상호텍스트성이 상상력이나 역사, 포스트모더니즘 등과 같은 용어처럼 아주 다양하게 정의된다며 그 개념의 광범위성과 처한 상반된 견해를 지적한다[5]. 그러나 오늘날 사용하는 '상호텍스트성'의 용어를 크리스테바(J. Kristeva)가 맨 처음 명시, 정착시켰으며 이는 바흐친(M. Bakhtin)의 대화주의(dialogism) 이론을 새롭게 논의, 규정한 것이라는 데는 견해가 일치한다.

바흐친의 대화주의는 소쉬르(Saussure)가 배제하였던 언어 사용의 주체인 인간, 개인의 발화(發話)를 핵심적 요소로 인식한다. 바흐친은 언어 사용 주체의 발화를 핵심적 요소로 삼음으로써 발화가 다양하고 혼란스러워 보이지만, 발화가 대화를 전제로 하고 있다는 점에서 대화 상대로서의 타자를 반영할 수밖에 없으며, 따라서 모든 발화, 언어는 타자성(otherness)을 갖는다고 정의한다. 결국 발화란 이미 무수하게 발화되었던 것을 발화에 내재한 규범성에 의해 다시 말해지는 것임을 알게 한다[6]. 또한 바흐친은 물리학의 용어를 빌려 '구심성'과 '원심성'의 개념으로 언어를 인식한다. 즉 발화는 그 안에 원심력과 구심력을 동시에 갖고 있어 구심력이 단일화, 중심화, 통일화의 특성을 가지는 반면, 원심력은 탈중심화의 다층적이고 다원적 특성을 가진다[7]. 언어는 이 같은 원심성과 구심성의 팽팽한 긴장과 균형 속에 존재하게 되며, 내재한 이런 언어의 기본적인 대화적 성격을 문학이론에 적용, 도스토예프스키를 이 대화성을 극명하게 실현한 예로서 분석 제시한다.

이 같은 바흐친의 대화주의는 크리스테바에 의하여 상호텍스트성으로 명시된다. 크리스테바는 텍스트 공간을 글 쓰는 주체와 이를 받아들이는 측, 외부 텍스트라는 3차원 공간으로 보고, 이들 3 요소의 수직, 수평적 상호 작용이 텍스트 공간이라고 규정지으며 "어떠한 텍스트라도 서로 다양한 인용이라는 모자이크로 이루어지기 때문에 텍스트는 모름지기 한 텍스트의 다른 한 텍스트의 흡수와 변형에 지나지 않는다는 사실을 그 속에서 발견하게 된다"[8]고 상호텍스트성 개념을 정의한다. 크리스테바의 상호텍스트성에 따르면 저자는 무수한 상호텍스트성이 존재하는 의식의 주체이며, 텍스트는 이런 무수한 상호텍스트가 의식적으로 무의식으로 교차하는 공간이다. 또한 받아들이는 개별적 독자 역시 상호텍스트성이 교차하는 의식의 주체이므로 텍스트를 둘러싼 상호텍스트성은 무한대로 증폭된다. 또한 크리스테바의 상호텍스트성은 논의 전개 속에 수용자, 독자의 역할이 강조되어, 기존의 연구 전통에서 신적 지위에 있던 작가주의 이론과 의미 자체의 고정성 등을 폐기해야 할 요소로 간주하게 되고, 바르트(R. Barthes)에 이르면 작가(author)는 죽는다.

바르트는 1968년 에세이〈작가의 죽음〉을 통해 크리스테바의 논의와 유사한 논의 방식을 전개하면서 텍스트는 신의 계시와 같은 하나의 의미를 창출하는 것이 아님을 강조한다[9]. 바르트는 작품(work)과 텍스트(text)를 구분해, 작품은 소비의 대상인, 고전적인 읽혀지는 글로 지칭하는 대신 텍스트(text)는 현대적인, 쓰여지는, 유희와 작업과 생산, 실천의 대상으로 부른다[10]. 즉 텍스트가 더 이상 작기의 근원적 생각이나 독창적으로 의도된 의미를 찾을 수 있는 결과물이 아니며, 단일하고 신적인 의미 생산의 주체로서의 저자를 궁극적으로 배제하는 대신 개별적 독자를 의미 생산의 새로운 주체로 내세운다. 알렌에 따르면 이 같은 바르트의 상호텍스트성은 텍스트에 있어서도 특정의 상호텍스트들과 관련을 맺기 보다는 담론들, 클리쉐, 말하는 방식들로 이루어진 모든 문화적인 약호(code)와 관련된다[11]. 즉 바르트의 상호텍스트성은 크리스테바가 제시한 상호텍스트성의 개념에서 대폭 확장돼, 잡종성(hybridization)과 복합성(complexity), 절충주의(eclecticism)와 다원주의(pluralism) 미학이란 포스트 모더니즘의 거대 스펙트럼 가운데 한 주축 개념이 된다.

이 같은 상호텍스트성의 개념과 논의의 확장은 상호텍스트성 연구나 혹은 이 이론을 적용한 작품 연구 양 측면 모두에서 난해성을 지적 받는다. 앞서 언급한 알렌이 대표적인 경우로, 상호텍스트성이 통제 가능한 개념인지, 아니면 통제 불가능한 개념인지, 즉 제한된 의미 차원을 갖는지 아니면 무한한 의미 차원을 갖는지, 혹은 상호텍스트성이 텍스트 해석을 도와주는지 아니면 해석이란 개념에 저항하는 지 등[12], 상호텍스트성의 개념이 처해 있는 상반된 견해를 통해 그 연구의 난해성을 요약적으로 지적하고 있다. 따라서 상호텍스트성을 적용한 연구나 분석의 유용성은 무엇보다 명확한 상호텍스트성의 개념 규정과 작품 해석의 기준, 연구 목적이 제시되어야 한다.

이런 점에서 상호텍스트성이란 용어의 명시자인 크리스테바의 상호텍스트성에 관한 비판은 주목할 만하다. 상호텍스트성 연구물에서 꾸준히 제기되는 이러한 비판은 크리스테바에 의해 상호텍스트성으로 명시된 바흐친의 대화주의가 '인용의 모자이크'와 '한 텍스트의 다른 텍스트의 흡수와 변용'으로 상호텍스트성이 규정 지어짐으로써, 바흐친 '대화주의의 본질과 유의미함을 축소'시키고 있다는 비판이다. 대표적으로 박건용은 발화의 타자성과 대화성을 핵심 개념으로 하는 바흐친의 이론은 크리스테바의 정의가 없어도 근본적으로 상호텍스트적이며[13], 크리스테바의 상호텍스트성이 바흐친의 '대화의 역동성'을 제거해 버림으로서 나와 타자라는 주체 중심주의와 상호주관성을 마치 서로 상호배타적인 것처럼 대립시킬 뿐만 아니라 상호텍스트성을 이유로 상호주관성을 제거해 버린다고 비판한다. 또 바흐친의 상호텍스트성은 인격적 주체들 사이의 사회적 이데올로기 언술의 다양성을 둘러싼 가치내재적인 대화 이론으로, 크리스테바의 상호텍스트성이 구조주의의 정태(靜態)성을 보인 반면 바흐친은 보다 근원적이고 역동적이라고 비판한다[14].

이런 점에서 바르트의 상호텍스트성 개념에 대해서도 동일한 비판을 제기할 수 있다. 바르트에 의해 선언된 저자의 죽음을 문자 그대로 수용할 경우 알렌에 의해 제기된 상호텍스트성 연구 적용의 문제인 텍스트 해석에 저항하는 결과를 낳을 것으로 우려된다. 즉 바르트 식 저자의 죽음이 전통적인 의미의 단선적이고 절대적인 텍스트 해석을 부정하는 것으로 해석된다고 하더라도, 매개자, 구성자, 전달자로서의 저자의 역할을 전적으로 배제하기는 힘들다. 평생을 도스토예프스키 연구에 전념한 바흐친은 다성적(polyphonic) 소설론을 통해 작가(소설가)의 역할을 규정한다. 즉 작가는 총기획자, 갈등 관계 묘사자일 뿐, 작중 인물들에 의해 모든 것이 이루어지고 결론이 내려져야 하며 이러한 작중 인물의 다성성을 가장 잘 실현한 예로 도스토예프스키를 분석한다. 도스토예프스키 작품의 등장인물들은 작가의 창조물이 아니라 작가에 의해 매개된 최대한의 자유와 독립이 부여된 인물들로, "등장인물의 말은 작가에 의해 창조되지만, 그 말은 작가가 아닌 다른 누군가의 말, 작중 인물 자신의 말로서 각자의 내면적 논리와 독립성을 마음껏 발휘할 수 있도록 만들어진다"[15]고 평한다. 즉 생산의 주체로서의 작가를 전적으로 배제한 바르트와는 달리, 바흐친은 매개자로서의 작가, 자신이 만든 인격적 주체로서의 작중인물들과 대화하는 상호주체성, 상호주관성을 '기능'시키는 작가를 강조하고 있다. 또한 바흐친의 다성적 문학이론은 작가와 등장인물 관계뿐만 아니라 등장인물들 상호 관계에 관해서도 "동등한 권리와 자기만의 세계를 유지한 채 결합은 하지만 함몰되지 않는"[16] 상호 관계성을 중시한다. 이처럼 문학이론을 통해 설명된 대화성, 타자성, 다성성, 상호주관성의 상호관계성은 바흐친의 언어학 핵심 개념으로 상호텍스트성의 본질을 구성하며, 상호텍스트성 연구 적용에서 크리스테바류의 협소함이나 바르트류의 극단성을 배제함으로써, 유의미한 결과물을 낳을 수 있다. 따라서 본고는 기본 연구 틀로 바흐친의 상호텍스트성 개념을 적용해, 김수현 홈드라마 텍스트들을 분석하기로 한다.

또한 작품 해석의 유용한 도구로 쓰일 수 있는 상호텍스트성의 구체적인 연구 결과로 평가 받는 쥬네트(G. Gennette)의 상호텍스트성(쥬네트는 이를 통(通)텍스트성, transtextuality으로 부른다), 특히 다섯 가지 하위 유형 가운데 하나인 하이퍼텍스트성(hypertextuality)을 구체적인 또 하나의 연구 틀로 삼고자 한다. 쥬네트는 『원(原)텍스트 입문』(1979)에 이어 『펠림세스트(Palimpsests)』(1982)를 통해 상호텍스트성 이론을 정립하는데 그 가운데 중심적 위치를 차지하는 하이퍼텍스트성은 전(前) 텍스트(hypotext)와 후 텍스트(hypertext)가 맺는 상호텍스트적 관계를 지칭한다. 즉 쥬네트의 하이퍼텍스트성은 전 텍스트가 후 텍스트에 남긴 '흔적'을 중시하며, 이 둘은 '변형'과 '모방'으로 관계 지어진다. 또 구체적인 변형 방식으로 자기삭제(self-expurgation), 절제(excision), 축소(reduction), 확대(amplification) 등을 제시한다[17]. 이 같은 쥬네트의 하이퍼텍스트성은 상호텍스트 관계의 전, 후 텍스트들을 명확히 함과 동시에 적용 가능한 규칙을 제시함으로서 작품 해석에 유용한 틀로 사용할 수 있다. 따라서 본고는 바흐친의 상호텍스트성 개념을 적용하여 연구 대상 김수현 홈드라마들에 내재한 상호텍스트성의 공통 요소를 분석하는 한편, 쥬네트의 하이퍼텍스트성을 적용하여 전·후 텍스트들 간의 접맥, 반복, 변형 지점들을 조명함으로써, 작가의 사용 의도와 의미를 분석하고자 한다.

김수현 홈드라마의 상호텍스트성

1) 바흐친의 상호텍스트성에 따른 김수현 홈드라마의 분석

바흐친의 상호텍스트성을 적용할 수 있는 김수현 홈드라마의 첫 번 째 특성은 등장인물의 외연적 구조이다. 〈목욕탕집 남자들〉과 〈무자식 상팔자〉는 대가족 3대의 등장인물 구성으로, 세대와 성, 성격, 가치관 등을 제각기 모두 달리하며 다층적, 다성적으로 상호주관성을 확보하며 구조한다. 〈목욕탕집 남자들〉 경우, 1대 김복동, 이기자 부부의 2남 1녀 자녀 부부와 또 이들의 자녀와 그 배우자들까지 3대 총 18명의 등장인물이, 〈무자식 상팔자〉의 경우, 1대 안호식, 최금실 부부의 3남 자녀 부부와 또 이들의 자녀와 그 배우자까지 3대 총 16명의 등장인물이 각각 독립된 내면적 논리와 개성으로 갈등을 전개한다. 특히 이들 다수의 등장인물들이 갖는 각각의 특성은 주조연의 역할 구분이 불분명한 균등한 배역 비중에서 먼저 증명된다. 이는 홈드라마를 표방하는 대부분의 주말 연속극들이나 일일드라마들이 가족 구성원 가운데 20-30대 초반 여성을 주인공으로 내세워 이들의 연애와 사랑을 주요 갈등으로 전개하는 것과는 차이를 보이는 요소다. 〈목욕탕집 남자들〉과 〈무자식 상팔자〉도 20~30대 초반 3대의 결혼이 서사의 주요 갈등이지만 이는 어디까지나 '가족구성원'의 중대사로서 서사가 전개되어. 결혼의 당사자가 주인공 역을 담당하지 않으며, 당사자 역시 1명이 아닌 3대 자녀 모두가 됨으로써 대가족 구성원의 1인들로 자리한다. 즉 〈목욕탕집 남자들〉의 경우, 3대 자녀들인 3녀 1남 가운데 미혼자인 세 딸 윤경, 은경, 수경의 결혼을 둘러싼 갈등이 동시에 전개되고, 〈무자식 상팔자〉의 경우도 3대 자녀들인 2남 1녀, 소영, 성기, 준기의 결혼을 둘러싼 갈등이 상대적으로 경중 없이 전개된다. 이처럼 김수현 홈드라마는 3대의 결혼이 서사축의 주요 갈등이기는 하나 드라마 방영 당시의 사회상과 시대상을 반영, 대변하는 1, 2, 3대 모두의 세대별, 성별 인물들을 균등하게 배치, 역할시킴으로서 외연적 구조에서 다성적이고 다층적이다.

이 같은 외연적 구조뿐만 아니라 김수현 작가를 평할 때 빼놓을 수 없는 언어, 대사 구사력은 바흐친의 다성적 소설론의 핵심인 상호관계성, 상호주관성을 확보할 수 있는 두번째 특성이다. 김수현 작가 홈드라마의 세대별 성별로 대비되는 등장인물들은 각각의 내면 논리가 명확한 자유로운 현시적 객체로 사실감을 획득하는데 성공한다. 이런 사실감은 김수현 작가의 대사, 언어가 기본적으로 획득하고 있는 타자성, 대화성에 있다. 바흐친이 규정한 언어의 기본적 개념인 타자에 의해 개입, 간섭, 의미화 되는 언어의 타자성은 그러나 작가에 의해 다수의 인물이 창조될 경우 개개의 발화가 아닌 작가의 통제 하에 의미 전달의 도구로 전락할 가능성이 있다. 하지만 김수현 작가 홈드라마 텍스트에 사용된 언어는 '집'을 중심으로 일상의 구어체 비공식 언어가 주가 되어 근본적으로 일상적이며 사적이며 내밀하다. 이런 일상적이며 사적인, 내밀한 언어 사용으로 현실과 극이 구분되지 않을 정도로 세세하게 가족 구성원 각각의 일상을 묘사함으로써 작가의 통제를 인식할 겨를이 없다. 또 김수현 작가의 언어는 항상 발화자, 등장인물과 동화되어 구체성을 띤다. 즉 극 속의 통제된 대사가 아닌 인간 주체의 개인적 발화로 텍스트 안에 자리함으로써 개개의 내면을 탐구함으로써, 작가와 등장인물, 등장인물과 등장인물 간 상호주관성과 상호관계성을 확보된다. 〈목욕탕집 남자들〉에서 60대의 2대 어머니 김영자와 30대의 3대 장녀의 대사가 그 한 예이다.

> 윤경: 엄마가 틀렸잖아요? 왜 이래요? 어른스럽지 못하게. 자식 살리려고 철길 뛰어드는게 부모잖아요. 목숨도 내놓는데 자존심쯤 뭐가 대수야? 왜 이래요? 어른스럽지 못하게.
> 영자: 넌 그런 말 할 자격 있어? 넌 목숨보다 중한 게 자존심이라며"
> (1996, 6, 8일 방영분).

또 〈무자식 상팔자〉의 경우, 초반 갈등의 주요 사건인 2대 차남 안희재(58세)의 가출 소동 후 벌어진 동서, 이지애(59세)와 지유정(55세)간 대사가 그 한 예로

> 지애: 대기 아빠가 그냥 공여언히 어느 날 미친 바람들어 아무 이유 없이 바람 들

어 휙 나갔다 온 게 아니잖아.

유정: 제가 원인 제공했다는 말씀인데, 맞아요, 돼지 갈비 안 먹여줘 골나게 한 건 맞아요. 그렇지만 자라다 성장 멈춘 사람도 아니고 그 골부리를 집 나가는 걸로 그게 정상이에요?

지애: 자네 이게 문제야. 어떻게 딱 돼지갈비 때문만이라고 우겨? 엉? 퇴직 후유증 극복하기 만도 벅찬 사람을 돈주머니 틀어쥐고 앉아 변변한 외출 한 번 못하게 단속을 하니? 그뿐이야? 말 마디마다 토 달고 할퀴고 누구 눈 없고 입 없어 아뭇 소리 안 한 줄 알아?

유정: 오는 말이 고와야 가는 말도 고운 법이예요.
〈중략〉가난이 호랑이보다 더 무서워요.
일흔 다섯 되면 풀 거예요.

지애: 그 나이는 넘길 거라고 어디서 보증서 받았어?

(2011. 12. 1일 방영분)[18]

위의 예에서 보듯이 김수현 작가의 대사는 그 대사량에서도 여타 드라마들과 비교되게 많으며, 등장인물 누구하나 내면 논리가 분명하지 않은 등장인물이 없고 이를 말로 풀어 냄으로서 소위 '속사포' 대사라는 특정된 현상을 만들기도 한다. 또 위의 예에서 보듯이 등장인물 개개의 논리는 바흐친의 언어 개념 가운데 하나인 원심성과 구심성이 적용할 수 있는 언어 행태이다. 즉 〈목욕탕집 남자들〉 경우 연령(방영 당시), 성, 엄마라는 역할에서 작가의 페르소나라고 할 수 있는 김영자의 대사는 구심성 즉 작가의 메시지, 의도, 특정 효과를 전달할 수 있는 창조물의 대사이지만, 딸 윤경의 원심성 대사가 비중을 더 차지하며 구심력과 원심력은 팽팽하게 맞선다. 〈무자식 상팔자〉의 경우도 마찬가지로, 작가는 동서간 개체의 갈등을 그릴 뿐 돈에 집착하는 둘째 며느리 지애에게 자신의 논리를 펼 수 있도록 하여 구심력과 원심력을 유지한다.

셋째, 작가의 단일한 목소리가 전달되는 것에 저항했던 바흐친의 상호텍스트성은 〈목욕탕집 남자들〉의 3대, 〈무자식 상팔자〉의 3대에서 특히 두드러지게 나타난다. 〈목욕탕집 남자들〉의 3대 막내 수경은 당시의 자기중심적 소비지향형 신세대로 "기성세대는 우리를 질투하는 거야. 부모가 고생해서 쌓아놓은 물질적 풍요와 여유를 우리가 즐기니까. 그게 뭐 문제지, 우리가 행복하게 살기를 부모도 원한 거 아니야?"는 수경의 대사에 관해 양성희는 기성세대가 경원해 마지않는 신세대에게서 당당함과 자기확신, 적극성 등 긍정적 가치를 읽어내 놀랄만큼 개방적이라고 김수현 작가를 평한다[19]. 〈무자식 상팔자〉의 경우 3대 자녀 모두가 수경 캐릭터와 유사해 자기중심적이고 당당하다. 지방법원 판사라는 엘리트 장녀 소영은 가족과 갈등은 하지만 당당히 미혼모의 길을 선택하고, 둘째이자 장남인 성기는 잘 나가는 양악수술 전문 치과의사이지만 결혼을 기피하며 자유로움과 연애를 즐기는 캐릭터이다. 또 막내 준기는 두 형제에 비해 유약하지만 고아나 다름없는 10대 수미와의 결혼을 고집하는 쇠고집으로 등장한다. 이는 '무자식 상팔자'라는 드라마 타이틀, 제재에 걸맞는 극적 상황 설정일 수도 있지만, 김수현 작가가 3대라는 젊은 세대에게 부여하는 개방성이며 사회상 변화의 적극적인 반영이기도 하다. 〈엄마가 뿔났다〉(KBS, 2008)의 3대 장녀 변호사 나영수가 초혼으로 이혼남과 결혼하는 설정이라든지, 〈인생은 아름다워〉(SBS, 2010)의 반듯한 의사 장남 양태섭이 동성연애자로 설정한 것이 또 다른 대표적인 경우로, 이 설정들은 드라마 안에서 작가와의 상호주관성을 확보하는 동시에 등장인물들 간 상호관계성도 강력히 확보한다. 이처럼 3대에게 부여한 개방성은 김수현 홈드라마에서 찾아볼 수 있는 김수현 작가의 상호주관성과 상호관계성으로 해석됨으로써 바흐친의 상호텍스트성을 적용할 수 있는 또 하나의 특성이 된다.

2) 쥬네트의 상호텍스트성에 따른 김수현 홈드라마의 분석

바흐친의 상호텍스트성이 연구 대상 김수현 홈드라마들에서 공통적으로 발견되는 특정 요소를 해석해 낸 반면, 쥬네트의 하이퍼텍스트성은 이들 대상의 구체적 접목 지점 즉 이전 텍스트의 흔적과 변형 요소를 분석해 낼 수 있는 방법론이다. 〈무자식 상팔자〉가 〈목욕탕집 남자들〉의 대가족 구성 틀과 3대 결혼을 주요 갈등 요소로 삼는 기본 패턴 외에 보이는 흔적과 변형은 먼저 작품의 주요 무대에서 찾아 볼 수 있다. 〈목욕탕집 남자들〉의 주요 무대는 1대 김복동(이순재 扮)이 평생을 모은 돈으로 마련한 서울 서민동네 목욕탕과 그 목욕탕에 딸린 한옥집과 빌라로 2남 1녀 2대 자식과 3대 자녀가 한 울타리 안에서 거주한다. 반면 〈무자식 상팔자〉의 주요 무대는 1대 안호식이 역시 평생을 모아 마련한 수도권 고향마을의 주유소부근 3채의 전원주택이다. 전·후 텍스트 모두

1대를 중심으로 집결해 1대는 2대 장남 부부와 함께 거주하며 봉양을 받고, 다른 2대들도 언제든 '밥'을 함께 먹을 수 있는 공간에 함께 거주하고 있다. 그러나 후 텍스트는 그 무대가 확장됨으로써 변형된다. 즉 한 울타리 내에 거주하던 전 텍스트와는 달리 후 텍스트는 전원주택 단지라고는 하지만 차로 이동하는 거리에 나머지 2대의 주거 공간을 배치해 무대가 확장, 변형된다. 또한 후 텍스트에서는 3대 안성기의 연애 상대로 성적으로 대단히 개방적인 연상의 동료의사 영현을 설정하고, 이들의 연애 공간 주 무대로 영현의 호화로운 싱글 가구를 배치, 빈번히 등장시킨다. 즉 전 텍스트의 3대들 연애가 1, 2대의 '집' 공간을 벗어나지 못했던데 비해, 후 텍스트 3대 연애는 '집'을 벗어나 자유로운 독립된 '사적 공간'을 확보하고 전개된다. 또한 후 텍스트 3대 장녀의 연애는 독립해 살고 있는 '사적 공간'에서 이미 벌어져 혼전 임신한 상태로 드라마가 시작한다. 이 같은 무대의 확장은 1대를 중심으로 한 대가족제도의 결연과 구속력에도 일정 부분 변형을 가져와, 일주일에 한 번 목욕탕에서 갖는 남자들만의 단합의식 같은 전 텍스트의 필수적인 가족 모임이 후 텍스트에서는 발견되지 않는다.

두번째 발견되는 후 텍스트의 전 텍스트 흔적과 변형 양상은 남성 중심 가부장제의 흔적과 성 역할의 변형이다. 즉 후 텍스트 역시 1대 안호식(전 텍스트와 동일하게 이순재 扮)의 가부장 권위가 전 텍스트와 마찬가지로 당당히 유지되지만, 부부갈등에서 변형된 양상을 보인다. 〈목욕탕집 남자들〉의 주요 에피소드 가운데 하나인 김복동과 전통 찻집 여주인과의 스캔들은 〈무자식 상팔자〉로 넘어 오면 아내 최금실을 향한 안호식의 엉뚱한 의처증으로 변형되어 아내의 이혼 요구와 재산 분배 타협으로 화합하는 변형을 보인다. 1대 부부 성의 주도적 역할이 남자에서 여자로 변화된 모습으로 해석할 수 있는 부분이다. 또한 가정 경제 주도권도 변형양상을 보여, 전 텍스트의 경우 2대 남성들 모두 번듯한 직업을 가진 가정 경제 주도권자인 반면, 후 텍스트는 자영업을 하는 막내 2대를 제외하고는 퇴직자들인 장남, 차남 모두 아내가 경제권을 행사한다. 또한 후 텍스트에서는 2대 안희규가 장모와 함께 거주해 모계사회를 연상시키는 가족상을 연출하고 있는 부분도 눈에 띄는 변화이다. 장모 신영자는 안희규의 처 신새롬을 혼외자로 낳은 화류계 출신 여성이지만 화통하고 유쾌한 재력을 갖춘 당당한 모습의 여장부로 등장해 단순한 동거가 아닌 모습을 연출해 더욱 그렇다. 또 2

대 안희규 부부는 불임부부로 전 텍스트 〈목욕탕집 남자들〉의 2대 딸 김복희가 불임 부부였던 설정과 동일하다. 하지만 〈목욕탕집 남자들〉에서는 업둥이의 출연으로 김복희 부부가 자식을 양육하는 반면, 후 텍스트 경우는 자녀 없이 소위 닭살 부부로 부부 애정을 과시한다. 이런 일정 부분 모계 중심 가족상의 변형 양상은 후 텍스트 3대 딸 안소영에서 정점을 이루어, 전 텍스트의 3대 딸들 셋이 모두 제각각 연애와 결혼에 성공해 남성 중심 가족제의 며느리로 역할이 변화하는 반면 안소영은 딸 유진을 낳는 미혼모로 호감을 표하는 이혼남이 간헐적으로 등장하기는 하지만 당당히 홀로 살아가는 모습만 그려진다.

이 같은 남성 중심 가부장제의 변형 양상은 여성의 역할 변화에서도 찾아 볼 수 있다. 〈목욕탕집 남자들〉의 경우 2, 3대 남성이 은행지점장, 여행사 대표, 산부인과 의사, 사업가 등 전문 고급인력으로 그려지는데 비해 3대 딸, 며느리들 모두는 결혼과 가사, 양육자로서의 여성 역할만 미덕으로 그려지며, '현모양처의 전통적인 여성상' '남성의존적 여성상', '소비지향적 가치를 추구하는 여성상'의 남성중심 이데올로기를 구현했다[20]는 비판을 받기도 했다. 반면 〈무자식 상팔자〉 경우는 퇴직자, 자영업자 2대 남성들에 비해 3대 딸, 며느리, 며느리감은 판사 출신 변호사, 고용 약사, 마취과 전문의로 제각각 고급인력으로 그려지는 변화 양상을 보인다. 이처럼 연구 대상 두 작품은 작품의 주요 무대와 가부장제, 성 역할에서 후 텍스트가 전 텍스트의 명확한 흔적을 보이는 동시에 이 흔적을 변형시킴으로서 뚜렷한 쥬네트의 상호텍스트성을 보이고 있다.

맺음말

이상에서 논의한 바와 같이 김수현 작가의 홈드라마는 다층적, 다성적 외연구조와 언어의 타자성, 대화성의 본질이 간파된 명징한 대사 구사력, 세대별 갈등에서 보이는 개방성으로 바흐친의 상호주관성과 상호관계성을 획득하고 있다. 바흐친의 상호텍스트성을 실현한 김수현 작가의 홈드라마는 가족 구성원을 세대별, 성별 각각의 독립된 인격체로 시대상과 사회상을 실연하는 일상의 리얼리즘을 구현해내, 상호텍스트성의 또 하나 주체인 수용자의 공감을 얻음으로써 지속적인 대중적 소구력을 확보하고 있다.

또한 연구 대상 두 전·후 텍스트의 흔적과 변형은 가부장 중심 가족제의 변화, 성 역할의 변화라는 시대 변화상을 적극 반영한 상호텍스트성으로, 김수현 작가의 저작 의지와 의도된 메시지의 일단을 해석할 수 있는 부분이다. 즉 남성 중심 가부장의 외연적 가족 형태는 강력히 유지되지만 시대상이 적극 반영된 내부 변화는 해체된 가부장 중심 가족제도에 대한 작가의 수용으로 해석된다. 작가가 코믹터치 홈드라마 〈사랑이 뭐길래〉 (MBC, 1991~1992)에서 대발이 아버지(이순재 扮)로 상징되는 남성 중심 가부장 가족제의 시대 착오상과 완고함에 조롱 섞인 비판을 한 데 비해 연구 대상 홈드라마들의 상호텍스트성을 통해 오히려 향수와 연민으로 변화하는 모습을 보여준다. 이는 인본주의에 근거한 불합리와 몰이성에 저항하는 작가 의식의 발현으로 해석된다. 즉 젠더 이데올로기의 진보, 보수와는 무관한 인본주의를 중시하는 작가의 성향으로 어쩌면 당연하고 자연스러운 작가의 변모로 해석할 수 있다. 하지만 본고의 연구 목적이 장르별로 혼재된 작가의 성향을 논하는 것이므로 홈드라마에서 보이는 상대적으로 보수적인 작가의 성향을 주목하지 않을 수 없다. 이는 작가가 멜로드라마에서는 의도된 메시지를 전달하기보다 인간 주체에 관해 '근원적 질문'을 던지는데 주력하는 반면, 홈드라마 경우는 자본주의 이데올로기에 붕괴돼 가는 인간성 회복의 장, 사랑과 이해, 신뢰를 바탕으로 하는 '가족애 지향'의 '의도된 메시지 전달의 장'으로 '홈드라마'를 사용하고 있음으로 보인다. 즉 인간 주체에 관한 근원적 질문은 상존한 채, '분열'과 '결여'에 시달릴 수밖에 없는 인간 주체에게 결코 완전치는 않지만 '통합'과 '충족'을 경험할 수 있는 유일한 울타리는 '가족'의 울타리뿐이라는 작가의 '의도성'이 홈드라마의 내재한 상호텍스트성을 통해 폭넓은 시청자 층에 반복적으로 전달되고 있음을 알 수 있다.

〈참고문헌〉

[1] 유진희, "김수현 멜로드라마의 장르문법과 젠더 이데올로기: 〈내 남자의 여자〉를 중심으로", 한국콘텐츠학회논문지, 제9권, 제11호, pp.175-183, 2009, "김수현 홈드라마의 장르문법과 젠더 이데올로기: 〈엄마가 뿔났다〉를 중심으로", 한국콘텐츠학회논문지, 제10권, 제11호, pp.165-111, 2010, "라깡을 통해 본 김수현

작가의 주체와 욕망: 〈사랑과 야망〉 〈내 남자의 여자〉 여주인공을 중심으로", 제12권, 제9호, pp.126-135, 2012.
[2] 임학송, "KBS 드라마 〈목욕탕집 남자들〉 비평", 최창섭 엮음, 방송 비평의 실제, 한울아카데미, 2001.
[3] 양성희, "삶의 기초로서의 가족 문제", 김포천 외 3인 엮음, 김수현 드라마에 대하여, 솔, 1998.
[4] 박승현, "상호텍스트성(intertextuality)의 이해: 영화와 텔레비전의 연관성을 중심으로", 프로그램/텍스트, 제9호, pp.115-139, 2003.
[5] G. Allen, Intertextuality, London:Routledge, 2000.
[6] M. Bakhtin, The Dialogic Imagination, Ed. & Traans. M. Holquist, Austin: U of Texas Press, 1981, 김태우, "상호텍스트성과 스토파드의 연극세계" 현대영미드라마, 제19권, 제3호, pp.115-159, 2006, pp.119-120에서 재인용.
[7] 김욱동, 포스트모더니즘, 민음사, 2004. pp.186-190
[8] 줄리아 크리스테바, 세미오티케, 서만원 옮김, 동문선, 2005.
[9] R. Barthes, "The Death of the Author", Theories of Authorship, John Caughie Ed., London : Routledge, 1981, 박승현, op. cit., p.118에서 재인. 용.
[10] 롤랑 바르트, 텍스트의 즐거움, 김희영 옮김, 동문선, 2002.
[11] G. Allen, op. cit., p.59.
[12] G. Allen, op. cit., pp.73-74.
[13] 박선용, "마하일 M. 바흐친의 메타언어학 : '말'의 존재방식을 중심으로", 독어교육, 제30권, pp.304-334, 2004.
[14] 박건용, "상호텍스트성 이론의 형성, 수용 및 적용에 대한 연구", 독어교육, 제32권, pp.359-385, 2005.
[15] M. Bakhtin, Problem of Dostoevsky's Poetics, Ed.& Trans., C. Emerson, Minneapolis: U of Minnesota P, 1984, 김태우, op. cit., p.121에서 재인용.
[16] M. Bakhtin, Ibid., 박금희, "로렌스 소설의 바흐친 읽기:〈사랑하는 여인들〉", 현대영어영문학, 제49권 제3호, pp.73-103, 2005, p.81에서 재인용.
[17] G. Allen. op. cit. pp.107-109.
[18] http://www.kshdrama.com/
[19] 양성희, op. cit., p.243.
[20] 김만기, "TV 드라마의 현실적 이데올로기에 관한 연구: 〈목욕탕집 남자들〉을 분석 사례로", 한국커뮤니케이션학, 제7집, pp.209-235, 1999.

2.

김수현 홈드라마의 장르적 특성과 가족로망스

들어가며

김수현 작가는 1968년 MBC 라디오 극본공모 당선작 〈저 눈밭에 사슴이〉로 드라마 작가 활동을 시작하여 가장 최근작인 2016년의 주말드라마 〈그래, 그런거야〉(SBS)까지 50년 가까운 장기간의 저작을 이어왔다. TV 드라마 작가로서의 데뷔는 1972년의 주간드라마 〈무지개〉(MBC)로 이후 일일 연속극, 주말드라마, 미니시리즈 등 장편드라마만 43편을 집필하였고 그 외 특집극 12편, 단막극 3편까지 총 58편의 TV 드라마를 집필하였다[16]. 이는 김수현 작가를 일컬어 한국 방송 드라마의 역사라고 일컫는 세간의 평가를 증거 하는 객관적 지표일 뿐만 아니라 작가가 유지해온 독보적 지위, 대중 작가로서의 창작 역량을 대변하는 수치이다. 또한 김수현 작가는 국내뿐 아니라 〈사랑이 뭐길래〉(1991~1992, MBC)가 1997년 중국 CCTV를 통해 방송되어 당시 수입 드라마 역대 2위의 시청률로 1억 명 이상의 시청자를 끌어들이면서 '한류(韓流)'라는 용어를 탄생시켰고[17] 오늘날의 신(新)한류(K-Culture) [18] 초석이 되기도 하

16) 김수현 작가는 방송 드라마뿐만 아니라 〈미워도 다시 한 번 3〉등 영화 시나리오 22편, 산문집 〈생의 한가운데〉등과 장편소설 〈안개의 성〉 등(대부분의 장편소설의 경우 드라마로 스스로 각색) 문예창작집 12편을 집필하였다.

17) '한국의 대중문화 붐'을 일컫는 대중문화 용어로서 사용되어진 '한류'의 용어 기원에 관해서는 중국 언론에서 처음 사용되었다는 어떠한 근거도 없다는 장규수의 주장과 1999년 중국 『북경청년보(北京青年報)』부터라는 윤호진의 학설, 그리고 1997년 『중국시보(中國時報)』부터라는 최근의 학설에 이르기까지 다양하다. 장규수, 「한류의 어원과 사용에 관한 연구」, 『콘텐츠학회논문지』, 콘텐츠학회 11권(9호) 2011. 윤호진, 『한류 20년, 대한민국 빅 콘텐츠』, 커뮤니케이션북스, 2016, 11쪽. 진경지, 「'한류' 용어의 어원 및 대한 한류 발전에 대한 고찰」, 『동아시아문화연구』, 한양대학교 동아시아문화연구소 제77집, 2019, 227쪽.

였다. 이처럼 김수현 작가는 K-Culture의 중핵을 담당하고 있는 K-드라마 역사 속에서 1명의 특정 작가 기준 그 역할과 영향력 측면에서 세계적으로도 이례적인 경우일 것이다. 김수현 작가의 이러한 외형적 위상을 대중매체 콘텐츠 창작 측면에서 들여다보면 작가의 활동 기간과 작품 편수, 시청률이라는 대중적 소구력[19]을 감안해 볼 때 국내 방송 드라마, TV 드라마의 장르 개척자라는 점을 주목하게 된다.

장르는 텍스트의 전통이나 문법의 개념 정도로 간주할 수 없는 창작· 제작의 측면, 익숙함에 기댄 기대감이란 수용자의 측면, 사회문화적 콘텍스트 모두를 포함해야 하는 복합적이고 포괄적인 개념이다. '종류'나 '유형'을 뜻하는 프랑스어로, 알트먼(R. Altman)에 따르면 16~17세기 이탈리아와 프랑스에서 아리스토텔레스학파가 부활하면서 문학 작품 분류와 평가에 중요한 역할을 하게 되었고 문학작품 텍스트 구분에 사용되어진 다양한 범주의 개념으로부터 출발한다.[20] 문학작품 텍스트 분류에서 출발한 장르이론은 점차 그 개방성을 확대해 20세기 초반 영화의 산업화와 맞물려 영화라는 대중 예술의 주요한 연구 틀로 적용되면서 이후 TV드라마를 비롯해 대중문화 전반의 연구에 적용되고 있다. 그리고 이 과정에서 장르의 개념은 그 속성과 관련하여

---

18) 정부는 〈사랑이 뭐길래〉부터 시작되어 20년 넘게 지속된 한류의 시기적 특성을 분석해 네 가지 단계로 분류하고 네 번째 단계인 2020년 이후에 지향하는 한류를 신(新)한류(K-Culture)로 지칭, 정의하며 K-Culture의 가운데 하나의 콘텐츠인 드라마를 K-드라마라고 칭한다. 편집부, 「정부 '신한류 추진계획'발표, 한민족 정신문화에 주목할 때: K-팝, K-드라마 등 대중문화를 넘어 지속가능한 한류과제」, 『브레인』, 2020.08, 11-12쪽.

19) 장편 드라마를 기준으로 〈새엄마〉(1972~1973, MBC)가 평균시청률 70%대를 기록한 것을 시작으로 〈사랑과 진실〉(1984~1985, MBC)과 〈사랑과 야망〉(1987, MBC)이 연달아 70%대의 경이적인 시청률을 기록했으며, 1991년 공식적인 시청률 집계가 시작된 이후 〈사랑이 뭐길래〉(1991~1992, MBC)는 시청률 조사기관인 AGB닐슨에 따르면 59.6%의 평균 시청률로 지금까지 드라마 역대 최고 시청률 2위를 기록하고 있다. 또 다매체, 다채널 시대를 맞아 지상파 텔레비전 드라마의 독점적 지위가 격하된 2000년대 들어서도 〈불꽃〉(2000, SBS), 〈내 사랑 누굴까〉(2002, KBS2), 〈부모님 전상서〉(KBS2, 2004), 〈내 남자의 여자〉(2007, SBS), 〈엄마가 뿔났다〉(2008, KBS2), 〈인생은 아름다워〉(SBS, 2010), 〈천일의 약속〉(2011, SBS), 〈무자식 상팔자〉(JTBC), 〈세 번 결혼하는 여자〉(2013~2014, SBS), 〈그래, 그런거야〉(2016, SBS) 등 발표한 작품의 시청률이 최고 40.4%(〈엄마가 뿔났다〉)에서 최저 9.2%(〈무자식 상팔자〉)를 기록해 여전한 소구력을 확인했다. 〈무자식 상팔자〉의 경우도 JTBC 종편채널 개국 기념작으로 당시 종편채널 역사상 최고 시청률을 기록함으로써 수치만으로 기록될 수 없는 부분이 있다.

20) 릭 알트먼, 이순호 옮김, 『옥스포드 세계영화사』, 열린책들, 2005, 338-349쪽.

다양한 논의들이 이루어져, 대중예술(상업영화)의 장르는 제작 그 자체의 물질적 조건의 결과로 정의하는 샤츠(T. Schatz)[21]처럼 산업으로서의 생산, 소비 목적의 장르 속성을 통한 개념 정립이 이루어진다. 또 다른 대표적인 장르의 속성을 통한 장르 개념은 닐(S. Neale)의 연구로 그는 장르란 이론적으로 고정된 것이 아닌, 끊임없이 변화하는 변동적 속성을 지닌 것으로서 '장르를 과정(genres as process)'으로 인식하며 반복과 유사성을 통해 장르가 형성되지만, 근본적으로 차이(difference), 변형(variation), 변화(change)로 특징지어진다고 규정한다.[22] 이처럼 속성을 둘러싼 장르의 개념은 장르 분류체계 담론으로 이어져 랭포드(B. Langford)는 '장르'라는 용어가 "당혹스러우리만치 모호하며, 철학적으로 말하자면 관념론적 존재에 머문다."[23]고 지적하며 분류된 영화 장르의 속성을 모두 만족시키는 영화 혹은 장르영화로 분류된 경우도 그 장르영화의 모든 속성을 기술할 수 없다고 문제 제기한다. 닐이 장르란 '양식상 포괄적'인 혹은 '집적', '무리짓기' '상업적 소비를 위해 구성되었거나 그런 특성이 있다는 것을 의미한다'[24]로 규정하는 것처럼 장르의 개념과 분류 기준은 정확하고 고정적이기보다는 느슨하고 유동적으로 적용되는 범주로 이해된다.

이 같은 논의는 장르 개념의 목적, 역할을 둘러싼 논의이기도 하여 애초 문학, 음악, 미술 등 순수 예술작품에 적용되어진 개념이 자본의 논리로 귀결될 수밖에 없는 대중예술에 적용되어진 과정의 산물이기 때문이며 산업적, 수용자적 측면에서 사회문화적 콘텍스트이기 때문이다. 이에 따라 영화 장르 개념은 그 사회적 기능측면에서 장르와 이데올로기의 관계에 주목한다. 샤츠는 헐리우드 장르 영화가 미국의 지배 이데올로기, 다시 말해 문화의 가치체계와 믿음과 이상을 강화하기도 하며 비판하기도 하는 '동시에 두 방향으로 작용'[25]한다며 장르의 이데올로기 역할을 강조한다. 그러나

---

21) 토마스 샤츠, 한창호·허문영 옮김, 『헐리우드 장르』, 컬처룩, 2014, 41쪽.
22) S. Neale, "Questions of Genre", Screen, Vol.31(1), 45-66쪽, 1990, 주창윤, 「텔레비전 프로그램 장르 분류 기준에 관한 연구」, 『방송통신연구』통권 제59호, 」한국방송학회, 105-136쪽, 2004, 108쪽에서 재인용.
23) 배리 랭포드, 방혜진 역, 『영화장르: 헐리우드와 그 너머』, 한나래, 2010, 7쪽.
24) 스티브 닐, 「장르의 연구」, 글렌 크리버 외 2인 엮음, 박인규 역,『텔레비전 장르의 이해』, 산해, 2004, 13쪽.
25) 토마스 샤츠, 앞의 책, 74쪽.

닐은 장르영화들이 모두 같이 이데올로기 효과를 위해 복무하는 것이라고 전제하는 경직된 접근을 비판하며 이는 "결론과 전제의 자기확정적인 순환"26) 이라고 지적하고, 랭포드 역시 "갱스터영화 역사에서 입증된 이데올로기의 양가성, 상당수 필름느와르의 강력한 비판" 등을 예로 들며 장르 영화의 지배 이데올로기 유지, 강화 기능에 치우친 이데올로기 연구의 문제, 나아가 "이데올로기 장르 비평이 지나치게 환원적이며 동시에 충분히 반영적이지 못하다"27) 며 이데올로기 장르 비평 자체의 문제를 지적한다. 이처럼 장르는 영화를 통해 다각적 논의와 연구가 이루어져 왔고 이는 필연적으로 산업·텍스트·수용자라는 생산, 소비 과정의 유사성을 갖고 있는 대중예술로서의 TV 드라마 연구로 확장 적용된다. 지금까지 일별한 장르이론의 주요 이론과 논의에서 본고의 문제는 제기된다. 즉 장르연구의 주된 논점에서 소외된 논점, 다시 말해 장르의 개념과 기능, 이데올로기 효과에서 '특정 작가'의 '역할'이 무엇인가 혹은 있을 수 있는가 나아가 앞서 언급한 장르가 "제작 그 자체의 물질적 조건의 결과"라는 샤츠의 정의에 예외는 없는가라는 문제를 제기한다. 김수현 작가의 초창기 작품과 관련해 가족 이야기와 남녀 애정이야기를 번갈아 썼고 이 과정에서 "시청자들은 김수현 드라마에 길들여진다"28)는 신상일의 평가는 시청자에게 장르라는 개념과 속성을 부지불식간 인식시켰다고 해석할 수 있으며, "'홈드라마'와 '멜로드라마'라는 개념을 가져오고 그러한 시대를 연 작가가 김수현 작가이다"29) 라는 평가, 혹은 언론에 의해 호명되는 '김수현 표 홈드라마' '김수현 표 드라마'라는 표현은 모두 본고가 제기하는 문제의식을 뒷받침할 수 있는 기술들이다. 따라서 본고는 김수현 작가가 국내 TV 드라마 장르 개척자로서 작가 스스로의 장르에 대한 인식을 어떠한 방식으로 관습화, 유형화시켰고, 홈드라마30) 장르에 대한 작가의 인식 자체의 본질은 무엇인지를 탐구

---

26) S. Neale, *Hollywood and Genre*, New York: Routledge, 2000, P. 227.
27) 배리 랭포드, 앞의 책, 46쪽.
28) 신상일, 「김수현 드라마의 인간과 문화」, 김포천 외 3인 엮음, 『김수현 드라마에 대하여』솔, 1988, 69쪽. 방송작가에 대한 국내 최초 평전인 이 책은 김수현 작가 데뷔 30주년을 기념하여 학계의 학술적 연구를 위주로 일선 PD, 연기자 등의 김수현 작가에 대한 다양한 평가를 담았다. 평전 속에서 신상일은 초기 김수현 작가의 작품은 홈드라마와 멜로드라마, 혹은 홈멜로드라마의 혼용형태를 보인다고 설명한다.
29) 신주진,『29인의 드라마 작가를 말하다』, 밈, 2009, 17쪽.

해보고자 한다. 이번 연구는 장르 연구, 구체적으로 TV 드라마 장르 연구에서 작가 역할과 관련한 새로운 관점을 제시하는 한편 글로벌 OTT 플랫폼으로 촉발된 드라마 제작 환경의 급격한 변화 시점에서 장르물에 대한 작가의 인식이 어떠한 장르물을 만들어 낼 수 있는지 즉 관습의 적용과 변용을 통한 창작술을 탐구함으로써 그 함의가 무엇인지 고찰하고자 한다. 또한 글로벌 OTT 플랫폼에서의 K-드라마 위상이 격상하고 수요가 증가하였다고는 하지만 글로벌 시장을 겨냥하는 전략의 한 축과 더불어 K-드라마만의 정체성, 강점이 또 하나의 핵심 축이 되어야 한다[31]는 점에서 이번 논의는 의미를 더할 수 있을 것이다.

홈드라마 관련 선행연구와 연구방법

홈드라마에 관한 국내의 학술적 연구를 살펴보기에 앞서 텔레비전 드라마 장르 분류 자체에 관한 논의들에 주목할 필요가 있다. 이는 앞서 언급한 장르론과 관련한 정의, 속성에 관한 분류체계 담론으로 특히 텔레비전 드라마의 장르 분류는 특정 장르의 공통 속성이라는 내적 특질뿐만 아니라 플랫폼, 시청률 등 산업적이고 외적인 특질 역시 포함되어야하기 때문이다. 특히 이 같은 장르 분류를 둘러싼 연구는 OCN,

---

30) 백경선은 홈드라마라는 장르 용어가 텔레비전 연속극의 본고장인 미국에서는 사용되지 않는 일본에서 파생된 용어로 가족드라마로 부를 것을 제안한다. 백경선, 「김수현 가족드라마의 가족 담론 고찰: 〈엄마가 뿔났다〉, 〈인생은 아름다워〉, 〈무자식 상팔자〉를 중심으로」,『한국극예술연구』제 50권, 한국극예술학회, 2015, 286-287쪽. 하지만 본고는 의미 있는 이 제안을 적용하는 대신 본고의 연구 목적 즉 김수현 작가가 홈드라마라는 장르를 어떻게 인식하는지를 고찰하는 목적에 따라 작가 스스로 칭하고 있는 '홈드라마'라는 용어를 적용한다. 작가의 홈드라마 용어 사용은 김수현 작가가 개설 운영하고 있는 홈페이지 http://kshdrama.com 에서 확인할 수 있다.

31) 방송편성용 드라마의 여전한 기획개발 필요성은 OTT 플랫폼 수요에만 의존하는 위험성에 더한 국내 수요층의 비중이라는 현실성 때문이라는 드라마 제작사의 의견, 국내 대표 장르인 로맨틱코미디에 대한 해외의 수요 관련 다른 의견 등이 대표적인 사례이다.
김일중·손태영·김치호, 「OTT 플랫폼의 한국 드라마 서비스 확대와 드라마 제작사의 전략 변화: 동적역량관점(Dynamic Capabilities View)을 중심으로」, 『인문콘텐츠』제59호, 인문콘텐츠학회, 2020, 179-180쪽.

tvN을 중심으로 한 케이블 채널과 종합편성채널 출현 이 후 달라진 드라마 장르의 다양성에 맞물려 기존의 내용과 양식으로 뭉뚱그려진 분류 체계[32] 대신 텔레비전 드라마의 미학적 속성과 수용자와 산업적 교환의 속성 모두를 포함할 수 있는 '제재 중심'과 '정서 중심'의 기준으로 10가지 유형[33]의 분류법을 제시하기도 하였다. 이 같은 텔레비전 드라마 장르 분류 담론은 본고가 제기하고 있는 문제, 즉 드라마 장르에서의 작가의 역할, 창작자 스스로의 장르 인식에 따른 구분, 분류하는 특성이 배제된 연구라는 공통적인 한계를 보이고 있다.

홈드라마 장르에 관한 학술 연구는 텍스트 중심의 관점으로 분석한 후 홈드라마 장르의 사회적 기능과 관련된 결론으로 모아지고 있어, 홈드라마 장르를 통해 가족의 변화라는 시대상이 일부 변주로 포착되지만 근본적으로는 전통적 의미의 가족주의의 틀을 유지하고 있다는 분석이 주를 이루고 있다. 그리고 많은 연구가 김수현 작가의 작품, 혹은 노희경 작가의 작품을 대상으로 하고 있는데 송명희는 김수현 작품이 가부장 이데올로기를 재생산하고 있다[34]고 주장한다. 김수현 작가의 〈엄마가 뿔났다〉를 대상으로 분석한 김선영은 가족관계의 변화가 다양한 측면에서 드러났지만 전통적 가부장주의의 형식은 유지되고 있다[35]고 결론짓고 있고, 윤복실은 노희경 작가의 〈디어 마이 프렌즈〉 분석을 통해 가족 이데올로기의 일부 변화가 담겨있기는 하지만 남성의 가정 경제권 독점과 철저한 성역할 구분 등 전통적 가부장 이데올로기에서 크게 벗어나지 못했다[36]고 결론지었다. 백경선은 김수현 홈드라마에 가부장제와 반가부장제가 동거하고 있지만 가족판타지로 모든 갈등을 봉합한다[37]고 비판하는 등 홈드라마 장르

---

32) 내용과 양식을 분류 기준으로 한 대표적인 연구는 주창윤으로 '멜로드라마, 홈드라마, 로맨틱드라마, 역사드라마, 경찰수사극, 법률드라마, 다큐드라마, 무협/액션드라마, 학교드라마, 전원드라마, 학교드라마, 단막극, 외국드라마'로 분류하였다. 주창윤, 앞의 글, 105-136쪽.

33) '제재 중심'은 '역사, 의학, 법정, 수사, 정치'로 '정서 중심'은 '멜로, 액션, 로맨틱코미디, 미스터리, 시트콤'으로 텔레비전 드라마 장르를 분류하였다. 윤석진·박상완·권양현, 「한국 텔레비전드라마 장르 연구」, 『건지인문학』제18호, 전북대학교인문학연구소, 2017, 163-188쪽.

34) 송명희, 「〈부모님 전상서〉에 나타난 가족 이데올로기와 젠더의식」, 『우리어문연구』제26집, 우리어문학회 2006, 121-139쪽.

35) 김선영, 「한국 가족의 현실: 생애 주기에 따른 가족 이슈-TV드라마 〈엄마가 뿔났다〉를 중심으로」,『사회과학연구』제 35권 2호, 경희대학교 사회과학연구원 2009, 161-192쪽.

36) 윤복실, 「TV드라마 〈디어 마이 프렌즈〉에 재현된 가부장 이데올로기 고찰」, 『한국사상과 문화』제 89호, 한국사상문화학회 2017, 439-466쪽.

가 가부장 이데올로기의 옹호 내지는 가족 변화상의 현실을 그대로 반영하고 있지 않다는 문제점으로 결론 내린다. 반면 이데올로기가 아닌 시각으로 홈드라마를 접근한 연구도 이어져 유진희는 김수현 홈드라마 장르를 젠더이데올로기에 함몰되지 않고 '인본주의'시각으로 볼 것을 제안[38]하였으며, 또 2010년대 초반부터 중반까지 KBS 주말드라마 편성으로 방영된 9편의 홈드라마를 분석한 윤석진은 가족해체 현상에 대한 대응으로서 전통적 의미의 가족을 극적으로 재구성하여 가족의 의미와 중요성을 환기시키는 사회문화적 매개체로서 역할했다[39]고 결론짓는다. 이처럼 국내 홈드라마 장르 논의는 앞 선 닐과 랭포드의 지적처럼 장르의 이데올로기 효과에만 집중된 편향성을 보이는 한계를 노출한다. 물론 '가족'을 소재로 한 홈드라마 장르가 현실을 반영, 재현하는 텔레비전 드라마의 특성 상 가족의 변화상과 그 지배 가치체계를 어떻게 담지하고 있는지를 분석하는 것은 필요한 일일 수 있다. 다만 이같이 편중된 논의는 장르 연구와 창작의 괴리 문제를 심화시킬 수 있는 문제로 다양하고 다각적인 논점의 텔레비전 장르 논의가 필요하다.

이에 김수현이라는 특정 작가 중심 홈드라마 장르에 관한 작가 인식을 탐구할 본고의 연구 목적을 위한 대상 작품은 총 7편으로 〈목욕탕 집 남자들〉, 〈내 사랑 누굴까〉, 〈부모님 전상서〉, 〈엄마가 뿔났다〉, 〈인생은 아름다워〉, 〈무자식 상팔자〉, 〈그래, 그런거야〉이다. 〈목욕탕 집 남자들〉에서 3대 이상의 대가족 설정이 시작되었으며 이후 이런 대가족 설정이 2000년대 모든 6편 속에 반복, 고정되었기 때문이다. 이 기간 홈드라마 장르로 분류할 수 있는 〈사랑하니까〉(1997~1998, SBS) 경우는 제외하였다. 홀아버지와 세 딸이라는 2대 설정이라는 점 외에도 김수현 작가가 새롭게 시도한 유사 판타지 설정 즉 1대 어머니인 죽은 아내 은아(배종옥 扮)가 아버지인 남편 어수선(장용 扮) 눈에만 보인다는 설정이며 기대이하라는 평가 속에 이후 대가족 설정의 김수현 홈드라마를 더욱 공고화하는 역할만을 했기 때문이다. 연구대상 작품 편수가 많

37) 백경선, 앞의 글, 283-312쪽.
38) 유진희, 「김수현 홈드라마의 장르문법과 이데올로기」, 『콘텐츠학회논문지』제 10권(11호), 콘텐츠학회2010, 102-112쪽.
39) 윤석진, 「한국 텔레비전 가족드라마의 가족자유주의 양상: KBS2 TV 주말연속극을 중심으로」, 『어문논총』, 전남대학교 한국어문학연구소 2019, 37-79쪽.

은 부분과 관련하여 연구내용의 근거로 7편 모두의 구체적 사례를 제시할 수 없거나 일반화의 오류가 발생할 수 있지만 본 연구목적인 특정 장르에 관해 특정 작가가 해당 장르를 어떻게 인식하고 있으며 이 인식이 작품 속에서 어떤 규칙과 관습으로 만들어져 특정 작가 표 장르가 수용자에게 인식되는지를 알아보기 위해서는 7편 모두를 대상으로 하는 것이 연구목적을 위해 더욱 유효하다. 또한 연구방법으로는 샤츠가 장르영화의 문법으로 제시하고 있는 서사의 구성요소들, 즉 배경과 도상, 등장인물, 갈등과 갈등 해소를 통한 사회적 기능[40]을 중심으로 각각의 층위를 나누어 서사 구조를 분석함으로써 작가가 재연하는 서사 관습의 특성을 추출하는 한편 수용자, 산업 측면의 장르적 특성을 규명하기 위한 제작 관습을 탐구한다.

서사 관습을 통한 김수현 작가의 홈드라마 장르 유형화

1) 시공간 배경과 도상(Iconography)

〈목욕탕집 남자들〉에서 시작한 대가족 설정의 김수현 홈드라마는 최근작 〈그래, 그런거야〉에 이르기까지 보편 정서의 공간을 불러일으키기에 충분한 시공간을 제공한다. 지금 우리 현재의 삶을 조밀하게 들여다보기 위해 설정된 시공간의 배경은 허구의 드라마 무대라기보다는 실제 존재하는 '지금'의 일상 공간의 '집'으로 묘사된다.

먼저 시간의 배경을 살펴보면 방영 시점 기준 모든 작품이 현재이며 하루 시간대별로 일상을 전개하는 시간대로 드라마도 전개된다. 현재와 하루 시간대 별 시간 배경을 통해 가족의 일상사 혹은 가족 구성원의 주요 갈등 서사를 풀어나가면서 동시대성과 사실성을 그 동력으로 삼고 있음을 알 수 있다. 일상의 시간은 하루 시간대별로 촘촘히 묘사되고 '식구'라는 우리네 정서를 대변하듯 가족의 식사 시간이 자주 등장한다. '밥공기 국 대접 준비돼 있고 미역국은 따로 상 옆 버너 위에서 끓고 있고' '얼른 국 대접 하나 들어 대접으로 국 하나 퍼 담는데 듬뿍듬뿍' '영미와 은실 케익 접시와

---

40) 토마스 샤츠, 앞의 책, 49-75쪽.

포크 챙기고 있고/ 그릇들이 너무 화려하지 않도록' (〈엄마가 뿔났다〉1회), '숙자는 자근자근 산적 고기 두드리고 있는 중. 개수대 양푼에는 탕국 끓일 고기 핏물 빼는 중. 혜경은 탕국에 넣을 큰 무 씻고 있다' (〈그래, 그런거야〉 첫 회)[41] 등 먹고 사는 우리네 삶의 일상과 식구의 정서를 공감시키는 먹는 시간을 놓치지 않는다. 또한 이처럼 디테일한 지문은 '지금 현재 우리 모두 같은' 이라는 동시대성과 사실성을 부각하기 위한 작가의 '지시문'으로 멜로드라마 장르에서도 이런 디테일한 지문은 쉽게 발견되지만 멜로드라마 장르가 배우의 감정 연기를 위한 구체적인 지시로서 지문이 사용되어지는 경우가 많다면, 홈드라마 장르에서는 상대적으로 사실성과 현재성을 강조하기 위한 동선, 행위, 소품 등의 지문이 많다. '와인은 콜크 아니고 그냥 비틀어 여는 것으로'(〈엄마가 뿔났다〉 마지막 회) '금주/장갑 낀 손으로 깍두기 버무리고 있고 아리/고춧가루 그릇 옆에서 국자에 고춧가루 퍼들고 대기상태/ 아리를 가운데 놓고 옥화/무생채에 고춧가루 물들이고 있다' (〈부모님 전상서〉15회) 등이 그 사례이다. 이 같은 디테일한 지문은 연기자의 동선, 행동, 말투는 물론이고, 주 무대가 되고 '집' 자체를 허구의 드라마 무대가 아닌 일상 공간의 '현재 우리가 살고 있는 집'의 사실감, 현존감, 현재성을 더 한다. 또한 이는 수용자에게 이야기를 전달하는 제작진과 배우들 스스로에게도 대단히 현실적인 몰입감을 제공할 수 있는 효과를 가져 올 수 있다. 이 같은 현재성은 현실감, 현존감, 사실성의 효과 외에도 시대상, 시대 풍속도, 세태에 관한 목소리를 더하는데 활용되며 특히 후반 작품들에서 고령의 1대를 통해 세태 비판의 목소리를 높이는 특성을 보인다.

> 고점례: 요즘 세태가 너들은 맘에 드냐? 맘에 들어? 자 싫은 건 안 하려구 들면서 주둥이로만 사랑, 사랑, 그게 사랑이냐? (〈인생은 아름다워〉 6회)
>
> 안호식: 애들이 왜 이렇게 천지분간 못하는 물건이 된 줄 알어? 어른이 어른 노릇을 포기하면서 부터야. 도대체 지하철에서 늙은 사람 머리챌 잡고 흔드는 미친 게 없나, 이게, 이게 다 이런 괴물들이 생기게 한 게 결국은 비겁한 어른들, 꿀먹은 벙어리들 자업자득이란 말야.(〈무자식 상팔자〉 12회)

41) 김수현 작가의 홈페이지에 실린 대본에서 발췌. www://kshdrama.com

유종철: 부모는 죄인두 아닐뿐더러 호구도 아녀. 키울 만큼 키워놨으면 지입에 들어 가는 밥은 지가 해결해야 하는 법이구. 지 자식한테 쓰는 건 아까운 줄 모르구 지 부모는 희생이 당연하다 이건 천만에 아닌겨. 우리두 할 말 있다 그거여. 지들은 왜 박찬호, 김연아같은 금항아리가 아닌겨(〈그래, 그런거야〉 11회)

유종철: 그런데 저는 안직두 부모한테 받은 거 떠먹구 내 자식한데 주면 된다는 시방세상 계산법은 아니라구 생각혀유. 셈은 바르게 해야쥬, 안그류?(〈그래, 그런거야〉 22회)[42]

이 같은 '지금 현재 우리'라는 시간적 배경 특성에 이어 공간의 배경을 살펴보면, 서울 강북 혹은 수도권 지역이 총 5편이며 〈부모님 전상서〉와 〈인생은 아름다워〉 두 편은 각각 경기도 양주와 제주도의 지방으로 설정되어 다수의 작품이 도시 생활공간을 공간 배경으로 설정한다. 특히 서민층 혹은 이 보다 조금 여유로운 중산층의 집이 주 공간으로 설정되는 공통점을 보이고 있다. 주 무대인 공간은 7, 80대 고령의 1대가 오로지 근면과 성실로 일구어 놓은 집이며 이 집에는 미혼의 2,30대 자녀를 가진 2대의 가족이 동거한다. 또 동거하지 않는 2대 가족의 공간도 인근에 거주하는 공간으로 배치되어 1대와 2대의 강한 가족 유대감을 전통적인 가족 공동체의 모습으로 제시한다. 3대 미혼자녀의 경우는 시대상을 반영하듯 〈목욕탕집 남자들〉과 〈내 사랑 누굴까〉에서 보인 공동 공간의 사용이 점차 독립적인 공간으로 분리되는 양상을 보인다. 〈엄마가 뿔났다〉의 이혼전문 변호사 골드미스 3대 장손녀, 〈인생은 아름다워〉의 3대 장손 내과의사 양태섭, 〈무자식 상팔자〉의 3대 장손녀인 지방 법원판사 안소영이 그 예로 이들은 모두 자신만의 사적인 공간에서 따로 살고 있다. 하지만 가장 최근작인 〈그래, 그런거야〉의 3대 미혼 손자 내과 전문의 유세현의 경우, 3대 가족이 동거하는 대가족의 공간으로 흡수된 회귀의 차별성을 보이고 있다.[43]

---

42) 김수현 작가의 홈페이지에서 제공하고 있는 대본의 경우는 www://kshdrama.com에서, 대본이 없는 경우에는 영상물에서 받아 적어 표기하였고 인용하는 대사의 경우도 동일하다.

43) 이 작품은 다른 연구대상 작품들과는 달리 1대와 동거하는 2대가 장자가 아닌 셋째 아들인데 2대 장자가 배우자와 외아들을 사고로 잃은 참척의 설정을 하고 있어, 어른을 모셔야하는 역할은 배우자가 있는 장손이어야 하는, 혹은 며느리가 시부모를 모셔야 한다는 전통적이고 유교적인 가족질서를 보여주고 있다.

서울이나 수도권이 아닌 지방을 무대로 한 경우의 두 작품은 등장인물 구성과 연동된 차별성을 보인다. 〈부모님 전상서〉의 경우 경기도 양주 전통 한옥을 무대로 다른 모든 작품 속 1대와 달리 이 작품의 1대는 모두 작고한 인물로 설정되어 집 뒷산에 묘소가 있고 4대로 구성된다. 1대는 작품에는 실제 등장하지 않는 인물이지만 2대 안재효가 작고한 부모에게 하루 일상을 보고하듯 편지를 쓰는 대상자로 등장해 작가의 홈드라마 가운데서도 가장 직접적으로 '효'의 가치를 내세우고 있다. 또 지방이 주 무대인 관계로 무리지어 사는 모습의 다섯 편의 주 공간과는 달리, 3대 기혼녀 안성실의 서울 아파트 역시 많은 비중을 차지하는 공간으로 따로 사는 모습의 차별성을 보인다. 제주도가 무대인 〈인생은 아름다워〉의 경우 다른 작품들에 비해 개방감을 주는 무대 공간, 영상을 을 제공하는 차별성을 더하고 있는데 시각적인 효과보다 인물 구성에서 작품들 가운데 가장 뚜렷한 차이점을 보인다. 이는 제주도라는 섬 지역의 역사 사회 문화적 특수성을 최대한 활용한 인물구성의 차이점으로 상대적으로 복잡한 혼인관계, 가족 관계 구성을 보인다. 즉 첫 회부터 불쑥 등장한 1대 조부는 손자조차 알아보지 못 할 정도로 다섯 명의 첩을 거느리고 살며 30년 넘게 별거 중이었고 2대 부부는 각각 사별과 이혼 경력이 있는 재혼부부로 이들의 장녀, 장남은 전 결혼의 자녀들이고 차남, 차녀가 2대 부부가 낳은 이복형제들의 3대들이다. 지역적 특수성은 또한 주거 형태에서도 차이점을 보여 한 울타리 안에는 있지만 1대 할머니는 제주 식 돌담의 초가 별채에서 따로 살고 식사도 따로 하는 독립적 모습이다. 또 3대 기혼 장손녀 가족이 처가살이를 하는 것 등이 대표적인 인물 구성과 지역적 특성과의 연결성이다. 이처럼 연구 작품들 속 공간의 무대는 다수가 보편성을 목적으로 인구가 집중된 서울과 수도권을 주 무대로 대가족이 '같이' 혹은 '따로 또 같이' 사는 공간으로 제시되지만, 작가의 '효'라는 메시지를 직접 전달하려는 효과를 위하여 지방의 전통적인 공간을 사용하거나 또 때로는 전통적 가족 관계와 다른 모습의 가족 구성원을 보여주기 위한 무대로 지역문화의 특성을 활용하는 공간을 설정함을 알 수 있다.

또한 김수현 홈드라마 장르 속에서 연구대상 작품 어느 한 편 예외 없이 공통적으로 발견되는 실내공간은 3대가 동거하는 1대의 집 거실[44]로 이 거실에는 온 식구가 둘러앉을 수 있는 커다란 좌식 테이블이 있다. 이 테이블은 대가족이 둘러앉아 함께 밥을 먹기도 하는 '식구'의 '밥상'이며 때로는 집 안 중대사의 정보를 알게 되거나 논의를 하는 '식구'의 '가족회의 테이블'이 된다. 이러한 공간의 관습은 김수현 홈드라마 장르의 대표적인 도상(Iconography)으로서 랭포드는 도상을 특징적인 '시각적 관습'으로 정의하며 핵심적인 주제 질료를 설명하기 위한 주요 매개물[45]로 도상의 중요성을 제시한다. 샤츠는 이에 한 발 더 나아가 도상이란 비시각적 측면까지 확대되는 것으로 특정한 문화공동체를 규정하고 공동체를 구성하는 사물과 사건과 인간 유형들을 특정 짓는 가치체계를 반영한다[46]고 설명한다. 이처럼 홈드라마의 도상으로서 작용하는 김수현 홈드라마의 1대 집 거실과 '밥상'겸, '가족회의 테이블'인 좌식 테이블은 김수현 홈드라마가 제시하는 가족상의 시각적 기호화일 뿐더러 가족이란 '함께' 밥 먹고, '함께' 웃고, 울고, 각자의 목소리를 내며 갈등을 빚지만 결국 다시 둘러앉아 '함께'하는 운명공동체라는 작가의 주된 가치체계를 전달하고 있음을 알 수 있다.

2) 관계 중심 등장인물

김수현 드라마는 등장인물 수가 많은 편이다. 상대적으로 분량이 적은 미니시리즈나 멜로드라마 장르에서도 김수현 작가 드라마에는 등장인물 수가 많은 편이지만 연속극 형태의 주말드라마 편성의 홈드라마는 더하다. 등장인물이 많다는 것은 이들의 다양한 목소리, 즉 성격과 가치관을 제각기 달리하는 다양한 인물을 창조하고 이들을 통하여 장르에 맞는 크고 작은 갈등을 끌어내고 긴장시키며 극적 재미를 더해주고 있음을 의미한다. 홈드라마 장르 경우 등장인물이 특히 세대별 다층구성을 기본 골격으로 고정화하여 세대별 1대, 2대, 3대 가족 구성원들이 주요 등장인물로 설정된다. 또한 이 같은 세대별 등장인물은 혈족관계를 구심체로 구성되어 [표 1]에서 살펴볼 수 있듯이 직계 뿐 아니라 방계 혈족도 왕왕 가족 구성원으로 설정된다. 여기에 극 진행과 더불어 가족 구성원으로 포함될 미혼 3대의 상대자, 혹은 상대자의 가족도 등장인물에 포함되어 등장인물 수는 1

44) 김수현 홈드라마를 이데올로기 중심으로 분석한 백경선도 이 공간을 언급하며 가부장제와 반가부장제의 이질적 가치가 혼재하는 김수현 홈드라마의 특성을 보여주는 하나의 사례라고 설명한다. 백경선, 앞의 글 293쪽.
45) 배리 랭포드, 앞의 책, 33쪽.
46) 토마스 샤츠, 앞의 책, 55쪽.

대 중심 가족 주요 등장인물만 평균 12명에 가깝고, 가족구성원이 될 주요 등장인물이 평균 네 명 정도로 혼인관계 중심 3대 대가족의 주요 등장인물은 열여섯 명에 달한다.

[표1] 김수현 홈드라마 1대 중심 가족관계 초반 설정

작품명 항목	그래, 그런거야	무자식 상팔자	인생은 아름다워	엄마가 뿔났다	부모님 * 전 상서	내 사랑 누굴까	목욕탕집 남자들
이름	유종철	안호식	고점례	나충복	안재효	김덕배	김복동
성별	남	남	여	남	남	남	남
나이	89세	83세	80세	82세	61세	70대	70대
배우자	있음	있음	있음	사별	있음	있음	있음
2대	5명	6명	5명	5명	4명	1명	6명
3대	4명	5명	5명	7명	2명	3명	6명
그 외	처제		증손 1명		형제 1명	형제 가족 4명	
특이 사항	1대 재혼 부부로 3남 가족과 동거, 참척(2대 맏며느리, 장손)	3대 장녀 미혼모로 4대 증손 확대	첩살이 1대 남성 배우자 재결합, 2대 장남 재혼부부, 2대 노 총각 형제 2명 동거, 3대 이복형제 관계,	2대 장남, 장녀 쌍둥이, 차남 관계 소원, 차남 가족 4명 출연 횟수 거의 없음	다른 홈드라마 같은 1대는 작고한 설정으로 전 상서의 수신자 역할을 하는 가상인물임	맏며느리 사망. 형제와 그 가족 4명으로 많음	없음
연기자	이순재	이순재	김용림	이순재	송재호	이순재	이순재
총인원	13명	13명	13명	11명	9명	10명	12명

* 1대가 작고한 인물로 설정되어 분류상 [표1]에서는 1대로 하였음

확대되는 대가족 등장인물은 모두 혼인관계 중심으로 미혼 3대의 연애 상대자가 다수이지만 때로는 〈엄마가 뿔났다〉나 〈인생은 아름다워〉처럼 사별, 별거 이유로 배우자가 없던 1대 경우도 노년 사랑 찾기 혹은 노년 재결합, 〈내 사랑 누굴까〉, 〈그래, 그런거야〉의 배우자가 없는 2대의 만혼, 재혼도 확대 가족의 유형이 된다. 이처럼 김수현 홈드라마 장르 속 등장인물은 친족, 혼인 관계라는 규범적이고 전통적인 가족관계 중심으로 구성되는 다수의 인물이라는 공통적 특성을 보이고 있다.

예외적인 가족 구성원으로 극 중간에 포함되는 등장인물의 사례로는 〈목욕탕집 남자들〉의 2대 불임 자녀의 입양, 〈엄마가 뿔났다〉 속 3대의 이혼남과의 결혼으로 얻은 전처소생 딸, 그리고 〈인생은 아름다워〉 속 언약식의 엔딩으로 가족 구성원에 포함되

는 3대의 동성애 상대이다. 이같이 예외적인 사례의 가족 구성원도 연구대상 7편 가운데 3편이 포함되어 있으나 상대적으로 그 비중이 떨어져 가족구성원의 등장인물들은 앞서 언급한 대로 1대의 혼인 관계 중심으로 연결된 친족원이 주축이 된다. 즉 김수현 홈드라마의 등장인물은 혈족관계의 3대 가족 구성원을 주축으로 처음 설정하고 극 진행의 과정과 결과로 확장되는 가족 구성원의 등장인물을 관습화하고 있다.

김수현 홈드라마의 등장인물 수가 많다는 것은 김수현 홈드라마만의 관습은 아니다. 대표적으로 역사적 인물 혹은 역사적 사건 중심이 되는 정통 대하 사극이나 주말드라마 편성의 연속극 형태 장편 드라마에서도 찾아 볼 수 있는 관습이기 때문이다. 하지만 김수현 홈드라마의 등장인물 수가 많다는 관습 속에서 발견되는 차별성은 등장인물의 고른 비중이다. 특히 1대의 비중이 유사 편성 시간의 홈드라마들과는 달리 크다는 점이 두드러지는 차이점으로 대부분의 홈드라마는 대가족 설정이어도 20~30대 젊은 2, 3대의 연애 혹은 결혼 이야기가 주가 되고 1대의 비중이 떨어지는 경우가 쉽게 발견되기 때문이다. 따라서 김수현 홈드라마 속 다수의 등장인물은 그 숫자의 의미보다는 세대별, 성별로 각기 다른 삶의 경험과 이력, 이에 따른 각기 다른 성격과 가치관을 다층적으로 보여준다는 의미를 부각하기 위한 관습으로 분석할 수 있다. 그리고 이러한 상대적으로 고른 비중의 다수의 등장인물들이 갖는 다층성은 각기 다른 자신만의 목소리를 내며 극의 크고 작은 갈등을 전개하지만, 작가가 가장 강력해야 한다고 믿는 가족이라는 공동체, 울타리 안에서 조정되고, 품어지고 한 식구로 결속력을 더욱 강화하는 전략으로 관습화되고 있다.

또 세대별 다층 구성의 등장인물과 관련해 세대 간의 관계도 김수현 홈드라마 관습으로서 분석대상이다. 왜냐하면 대가족 설정이 시작된 〈목욕탕집 남자들〉부터 20년이 지난 〈그래, 그런거야〉에 이르기까지 변하지 않은 관습은 2대의 1대를 향한 효심이기 때문이다. 변화된 시대상, 세태, 가족 관계 속에서도 연구대상 작품 속 1대 모두는 2, 3대와 동거하고 있으며, 단순한 동거를 넘어 2대에 의해 가족의 최고 질서 결정권자로서 존중받고 굳건히 위치한다. 외형적으로 보이는 공통된 2대의 효심은 '순종'이라는 수직적 유교 질서로서의 효심으로 재현된다. 장자인 2대와 동거하는 설정 역시 동일선상의 유교질서를 재현하는 관습이며 유일하게 3남과 동거하는 〈그래, 그런거야〉

설정은 2대 장자가 사별한 홀아비로 설정된 점, 차남은 기억 못할 정도의 아기 시절 재혼한 1대 부부의 혈육으로서의 장자는 3남이라는 점을 볼 때 예외라고 할 수 없다. 이 같이 효심을 매개체로 동일하게 맺어지는 2대와 1대의 관계는 〈부모님 전 상서〉에서 가장 직접적으로 설정, 묘사되어 앞 서 언급한 대로 작고하여 등장하지 않는 1대를 향하여 장남 안재효는 일기를 쓰듯 매일 부모님께 하루 일과를 보고하는 전 상서를 쓰고 이를 나레이션으로 전달한다.

이러한 2대의 효심은 동거하는 2대 며느리도 20년 세월 속에 동일하여 여타 홈드라마 장르에서 사용되는 시어머니와 며느리의 '고부갈등'은 7편 모두에 존재하지 않는다. 유일하게 고부갈등이 초반 회차를 통해 부각되는 〈인생은 아름다워〉 경우도 강인하고 드센 1대 어머니와 재가해 30년 동안 네 명의 자녀 엄마로, 방송출연까지 하는 요리전문가로 수퍼우먼 역할을 하며 살아온 2대 며느리 김민재(김해숙 粉)의 성격이 부딪힘, 일종의 강한 여성들끼리의 기 싸움으로 그려져 여타 드라마 속 고부갈등과는 다른 모습이다. 오히려 1대와 며느리의 관계는 때로 혈족 이상이어서 〈엄마가 뿔났다〉 속 며느리 김한자는 시아버지를 '아버지'로 부르며 부녀 관계나 다름없는 친밀한 관계이며 김한자의 주부 폐업의 안식년 요구 선언 때 유일하게 찬성하여 요구를 관철시켜주는 인물도 1대 홀시아버지 나충복이었던 게 대표적인 사례이다. 〈인생은 아름다워〉 경우도 1대 시어머니 고점례가 며느리에게 "너 다음 생애 내 각시혀라. 한평생 나가 잘 보살피며 살아주마"(63회)며 여성으로 희생하며 살아온 동지의식, 연민, 연대감까지 표현한다. 또 다른 사례로는 최근작 〈그래, 그런거야〉 속에서도 동일하게 발견되어 극 후반 가족의 주요 갈등 에피소드가 되는 1대 스스로의 분가선언의 첫 번 째 이유이다. "너머 오래 신세를 졌어. 에미두 늙구 있어. 하루 종일 종종거리는 거 보면 안 됐구 염치두 없구 그려"(21회)라는 유종철의 대사처럼 며느리의 수고, 고생한 세월 때문에 분가를 선언했고, 이에 가족 구성원 중 가장 반대 목소리를 높이며 감정적 반응까지 보인 사람도 2대 며느리라는 점, "눈물 비치지 말어, 에미 맘 안 좋아. 옛날 수제비 팔러 출근하는 거 모양 씩씩하게 햐"(44회, 유종철 대사) 사례처럼 감정적 유대관계가 혈족보다 더 진하게 묘사된다.

이처럼 외견상 보이는 수직질서로서의 2대의 효심과 이를 바탕으로 형성된 1, 2대의 강력한 유대 관계는 1대 캐릭터의 특성에 의해 강요된 교훈, 윤리로서의 수직 질서가 아닌 2대의 자발적인 효심으로 공감을 획득하는 관습을 보인다. 위의 사례처럼 1대는 최고 결정권자로서의 권위자이면서 갈등 조정자이거나 스스로 권위를 내려놓는 민주적 인물이란 공통된 특성을 보인다. 또 연구대상 작품 들 가운데 가장 권위적인 인물, 스스로 권위를 내려놓지 못한 인물로 설정, 묘사된 〈목욕탕 집 남자들〉의 1대 김복동과 〈무자식 상팔자〉의 유호식 같은 1대 남성 캐릭터들의 경우는 1대 여성 배우자에 의해 그 권위만큼 강한 견제를 받는다. 김복동은 2, 3대 남자들의 '집합'을 시도 때도 없이 달고 살 정도로 권위적이지만 체구도 크고 통도 큰 여장부 배우자 이기자(강부자 扮)에 의해 집에서 쫓겨나는 수모를 당하는가 하면 유호식은 의처증 의심을 받으며 황혼이혼을 당할 위기에 처한다. 또한 이들 1대는 공통적으로 자신들의 부모로부터 지원을 받지 못한 지극히 평범한 '자수성가형' 인물들로 연구대상 작품 들 발표순으로 (작고한 가상 인물로 설정된 〈부모님 전상서〉를 제외하고), 대중목욕탕 30년 째 운영, 위생도기 판매업 30년 째 운영, 조판인쇄공 출신 회장님 운전기사 출신, 양호교사 출신, 해장국집 40년 운영 경력, 양복점 30년 운영 경력자들이다. 이처럼 김수현 홈드라마 속 1대 등장인물은 배움의 기회조차 제대로 받을 수 없었던 우리 현대사를 대변하는 보편적 인물들로 예외적인 양호교사 출신 〈인생은 아름다워〉의 여성 1대 등장인물 고점례(김용림 扮)경우도 첩살이까지 하며 밖으로 떠 돈 아버지의 자리를 평생 지켜낸 인물로 설정되어 더 많은 희생을 했을 동시대 어머니를 대변해준다. 이와 같이 1대 등장인물이 갖는 공통적인 특성을 통해 2대가 보여주는 '효심'이 단순히 유교적 질서로서의 규범적 윤리가 아닌 1대의 가족을 위한 노력, 성실함, 희생의 덕목에 대한 인정, 감사, 이에 따른 인간의 도리임을 설득한다.

2, 3대의 부모 자녀 관계는 1, 2대의 관계에 비하여 '효'를 중심으로 한 '질서'로서의 관계가 느슨해지는데 '내 속으로 낳은 자식이지만 내 맘대로 못 해'라는 2대 어머니들의 공통된 넋두리가 이를 증명한다. 이는 시대상과 세태의 변화를 가장 적극적으로 반영하는 3대 등장인물의 특성이 강조되기 때문으로 분석된다. 또 〈목욕탕 집 남자들〉부터 〈그래, 그런거야〉까지 3대의 변화된 가치관은 결혼이 주된 소재로 제시된다. 이는 특히 여성 등장인물에서 상대적으로 두드러져 1대의 직계비속인 여성 3대 뿐 아니라 3대 며느리가 되는 여성들에게서도 발견된다. 독신을 꿈꾸는 〈목욕탕 집 남자들〉의 방송

작가 지망생 장손녀, 가족에게 당당히 독립 선언한 〈내 사랑 누굴까〉의 모델 출신 3대 막내며느리 감, 시나리오 작가를 꿈꾸는 〈부모님 전 상서〉의 3대(표 1에서는 2대로 소개)며느리 감, 이혼전문 변호사이지만 동료 이혼남과 동거 중인 〈엄마가 뿔났다〉의 장손녀, 친정살이를 하는 〈인생은 아름다워〉 속 3대 기혼 장손녀, 지방법원 판사로 미혼모의 삶을 선택하는 〈무자식 상팔자〉 3대 손녀, 결혼보다 동거를 먼저 하겠다는 〈그래, 그런거야〉의 연상의 치과의사 3대 며느리 감이 대표적인 사례이다. 하지만 시대의 변화를 적극적으로 혹은 한 발 앞서 진보적으로 수용 반영한 3대 여성 등장인물들의 사례가 여성 지위 향상이나 양성 평등을 의미하는 젠더 이데올로기를 전경화하지는 않는다. 같은 시대를 사는 3대 여성 등장인물들 가운데에서도 현모양처 형, 순종형, 청순가련형의 인물들이 위 사례의 진보적 여성 캐릭터들과 대비되어 항상 동시에 설정 배치되기 때문이다. 호된 시집살이를 순종적으로 감내하는 현모양처 형 〈목욕탕 집 남자들〉의 3대 며느리 정화, 이상형의 남자와 만나 완벽한 결혼생활을 하고 싶은 현모양처가 꿈인 〈내 사랑 누굴까〉의 3대 며느리 감 오지연, 역시 사랑을 갈구하는 현모양처가 꿈인 〈부모님 전 상서〉의 3대 며느리 감 송아리, 부모와 시부모에게 순종하는 순종형의 〈엄마가 뿔났다〉 속 3대 나영미, 요리책을 만드는 현모양처 형의 〈인생은 아름다워 속〉 며느리 감 부연주, 부모 없이 할머니와 단둘이 사는 겉으로는 쾌활한 청순가련형의 〈무자식 상팔자〉 속 3남 안대기 여자 친구 오수미, 신혼 초 사고로 남편과 시어머니를 잃고 홀시아버지를 친아버지처럼 여기며 둘이 사는 청순가련형의 학원 강사인 〈그래, 그런거야〉 속 3대 장손 며느리 서지혜가 그 대비되는 사례 인물들이다.

이처럼 3대 여성 등장인물들이 서로 각기 다른 형태로 시대의 변화상을 받아들이는 것은 3대 남성 등장인물도 동일하다. 다만 〈목욕탕 집 남자들〉 이전 〈사랑이 뭐길래〉(1991~1992, MBC)에서 보였던 이대발(최민수 扮)같은 미혼 남성은 전편에 걸쳐 등장하지 않는다. 이대발은 남존여비 사상에 찌든 방영 당시 기준으로도 구시대적인 인물인 아버지 이병호(이순재 扮로)를 평생 보고 자란 인물로 아버지의 아류 남성우월론자이다. 물론 '코믹' 요소가 강한 이 드라마의 장르적 특성을 고려할 때 이병호, 이대발 캐릭터는 과장되고 희화화된 유형이다. 하지만 과장과 희화화의 장르적 특성을 제외해도 본고의 연구대상 7편 속 3대 남성 등장인물 가운데 대발이 같은 전근대적인 남성 우월론자는 찾아 볼 수 없다. 3대 여성 등장인물이 진보와 보수의 성격적 특성을 차별적이면서도 비교적 균형 있게 보여준다면 3대 남성 등장인물은 그 개방성과 유연함, 합리성, 개인주의 성향을 가진 진보적 인물이거나 보수적 인물이라도 부정적 측면보다는 추진력, 안정감, 남성적 매력 등 긍정적 성격이 부각된다. 이 같은 특성은 〈목욕탕 집 남자들〉 에서부터 〈그래, 그런거야〉까지 일관된 모습이어서 독신주의 3대 장손녀 김윤경(배종옥 扮)의 마음을 여는 강호준(김상중 扮)은 윤경과 말이 통하고 작품 내내 경어를 쓸 정도로 여성을 존중하는 페미니스트이면서도 자신의 결혼 의지를 관철시키는 인물이다. 〈그래, 그런거야〉 속 3대 장남 유세현(조한선 扮)과 차남 유세준(정해인 扮)은 장남과 차남에 관해 갖는 전통적 정서에 맞게 장남이 책임감, 엄격함, 진중함의 성격적 특성을 갖춘 반면 차남은 때로는 제 멋대로 일 정도로 자유분방하고 외향적이며 적극적이다. 하지만 이들 모두는 2대에 비해 개인주의 성향이 강해 유세현은 실질적 장손 역할을 하고 있고 여자 친구가 있음에도 불구하고 결혼 대신 싸우고 헤어지기를 반복하며 결혼 자체에 의지가 적은 인물로 자신의 연애사에 관해서도 가족들 대부분 알지 못할 정도이다. 차남 3대의 경우는 4년제 대학 사학과를 나오고도 내 돈 안 쓰고 죽는 날까지 여행하기 위해 번듯한 직장 대신 아르바이트 세탕을 뛰며 악착같이 돈을 모으는 인물로 개인주의 성향이 두드러진다.

이처럼 3대 등장인물은 여성의 경우 시대상, 세태, 풍속도를 적극 반영하는 진보적 유형의 등장인물이 전편에 걸쳐 두드러지는 역할을 하는 것과 동시에 보수적이거나 전통적인 여성 유형의 대비되는 인물로 구성되는 특성을 보이고, 3대 남성 등장인물은 과장과 희화의 대상으로서의 전근대적인 인물이 아닌 동시대를 사는 다양한 특성을 가진 인물들로 그려진 특성을 보인다. 즉 작가의 등장인물은 특정 정치 성향, 젠더 이데올로기 등 거대 담론의 주체로서 인물이 아니라 한 가족이라는 단단한 울타리 안에도 '아롱이 다롱이'[47]처럼 서로 다를 수밖에 없는 다양성, 개성의 인격적 주체로서 설정, 묘사하고 있으며, 3대도 이런 김수현 작가 홈드라마 장르 속 대가족의 한 세대 구성원 주체로서 작가는 인식하고 있다고 분석할 수 있다.

---

47) 김수현 작가는 실제 〈아롱이 다롱이〉(1980, TBC)라는 드라마 제목의 여름 주간 드라마를 집필했다.(김포천 외 3인 엮음, 앞의 책 284쪽 연보 참조)

그리고 이런 분석은 1, 3대의 조손 관계에서도 찾아볼 수 있다. 2, 3대의 부모 자식 관계가 1, 2대 관계에 비해 수직적 질서로서의 강력함은 느슨해진데 비해 1, 3대의 조손 관계는 1, 2대의 관계처럼 전통적 질서가 강력하게 유지된다. 대가족 내 최고 질서와 권위자로서의 1대에 대한 2대의 자발적 순종과 존중의 '효'는 일상의 가족 중대사는 물론이고 사소한 에피소드를 통해서도 전해지고 이런 2대의 모습은 3대에게도 이어진다. 2, 3대의 부모 자식 관계가 수직적 질서에서 친구 같은 수평적 관계로의 변화를 보이는 반면 1, 3대의 조손 관계는 수직적 질서로서의 1, 2대 관계를 재연하는 것이다. 이는 1대가 대가족의 최고질서의 권위자로서 갖춘 덕목에 2대의 전통적 '효'라는 윤리의식이 환경적 요인으로 더해지기 때문이다. 하지만 1, 3대의 관계는 우리의 가족관계가 그렇듯이 아무리 같이 살거나 대가족의 최고 질서로 존중받는다고 하더라고 2, 3대 관계만큼 밀착되지는 않는다. 조부모는 가족 내 최고 질서, 결정권자로서 3대 관련 집안의 중대사를 해결하는 역할을 담당하거나 최종 승낙자로서의 관계를 유지할 뿐이다. 대표적인 사례가 미혼모의 삶을 선택한 〈무자식 상팔자〉속 3대와 1대의 관계로, 1대 유호식은 미혼모가 된 사실을 어떻게든 숨기려 든 2대 부모를 오히려 야단치며 안소영과 증손 갓난쟁이를 집으로 불러들이고 배우자와 함께 황혼 육아를 자처한다. 이는 제도권 밖 삶을 살아야 하는 안소영의 소외와 고립을 가족 울타리 안으로 불러 보호하는 무조건적 사랑의 모습일 뿐 아니라 가족이란 무엇이고 어때야 하는지 다른 가족 구성원들에게도 보여줌으로써 가족의 단단한 결속력을 다지는 1대의 모습이고 3대와의 관계이다.

3) 유사 구조의 메인갈등과 사회적 담론의 하위갈등

김수현 홈드라마 장르의 갈등 서사구조는 등장인물의 다층성, 다양성에 비해 상대적으로 단순한 편이다. 연구 대상 7편 모두의 주요 갈등 서사가 3대의 결혼을 둘러싼 갈등이며 여기에 부차적인 다양한 갈등을 배합하는 구조가 동일 패턴으로 반복되기 때문이다. 여기서 주요 갈등으로 분류한 기준은 연구대상 작품들의 방송 시간에서 차지하는 에피소드 분량이 최다인 갈등을 주요 갈등, 상대적으로 분량이 적은 경우를 하위 갈등으로 분류하였다.

[표 2] 김수현 홈드라마 장르의 갈등 구조

작품명	그래, 그런거야	무자식 상팔자	인생은 아름다워	엄마가 뿔났다	부모님 전 상서	내 사랑 누굴까	목욕탕 집 남자들
주요 갈등	미혼 3대의 연애·결혼	미혼 3대의 연애·결혼	미혼 3대의 연애·결혼	미혼 3대의 연애·결혼	미혼 3대의 연애·결혼, 기혼 3대의 이혼	미혼 3대의 연애·결혼	미혼 3대의 연애·결혼
하위 갈등	2대 장자의 재혼, 1대의 분가	1대 황혼이혼, 2대 남성 퇴직	1대의 황혼재결합, 2대의 만혼	1대의 황혼사랑, 2대 며느리의 안식년	3대 손자의 장애(자폐증)	2대 방계가족 만혼	2대 차남 부부 늦둥이, 2대 외동딸의 불임

주요 갈등의 소재를 들여다보면 초기 〈목욕탕 집 남자들〉과 〈내 사랑 누굴까〉는 로맨틱 코미디 장르에서 흔히 볼 수 있는 연애 유형의 가벼운 소재가 사용된다. 하지만 이 후 다섯 작품의 경우는 진지하거나 무겁고 심각한 소재가 가벼운 소재와 병용되어사용되는 특징을 보인다. 발표순으로 각각 3대 전업주부 기혼녀 안성실의 장애아이 문제를 둘러싼 부부갈등과 이혼, 3대 36세 골드미스 장녀 36세 나영수의 딸 아이가 있는 이혼남과의 혼전동거, 결혼, 3대 장남 양태섭의 동성애, 3대 판사 장녀 안소영의 미혼모, 3대 출판사에디터 장녀 유세희의 혼외자를 둘러싼 부부갈등이다. 이처럼 주 요 갈등의 소재로 다섯 편에서 사용된 진지한 소재는 결혼과 연애의 다양해진 시대상의 변화를 시대적 감수성으로 재연하는 동시대성 소재에 해당되는 경우가 세 편으로 분석되고 미혼모와 혼외자 소재는 이와는 별개의 반가부장적 소재 혹은 자극적 소재라고 분석할 수 있다. 하지만 후반 두 편의 자극적 소재는 상대적으로 초반부의 주요 갈등이 되거나 상대적으로 작은 비중으로 그려지는 대신 다른 3대의 상대적으로 보편적인 연애 갈등이 많은 비중을 차지하는 균형 전략을 구사함을 알 수 있다.

[표 2]에서 제시하지 않은 하위갈등은 2대 차남 부부의 부부 갈등으로 2대의 부부를 등장시킨 작품 경우 예외 없이 등장한 하위갈등 소재이기 때문이다. 2대 차남 부부의 갈등은 1995년 작인 〈목욕탕 집 남자들〉에서 처음 사용되었고 이후 17년에서 21년 세월이 흐른 〈무자식 상팔자〉, 〈그래, 그런거야〉에 동일하게 사용된다. 이 작품들의 경우 차남이라는 설정, 성격 차이로 인한 설정, 2대 장남과 맏며느리에 비해서

부부싸움의 빈도가 잦다는 점 등이 동일하며 이는 차남에 대한 우리의 보편적 정서에 기댄 하위갈등의 유형이다.

[표 2]에서 제시한 하위갈등의 주요 소재는 시대상을 반영한 소재, 즉 사회적 담론으로 이어질 수 있는 소재가 주를 이루는 특징을 보이고 있다. 늦둥이, 불임 문제, 장애아 문제, 만혼 풍조, 노년의 사랑, 전업주부의 노동의 가치, 황혼 이혼, 퇴직 후 남성 중년과 부부문제의 소재가 그렇다. 특히 이러한 시대상을 반영한 사회적 담론으로서의 하위갈등의 소재들은 김수현 작가의 홈드라마 장르를 특징짓는 갈등 소재로 작가가 가진 시대적 감수성의 특 장점을 가장 두드러지게 보여주기 때문이다. 즉 단순히 시대상을 차용하거나 반영한 소재가 아니라 한 발 앞 선 문제의식 혹은 진지한 문제의식을 전달하는 소재로 사용함으로써 여타 유사한 3대의 연애와 사랑의 주요 갈등 소재 홈드라마들에서 사용한 시대상 반영 소재들과는 뚜렷한 차별성을 보인다. 자기 얘기 일 수 있는 중년의 전업주부 뿐 아니라 시청 전 연령층 모두에게 공감을 이끌어내는 데 성공했다고 평가할 수 있는 〈엄마가 뿔났다〉48)의 하위갈등 소재, 안식년 요구가 대표적인 사례이다. 작품 속 2대 맏며느리 62세 김한자(김혜자 扮)는 37년 동안 1남 2녀의 자녀들에게 인생 거의 전부를 바친 이 시대 어머니로, 홀시아버지를 모시고 사는 세탁소 집 안주인이다. 지금은 전업주부이지만 착하기만 한 잘난 것 없는 남편을 둔 덕분에 생계를 이어가고 시동생까지 뒷바라지하기 위해 동네 양품점에서 일도 하고 얼마 전까지 작은 화장품가게도 했었던 인물로 이런 그녀에게 꿈은 자신만의 시간, 공간을 갖는 것이다. 문학소녀의 어린 시절답게 이 작품에서 매회 사용하고 있는 김한자의 독백 나레이션은 우리가 당연시 여겼던 어머니의 개인 인격체로서의 삶, 욕구를 일깨웠고, 가사 노동의 가치와 인간으로서의 자아 찾기라는 문제를 구체적으로 제시하며 공감대를 형성한다.

예외적인 하위갈등이 등장한 1편은 최근작 〈그래, 그런거야〉의 2대 장자 재혼 소재로 이 작품 속 2대 장남은 앞서 언급한 대로 과부 며느리와 함께 살고 있는 보편적이지 않은 설정 속 인물이므로 시대상을 반영한 소재에 해당되지 않는다. 〈그래, 그런거야〉의 경우, 3대 장손녀의 미혼모 소재와 더불어 2대 홀시아버지와 과부며느리의 동거 설

---

48) 66부작의 이 작품은 닐슨코리아 기준 최고 40.4%의 시청률을 기록했으며 2009년 백상예술대상 TV 부문 작품상을 수상했다.

정은 연구 대상 일곱 편의 작품 가운데 그 갈등의 소재 면에서 공감대 형성이 어려운 소재로 평가된다. 하지만 〈그래, 그런거야〉 역시 극 후반부의 89세 고령 1대 유종철 부부의 분가선언이 초반 설정의 문제를 상당 부분 상쇄하는 하위갈등 소재로 사용되어 김수현 홈드라마 장르의 장점 부각에 성공적으로 작용한다. 이들 1대 부부의 분가는 우리 시대 사회 문제 가운데 하나인 독거노인, 소외계층으로서의 노인 문제, 나아가 가족 해체, 파편화되는 삶의 형태를 들여다보게 하기 때문이다. 이처럼 하위 갈등의 소재는 김수현 표 홈드라마 내세우는 우리 시대를 함께 살아가는 살아있는 개체로서의 등장인물들의 다양한 삶의 이야기, 가족 이야기라는 김수현 홈드라마를 특징짓는 장치로서 효과적이다. 이처럼 김수현 홈드라마 장르의 갈등은 20~30대 연애 이야기라는 메인 갈등의 반복의 안정성에 사회적 이슈를 더할 수 있는 하위갈등의 변동성을 더함으로써 장르적 소구력을 유지해왔으며, 이는 K드라마 서사 특성으로도 맥을 이어왔다고 할 수 있다.

4) 일관된 해피엔딩의 갈등 해결

김수현 작가는 연구대상 7편 모두에서 '가족애'라는 주제에 천착한다. '천착하다'라는 의미 가운데 하나처럼 20년 넘는 세월동안 파고들고 일관되게 매달리며 이런 일관된 '가족애'의 주제는 '효'의 가치를 중심으로 전달된다. 김수현 작가의 '가족애'라는 주제 의식은 여느 가족이나 겪을 수 있는 일상의 크고 작은 갈등을 통하여 가족의 울타리 안에서 해결하는 모습을 통하여 전달하고 이런 가족 간 일상의 갈등 자체가 사는 것의 일부며, 그 근간에는 흔들리지 않는 가족의 사랑이 있음을 주지시킨다. 이런 가족애의 주제는 매 홈드라마마다 또 다른 유쾌한 갈등의 시작을 알리는 해피엔딩 혹은 그야말로 'home sweet home'의 단란한 온 가족의 풍경을 담는 해피엔딩을 통해 그대로 드러난다. 특히 상대적으로 가장 파격적인 동성애 소재로 3남의 갈등을 보여준 〈인생은 아름다워〉 경우, 연구대상 작품 가운데 유일하게 매회 엔딩을 '꽈당' 컷[49]의 코믹 요소를 사용하는데 어두울 수 있는 소재로 인해 홈드라마의 따듯하고 밝은 분위기, 나아가 동성애라는 갈등 역시 가족 울타리 안에서 품을 수 있다는 효과를 전

49) '꽈당' 컷은 1991년 작 〈사랑이 뭐길래〉를 특징지었던 매 회의 엔딩 컷이기도 했다.

달하기 위해 의도적으로 사용한 것으로 분석된다. 최근작 〈그래, 그런거야〉의 경우 1대 유종철의 죽음이 최종화에서 그려지지만 이는 소위 '호상'이랄 수 있는 죽음으로 전 날 밤 노래방에서 "혼신을 다해"[50] 도우미 아줌마들과 춤을 추며 노는 모습이 부각되었기 때문이며 따라서 비극적 결말과는 무관하다. 즉 이 같은 일관된 해피엔딩의 서사 전략은 모든 갈등에도 불구하고 '그래도 피붙이 가족만큼 소중한 것은 없다'는 '가족애'의 가치를 반복 전달하는 것이며, 특히 '가족애'의 중심 가치로 '효'를 반복 제시한다. 김수현 홈드라마의 특징적 서사 관습인 대가족의 인물 구성은 이런 '효'의 가치를 중심으로 하는 가족상의 제시라는 주제 의식의 결과이다. 그리고 김수현 작가는 이런 주제를 전달해야만 하는 것이 작가의 몫이고 이를 전달하는 최적의 장르는 홈드라마 장르라고 인식하고 있음을 알 수 있다.

형식 관습을 통한 김수현 작가의 홈드라마 장르 유형화

터너(G.Turner)는 TV 장르의 역할과 관련하여 예비 시청자에게 정보를 주는 중요한 수단인 동시에 제작자들에게는 프로젝트의 개념으로 규정하며 특히 "전통적인 미디어산업/텍스트/시청자 연구에서 배제되기 쉬운 게 편성자"이지만 편성자에 대한 연구는 거의 없음을 지적하고 편성자의 장르에 대한 이해[51]를 요구한다. 연구대상인 〈목욕탕 집 남자들〉과 2000년대의 홈드라마 6편은 모두 예외 없이 주말드라마로 제작 편성된 드라마들로 일일 연속극 편성 분량에 이어 6개월 가까이 혹은 그 이상 편성되는 장편 드라마이다. 연구대상 작품들 가운데 〈무자식 상팔자〉가 40부작으로 가장 짧았으며 〈내 사랑 누굴까〉가 84부작으로 최장 기간 편성되었고 나머지 다섯 편의 편성 횟수도 평균 67화에 달했다. 연구대상 기간 동안 작가의 6편의 다른 장편 드라마들 경우 주인공 남녀 간의 애정과 장애가 주된 서사 축인 멜로드라마 장르로 〈불꽃〉, 〈내 남자의 여자〉,

---

50) http://kshdrama.com
51) 그래임 터너, 「장르의 이용과 한계」, 글렌 크리버, 앞의 책, 17쪽.

〈천 일의 약속〉이 각각 32부, 24부, 20부작의 미니시리즈로 편성, 방송되었으며 〈완전한 사랑〉, 〈사랑과 야망〉[52], 〈세 번 결혼하는 여자〉는 각각 24부, 81부, 40부작의 주말드라마로 편성되었다. 멜로드라마 장르의 세 편의 드라마가 주말드라마 편성이지만 특이한 점은 방송채널이 모두 SBS로, SBS는 경쟁 지상파 방송사인 KBS, MBC의 후발 방송채널로서의 차별화된 편성 전략을 구사하여 주말드라마이지만 밤 10시 시간대에 배치했었다는 점이다. 반면 연구대상 7편의 작품 가운데 밤 10시 주말드라마로 편성된 SBS 채널의 〈인생은 아름다워〉를 제외하고 6편 모두 지금까지 KBS 채널이 이어오고 있는 주말드라마 편성 시간대인 저녁 8시의 주말드라마로 방송되었던 작품이다.

김수현 작가는 앞서 터너가 연구 대상으로 제안한 '편성자'의 의미는 아닐 수 있다. 하지만 작가의 이례적인 독보적 지위를 감안할 때 분량, 요일, 시간의 편성 기획과 확정 과정에서 자율적인 선택이 가능하며 그에 따라 장르의 구분을 스스로 관습화해 왔을 것으로 예상할 수 있다. 이 같은 예상은 작품 집필의 외적 요인과 수용자 층에 대한 작가의 윤리적 작가의식이라는 내적 요인 두 가지로 나누어 살펴볼 수 있다. 첫 번째 외적 요인은 편성 분량에 따른 드라마 제작 편수로 연구 대상 7편 평균 65.6부작이며 이런 외적 요인은 다수의 등장인물과 이들의 다양한 에피소드를 요구할 수밖에 없다. 다수의 등장인물들은 성별, 세대별, 성격별, 가치관별, 욕구별, 상황별 등으로 각기 다른 에피소드를 펼칠 수 있기 때문이다. 다만 한 작품 안에 각기 다른 다수의 등장인물을 묶을 구심체가 작동하지 않는다면, 산만해질 수 있는 문제를 안게 되거나 몇 몇 등장인물이 주요 비중을 차지하고 나머지 등장인물은 서사의 주요 추동력이 아닌 엑스트라에 준하는 장식품으로 전락할 우려가 있다. 이에 따라 김수현 작가가 선택하고 반복한 주말드라마에 편성된 작품은 각기 다른 개성의 다수의 등장인물과 이들의 에피소드를 '한 가족'이라는 구심체로 엮을 수 있는 대가족을 설정하고

---

52) 2006년 SBS를 통해 방송된 〈사랑과 야망〉은 MBC에서 1987년 방송한 김수현 본인의 최고 히트작 가운데 하나인 〈사랑과 야망〉을 20년 만에 리메이크한 작품으로 전작에 미치지 못했다는 평가를 받았다. 이에 앞선 김수현 작가의 또 다른 리메이크 작 〈청춘의 덫〉(1999, SBS)은 1978년 혼전임신, 사실혼 등의 설정이 미풍양속을 해친다는 이유로 20회로 조기 종영해야 했던 작품으로 〈사랑과 야망〉과는 달리 시대감성의 재해석을 통해 최고 53.1%의 시청률을 기록하는 화제작이 되었다. (http://www.kshdrama.com/)

이들의 다양한 이야기를 풀어내며 이를 홈드라마로 구분하며 장르의 관습으로 사용하고 있다고 분석할 수 있다.

두 번째 요인은 편성시간대의 수용자 환경에 대한 작가의 윤리적 작가의식이다. 저녁 8시 가족 시청 시간대에 편성한 연구 대상 작품 5편은 모두 3대의 결혼 과정에서 벌어지는 보편적일 수 있는 갈등을 주요 소재로 다루고 있으나 밤 10시 편성된 〈인생은 아름다워〉와 〈그래, 그런거야〉는 각각 동성애, 미혼모를 선택한 1명씩의 3대를 등장시켜 상대적으로 파격적적이거나 자극적인 소재를 포함한다. 그리고 이 두 작품의 사례는 편성시간대에 따른 작가의 윤리적 작가의식을 설명할 수 있는 반증이다. 즉 작가에게 저녁 시간 편성시간대는 가족 시청 시간대로 사회규범 잣대로 봤을 때 자극적일 수 있는 소재나 상황 설정, 갈등 요소를 배제한 평범한 가족의 일상사를 주요 에피소드로 제공해야 한다는 윤리적 작가의식이 작동한 것으로 분석할 수 있다. 이 같은 작가의 편성시간대별 장르 구분은 2000년대 들어 더욱 공고해지는데 2000년 즈음해 시작된 소위 '막장드라마'의 잇따른 흥행 성공과 이를 시청률 경쟁에 이용하면서 드라마제작 환경이 변화하고, 작가의 입장에서 이런 변화를 바라보는 비판적 시각이 편성시간대에 따른 홈드라마의 규범화를 더욱 공고화시키게 한 것으로 풀이할 수 있다. '막장드라마'로 불린 첫 드라마인 임성한 작가의 〈보고 또 보고〉(1998~1999, MBC)[53]는 가족 시청 시간대인 저녁 일일드라마 편성 작으로 자매 관계의 두 여주인공이 형제관계인 두 남주인공과 우여곡절 끝에 결혼하는 이야기를 주요 서사로 담아 비상식적이라는 논란을 낳았지만 최고 시청률 57.3%를 기록했고, 조강지처 딸이 아버지와 내연녀인 후처, 이복자매에게 복수를 하는 동일 작가의 저녁 일일 연속극 〈인어 아가씨〉(2002~2003, MBC)역시 6개월 연장방송까지 하며 최고 시청률 47.9%를 기록하고 이후 김순옥 작가의 〈아내의 유혹〉(2008, SBS) 등 경쟁적으로 막장드라마들이 쏟아져 나오면서 드라마 장르는 그

---

53) 임성한 작가의 〈인어 아가씨〉를 막장 드라마의 첫 출발점으로 보는 견해도 있다. 막장 드라마에 관한 몇 몇 논의 가운데 특히 청년층의 수용 양상을 분석한 연구는 무한경쟁으로 내몰린 청년들의 감정적 일시 탈출구로서 막장드라마가 적극 수용되고 있으며 이들은 막장 드라마 속 캐릭터들과 '키치적' '정서적' '관계적' '모순적' 관계를 맺는다고 분석한다. 이 분석은 김수현 작가의 장르 인식에 대한 또 다른 논점, 즉 수용자와 김수현 작가와의 관계에 관한 논점을 제시할 수 있다. 정은샘· 이설희, 「20대의 '막장'드라마 수용에 관한 연구: 〈오로라 공주〉, 〈왔다! 장보리〉를 중심으로」, 『CONTENTS PLUS』 제13권 제5호, 한국영상학회, 2015, 165-180쪽.

규범에 있어서 더 이상 편성시간대에 크게 좌우되지 않게 된다. 이러한 드라마 제작 환경의 변화는 김수현 작가에게 편성시간대별 드라마 장르에 대한 구분, 혹은 장르 드라마 내용에 관한 윤리적 작가의식을 오히려 공고화시킨 것으로 보인다.

맺음말

김수현 작가 스스로의 홈드라마 장르에 대한 인식은 TV 드라마 장르 물, 홈드라마 장르 창작에 있어 긍정적 역할과 부정적 역할 모두를 하고 있다. 긍정적 역할 가운데 제일 먼저 손꼽을 수 있는 역할은 대중매체 작가로서의 작가의식, 윤리의식이다. 김수현 작가가 홈드라마 장르에서 보인 작가의식은 대중 영상물 창작가로서의 차별성, 독자성, 사회문제 의식, 동시대적 감수성을 통한 대중성 획득하기, 세대별, 성별, 성격별, 가치관과 개인의 욕구별 다층적이고 다양한 등장인물 군상들을 한 명 한 명 작가의 도구가 아닌 주체로서 창작하기로 요약할 수 있다. 이 같은 작가로서의 뚜렷한 작가의식은 '그 밥에 그 나물'이라는 평가가 반복됐던 불과 몇 년 전의 TV 드라마 장르 편중 문제의 시대에도 김수현 작가를 믿고 보는 작가로 만들었다. 또한 이 같은 창작 역량을 바탕으로 한 작가의식은 글로벌 OTT 플랫폼 시대의 창작 환경의 변화, 특히 1인 작가 창작 시스템의 변화 속에 오히려 작가의 작가만의 역량이 경쟁력으로 더욱 요구될 수 있음을 알 수 있다. 또한 김수현 작가 작품 경력 가운데 최대 실패작이라고 언론에서 일컫는 최근작 〈그래, 그런거야〉와 관련해 "가족 붕괴의 시대이니 가족의 가치를 더 부르짖어야 한다고 생각하고, 우리의 이야기를 해주는 드라마도 있어야 한다고 생각한다. 이 세상에는 젊은 애들만 있는 게 아니니까. '꼰대'라고 해도 어쩔 수 없다"[54]는 작가의 언급은 김수현 작가의 작가로서의 윤리의식을 보여주는 대목으로 이는 최근 급격히 달라진 TV 제작 환경, 특히 글로벌 OTT 서비스를 위시로 한 드라

54) 윤고은, 「'그래, 그런거야'...김수현 작가 뚝심인가 '꼰대' 고집인가(종합)」, 『연합뉴스』, 2016년 06월21일(검색일자:2022년4월10일)

마 제작 공급의 급격한 변화에 따른 수용자의 변화 속에서도 스스로를 '꼰대'라고 표현하는 작가의 윤리의식을 들여다보게 하는 단적인 예이다. 눈길 끌기, 붙들어 앉혀놓기라는 숙명적인 대중 영상물의 창작 전략에서 자극적 소재 혹은 다양한 장르 경쟁을 위해 작가의 윤리의식은 어쩌면 김수현 작가라는 독보적인 지위를 가진 작가만이 누릴 수 있는 특권일 수도 있다. 하지만 본고의 연구 내용에서 분석한대로 연구대상 작품 전 편에서 '효'를 중심으로 한 이해와 사랑으로 하나 되는 '운명공동체로서의 가족'이란 주제를 20년 넘는 세월 동안 일관되게 관철한 것은 작가의 위상과 지위 덕분만으로 평가할 수 없는 작가의 윤리의식이다. 이처럼 김수현 작가는 대중영상물 창작 작가가 가져야 할 수용자에 대한 정서적 영향력의 중요성을 작가 윤리의식으로 실천하며 특히 홈드라마라는 장르는 사회규범으로서의 가치를 보여주어야 하는 장르임을 이 장르의 규칙으로 제시하고 있다는 점이다. 더불어 성공한 K-드라마의 차별성 가운데 하나로 꼽을 수 있는 공감할 수 있는 작품의 뚜렷한 메시지 같이 강력한 주제의식의 필요성을 규칙으로 보여주고 있다는 긍정적 역할을 한다. 또한 이 주제는 우리를 넘어 누구나 공감할 수 있는 지향 가치로서의 주제여야 한다는 점도 제시해 준다.

하지만 김수현 작가의 홈드라마 장르에 대한 인식은 이 같은 긍정적 역할과 더불어 '차이'와 '변화', '변형'이라는 장르의 속성에 따라 부정적 역할도 한다. 즉 김수현 표 홈드라마 장르와의 '차이'를 위한 소위 '막장드라마'라는 '변형' 홈드라마 장르 탄생에 일조를 했을 수밖에 없다. 이는 장기간에 걸쳐 독보적 지위를 점한 김수현 작가라는 이례성이 그 이유이기도 하다. 물론 이런 부정적 역할은 역설적이게도 장르의 다양화를 가져오는 요인이 되기도 했다. 또한 김수현 작가 스스로도 '차이'와 '변화', '변형'의 시도가 적은 대신 이야기와 주제 전달에 수월한 고정적 장치로서 활용이 장르물의 활용법처럼 제시할 수 있는 장르 이용의 부정적 활용법을 제시하기도 하였다. 이는 최근작 〈그래, 그런거야〉에서 발견되어 장르가 제공하는 편의성, 이야기를 전달하거나 주제를 전달하기 위해 쉽고 빠른 전달 도구로서만 장르를 활용한 장르 창작의 부정적 유형 사례이다. 또한 수용자 중심이 아닌 창작자 중심의 장르 활용 사례이기도 해서, 장르의 편의성에 기대고 대신 더 독하고 더 자극적인 소재, 혹은 신선한 소재에만 매달리게 하면서 작품의 질을 떨어뜨리게 하는 대중 창작에서의 장르물 활용에 끼치는 부정적 역할의 사례이기도 하다. 그러나 이 사례가 연구 대상 7편 가운데 대부분이랄 수 있는 6편의 작품에 적용되는 장르의 부정적 활용 사례는 아니므로 김수현 작가의 홈드라마 장르 인식은 긍정적 역할이 더욱 부각, 평가되어야 할 것이다. 그리고 이 연구가 연구자료 확보의 어려움으로 포함되지 못한 장르 개척자로서의 김수현 작가의 역할을 포함하여 김수현 작가에 대한 역사주의 관점의 작가연구가 계속 이어지는 시작이 되길 제언한다.

〈참고문헌〉

• 기초자료

김포천·원우현·김민수·김홍근 엮음, 『김수현 드라마에 대하여』, 솔, 1998.

김수현 홈페이지 http://www.kshdrama.com/.

김수현 극본, 정을영 연출, 〈목욕탕 집 남자들〉 영상물 83회.

김수현 극본, 정을영 연출, 〈내 사랑 누굴까〉 영상물 84회.

김수현 극본, 정을영 연출, 〈부모님 전 상서〉 영상물 68회.

김수현 극본, 정을영 연출, 〈엄마가 뿔났다〉 영상물 66회.

김수현 극본, 정을영 연출, 〈인생은 아름다워〉 영상물 63회.

김수현 극본, 정을영 연출, 〈무자식 상팔자〉 영상물 40회.

김수현 극본, 손정현 연출, 〈그래, 그런거야〉 영상물 54회.

• 단행본

글렌 크리버·토비 밀러·존 털로크 엮음, 박인규 옮김,『텔레비전 장르의 이해』, 산해, 2014.

배리 랭포드, 방혜진 옮김, 『영화장르: 헐리우드와 그 너머』, 한나래, 1010.

신주진, 『29인의 드라마 작가를 말하다』, 밈, 2009.

윤호진, 『한류 20년, 대한민국 빅 콘텐츠』, 커뮤니케이션북스, 2016.

제프리 노엘 스미스 엮음, 이순호 옮김, 『옥스포드 세계 영화사』, 열린책들, 2005.

토마스 샤츠, 한창호·이문영 엮음, 『헐리우드 장르』, 컬처룩, 2014.

S. Neale, Hollywood and Genre, New York: Routledge, 2000.

• 참고논문

김선영, 「한국 가족의 현실: 생애 주기에 따른 가족 이슈-TV드라마 〈엄마가 뿔났다〉를 중심으로」,『사회과학연구』제 35권 2호, 경희대학교 사회과학연구원, 2009.

김일중·손태영·김치호, 「OTT 플랫폼의 한국 드라마 서비스 확대와 드라마 제작사의 전략 변화: 동적역량관점(Dynamic Capabilities View)을 중심으로」, 『인문콘텐츠』제59호, 인문콘텐츠학회, 2020.

백경선, 「김수현 가족드라마의 가족 담론 고찰: 〈엄마가 뿔났다〉, 〈인생은 아름다워〉, 〈무자식 상팔자〉를 중심으로」,『한국극예술연구』제 50권, 한국극예술학회, 2015.

송명희, 「〈부모님 전상서〉에 나타난 가족 이데올로기와 젠더의식」, 『우리어문연구』제26집, 우리어문학회 2006.

유진희, 「김수현 홈드라마의 장르문법과 이데올로기」, 『콘텐츠학회논문지』제 10권(11호), 콘텐츠학회, 2010.

윤복실, 「TV드라마 〈디어 마이 프렌즈〉에 재현된 가부장 이데올로기 고찰」, 『한국사상과 문화』 제 89호, 한국사상문화학회, 2017.

윤석진, 「한국 텔레비전 가족드라마의 가족자유주의 양상: KBS2 TV 주말연속극을 중심으로」, 『어문논총』, 전남대학교 한국어문학연구소, 2019.

윤석진·박상완·권양현, 「한국 텔레비전드라마 장르 연구」, 『건지인문학』제18호, 전북대학교인문학연구소, 2017.

정은샘· 이설희, 「20대의 '막장'드라마 수용에 관한 연구: 〈오로라 공주〉, 〈왔다! 장보리〉를 중심으로」, 『CONTENTS PLUS』 제13권 제 5호, 한국영상학회, 2015.

장규수, 「한류의 어원과 사용에 관한 연구」, 『콘텐츠학회논문지』, 콘텐츠학회 11권(9호) 2011.

주창윤, 「텔레비전 프로그램 장르 분류 기준에 관한 연구」, 『방송통신연구』통권 제59호, 한국방송학회, 2004.

진경지, 「'한류' 용어의 어원 및 대한 한류 발전에 대한 고찰」, 『동아시아문화연구』, 한양대학교 동아시아문화연구소 제77집, 2019.

• 기타자료

윤고은, 「'그래, 그런거야'...김수현 작가 뚝심인가 '꼰대'고집인가(종합)」, 『연합뉴스』, 2016. 06. 21.

편집부, 「정부 '신한류 추진계획' 발표, 한민족 정신문화에 주목할 때: K-팝, K-드라마 등 대중문화를 넘어 지속가능한 한류과제」, 『브레인』, 2020.08.

3.

김수현 홈드라마의 1대 캐릭터와 작가의식

들어가며

1972년의 일일연속극 「무지개」(MBC)에서 최근작인 2016년 주말 연속극 「그래, 그런거야」(SBS)에 이르기까지 45년 동안 총 58편의 텔레비전 드라마를 집필해 온 김수현 작가가 '가족'이란 제재(題材)를 다루고 있는 방식은 작가만의 차별성, 나아가 작가의 의식 저변을 조망해 보여줄 수 있는 주효한 도구이다. 왜냐하면 김수현 작가가 집필해온 작품 가운데 가족드라마 장르의 대부분이 '대가족' 설정을 주요 인물 구성 축으로 서사를 전개해왔으며 이 같은 방식은 「목욕탕집 남자들」(1995. 11~1996. 9, KBS)에서 시작되어 「그래, 그런거야」에 이르기까지 20년 넘게 고정, 반복되어 이어져 오고 있기 때문이다. 3대 혹은 4대가 한 울타리 안에서 산다는 '대가족' 설정은 20년 세월의 간극 속에도 변치 않는 작가만의 가족상이다.

행정안전부에 따르면 전체 가구 형태의 1위는 1인 가구로 지난 해 처음으로 40%를 돌파해 40.1%, 그 뒤를 2인 가구가 뒤를 잇고 있는 것으로 나타났다.[55] 또한 「그래, 그런거야」의 2016년 방영 시점 기준으로도 이미 2015년 1인 가구가 제 1가구 형태였고, 1980년대부터 표준가구 형태로 자리매김했던 4인 가구 경우조차도 1995년을 정점으로 줄어들기 시작해 2010년 30년 만에 4인 가구시대의 종언[56]을 알렸다. 이처

55) https://www.khan.co.kr/local/local-general/article/202110062149O5 경향신문 기사 내용에 따르면 그 뒤를 4인 가구(19.0%), 3인 가구(17.1%)가 잇고 있다. (2022. 02. 13.)
56) https://economist.co.kr/2019.09/08/company/domesticCompany/327489.htlm(2022. 02.15.)

럼 전통적인 대가족 형태는 물론이고 대비되는 개념으로 사용되던 4인가구의 핵가족 조차 표준가구 형태에서 감소세가 되어가던 시점인 1995년 처음으로「목욕탕집 남자들」을 통해 본격적인 3대 주요 등장인물의 홈드라마를 집필하기 시작해 현시점 기준 마지막 가족드라마 작품이 된 「그래, 그런거야」까지 이 설정을 반복 구성하고 있는 것은 분명 작가만의 차별성이다. 하지만 이러한 차별성은 미디어를 중심으로 '가족 판타지'로 지칭되며 그 비현실성이 비판을 받았고, 특히 광고주의 타겟인 2040 시청자의 외면 속에 막대한 제작비 손실[57]과 조기 종영의 불명예를 안은 「그래, 그런거야」는 "김수현 작가의 최대 실패작"[58]으로 평가되며 이런 세간의 그동안의 평가를 방증하는 결과물처럼 받아졌다. 하지만 이는 또한 본고의 연구 목적이기도 한 텔레비전 드라마 작가에 대한 학문적 연구대상의 지위 부여의 필요성을 반증하는 평가이기도 하다.

문학, 영화 등 대부분의 창작 행위에 학술적 연구가 뒤따르고, 그 전제는 창작자에 대한 연구 대상 지위 부여이다. 하지만 텔레비전 드라마는 작가 논의보다는 산업으로서 제작 외연 측면이나 텍스트('저자의 죽음'을 이야기한 롤랑 바르트가 구분한 작품과 대비되는 의미의 텍스트) 자체 그것도 방송 비평의 연장선에서 시청률과 결부된 방송 성과 측면의 텍스트 분석, 혹은 사회적 맥락에서의 의미, 수용자론을 규명하는데 초점이 맞추어져 왔다. 이에 본고는 학문적 연구 대상에서 상대적으로 소외돼 온 텔레비전 드라마 작가, 그 가운데 김수현 작가에 관한 작가 중심의 학문적 연구를 그 목적으로 하고 있다. 물론 김수현 작가는 텔레비전 드라마 작가 가운데 거의 유일하게 학문적 연구 대상으로 주목 받아온 것도 사실이다. 하지만 그 연구는 작가론보다는 성과 측면의 텍스트 분석, 즉 서사 전략연구나 화법 전략연구[59]에 맞추어진 것이

---

57) https://www.yna.co.kr/view/AKR20160822001000033 연합뉴스 기사에 따르면 광고판매율 20%에 미치지 못했던 이 드라마의 손실액은 80억여 원에 달했다고 전한다 (2022.03.07.)

58) http://news.heraldcorp.com/view.php?ud=20160823000197(2022.03.09)

59) 최상민, 「대중의 욕망과 드라마적 재현: 김수현 드라마 〈인생은 아름다워〉를 중심으로」, 『드라마연구』 제36호, 한국드라마학회, 2012, 199~223쪽.; 윤석진·이철우, 「김수현 드라마의 대화방식에 관한 고찰」,『한민족문화연구』 제25집, 한민족문화학회, 2008, 225~253쪽.; 오미영·최성실, 「김수현 가족드라마에 나타난 상호주관적 화법연구」, 『화법연구』 제22권, 한국화법학회, 2013, 163~189쪽.; 이경숙,「김수현 드라마의 수사학적 효과 산출 방식 연구」,『한국극예술연구』제25집, 한국극예술학회, 2007, 133~163쪽.

대표적이다. 특이한 점은 김수현 작품론 가운데 다수가 가부장 이데올로기 중심의 분석으로 이루어져 왔다는 부분이다. 그리고 이러한 작품론은 가부장 이데올로기의 재생산, 옹호 내지는 남녀 성역할의 고정화에 일조한다는 분석[60]이 있는가하면 젠더, 계급갈등의 전면화를 통한 진보성[61]을 논하기도 하고, 가부장제에 관한 양비론적 균형감[62]을 평가하기도 한다. 또 아예 사회와 이데올로기에서 벗어난 휴머니즘으로 덧칠된 가족(애)의 판타지[63]라고 비판하기도 한다. 이처럼 페미니즘 시각에서 분석한 김수현 작품에 관한 선행연구들은 보수성을 논하는 분석이 보다 많은 비중을 차지하고 있기는 하지만 때로는 진보성을 논하기도 하는 등 엇갈린 결과를 내놓았다. 반면 김수현 가족드라마와 멜로드라마라는 장르적 차이점을 제시해 가족드라마에서 보인 보수성과 멜로드라마에서 보인 진보성을 구분하는 연구[64], 유사 설정의 타 작가 작품과 비교를 통해 김수현 작가의 차별성을 논한 연구[65]는 파편적일 수 있었던 작품론의 한계를 비교 통합적인 연구를 통해 작가만의 경향성, 차별성의 일단을 제시한다.

양성희는 김수현 평전을 통해 김수현 작가가 "이 시대를 사는 대중의 관심사와 삶의 변화하는 풍속도를 예민하게 포착해내고 있다"[66]고 평한다. 이와 유사한 평가는 십여 년이 지난 후에도 이어져 신주진 역시 "당대의 세태와 대중적 욕망, 심리와 정서가 매우 생생하게 드러난다"[67]고 김수현 작가의 시대적 감수성을 높이 평가한다.

---

60) 윤석진, 「텔레비전 드라마의 서사전략 고찰: 김수현의 〈청춘의 덫〉을 중심으로」, 『국제어문』 제23집, 국제어문학회, 2001, 137~159쪽.;송명희, 「〈부모님 전상서〉에 나타난 가족이데올로기와 젠더의식」,『우리어문연구』 제26권, 우리어문학회, 2006, 121~139쪽.

61) 김한상, 「박정희 정권기 가족서사의 균열과 저항: 김수현의 멜로영화를 중심으로」, 『대중서사연구』 제 22호, 대중서사학회, 2009, 283~313쪽.

62) 이영미, 「김수현 드라마의 리얼리티와 균형감」,『황해문화』제79권, 새얼문화재단, 2013. 312~319쪽.

63) 백경선, 「김수현 가족 드라마의 가족 담론 고찰: 〈엄마가 뿔났다〉, 〈인생은 아름다워〉, 〈무자식 상팔자〉를 중심으로」, 『한국극예술연구』제50권, 한국극예술학회, 2015, 283~312쪽.

64) 유진희, 「김수현 멜로드라마의 장르 문법과 성 이데올로기」, 『한국콘텐츠학회논문지』, 한국콘텐츠학회 제9권 제11호, 2009, 175~183쪽.; _____, 「김수현 가족드라마의 장르 문법과 젠더 이데올로기」, 『한국콘텐츠학회논문지』, 한국콘텐츠학회 제10권 제11호, 2010, 102~112쪽.

65) 신아영, 「방송드라마에 나타난 죽음에 대한 인식의 두 양상 연구: 〈완전한 사랑〉과 〈로즈마리〉를 중심으로」, 『한국문예창작』, 한국문예창작학회 제5권 제1호, 2006, 183~209쪽.

66) 김포천 외 3인 편저, 『김수현 드라마에 대하여』, 솔, 1998, 239쪽.

67) 신주진, 『29인의 드라마 작가를 말하다』, 밈, 2009, 19쪽.

그런데 1인 가구가 가구 형태 1위가 된 현실 속에서 반복된 모습으로 재현되고 있는 대가족의 가족드라마들은 이런 평가에 의문을 갖게 하지 않을 수 없다. 특히 본고는 김수현 작가가 반복하고 있는 대가족, 그 가운데서도 대가족의 핵심 질서로서의 주체로 등장하는 1대 캐릭터에 주목한다. 따라서 본고는 김수현 작가의 반복된 대가족 설정의 상징적이며 핵심 역할을 하고 있는 1대 캐릭터를 중심으로 고령자를 어떻게 '차별적'으로 재현하며 김수현 작가가 천착하고 있는 '가족'에서의 1대 고령자 캐릭터가 어떤 역할을 하는지, 그 함의는 무엇인지를 규명해보고자 한다.

텔레비전 드라마가 재현하는 고령자에 관한 선행연구

텔레비전 드라마가 재현하는 고령자에 관한 선행연구로는 먼저 실증적 연구사례들을 살펴 볼 필요가 있다. 2004년부터 2011년까지 지상파 3사의 주 시청 시간대 드라마 가운데 노인이 등장하는 211편의 주·조연 노인 캐릭터 329명을 분석대상으로 한 박주연, 김숙 연구는 가족 내 주도적 역할을 연장자가 하고 있으며 특히 남성 노인에게 중점적으로 권력이 쥐어져 가부장 이데올로기가 지배적[68]이라고 결론짓는다. 이 연구의 경우 양적 연구의 한계를 감안하더라도 내용 분석에 있어 노인의 역할이 주도적이고, 남성 노인에게 권력이 집중된다는 그 분류 기준과 근거가 제시되고 있지 않다. 2000년부터 2019년까지 지상파 연간 시청률 1, 2위 드라마 총 49편(주중 드라마 및 미니시리즈 25편, 주말연속극 18편, 일일연속극 6편)을 표집대상으로 한 정유미, 윤영민의 연구[69]는 다른 연령층에 비해 고령층의 비중이 낮으며 그 가운데서도 초고령자의 비중이 과소 재현되는 문제와 관리자 및 전문가 혹은 비경제활동인구로 이분화된 다양성 결여 문제, 정형화된 고령층 캐릭터 묘사 문제를 지적한다. 이 연구

---

68) 박주연·김숙,「텔레비전 드라마에 나타난 노인의 가족 내 역할과 지위에 관한 연구」, 『한국언론학보』 제57권 제2호, 한국언론학회, 2013, 185~206쪽.

69) 정유미·윤영민, 「텔레비전 드라마에 비친 고령자의 모습: 지상파 프라임대 드라마 속 고령자 재현에 대한 내용분석」, 『한국방송학보』 제34권 제6호, 한국방송학회, 2020, 352~400쪽.

의 경우 여러 가지 변인을 고려한 내용분석을 통한 계량적 연구방법으로 20년간의 지상파 드라마가 재현하는 고령자의 모습을 통시적으로 살펴볼 수 있게 한데 의미를 찾을 수 있지만 종합편성채널과 tvN 등 케이블 방송의 드라마를 포함하지 않음으로써 급격한 방송제작 환경 변화를 담아내지 못한 한계를 보인다.

한편 개별 텍스트 중심으로 해석적 연구를 실시한 경우는 고령자가 육체적, 정신적 약자에 속하여 의존적이거나 병약하고, 경제적으로 무능력한 존재로 재현된다는 결론[70], 혹은 노인 소외감으로 인해 폭력성이 드러나는 '폭주' 노인 모습으로 재현된다[71]는 결론까지 다양하다. 이 두 연구의 경우 각각 매체를 달리하며 그려진 노인 재현상 혹은 시트콤 속 노인 재현상을 연구목적과 연구대상으로 내세움으로써, 연구대상과 연구목적의 불일치의 문제가 사회문화적 결론 도출의 한계로 이어진다. 또 최근 들어서는 고령사회의 사회적 이슈와 맞물려 고령자들을 주인공으로 한 드라마 〈디어 마이 프렌즈〉(노희경 극본, 2016, tvN)와 〈눈이 부시게〉(이남규·김수진 극본, 2019, JTBC)에 대한 연구가 잇따르고 있다. 60대~80대 고령 여성 등장인물 6명과 70대의 남성 등장인물 2명을 전면에 내세운 〈디어 마이 프렌즈〉 경우, 서사분석을 통한 사회문화학적 의미 구현의 내재한 작품성 규명에 대부분 초점이 맞추어져 있어 고령사회의 노인문제를 조명하고 특히 노인 여성을 긍정적으로 재현해냈다는 분석결과들[72]로 모아진다. 이런 결과물과는 결을 달리한 스토리텔링 분석 연구로는 노인 중심의 창조적인 스토리텔링 구현을 평가하면서도 대중적 노년 판타지를 대변함으로서 현실과의 괴리, 현실적 노인모델 제안을 과제[73]로 제시한 연구도 있다. 소위 타임 슬립으로 불리는 시간이탈 장치로 25세의 여주인공이 아빠를 살리기 위해 70세 노인이 된다는

---

70) 이경숙, 「〈그대를 사랑합니다〉의 서사적 재매개와 노년의 재현관습」, 『드라마연구』 제38권, 한국드라마학회, 2012, 141~168쪽.

71) 전성희, 「텔레비전 드라마에 나타난 노인 이미지와 노년에 대한 인식: 시트콤 〈거침없이 하이킥〉을 중심으로」, 『드라마연구』 제35권, 한국드라마학회, 2011, 55~86쪽.

72) 김미라, 「TV드라마 〈디어 마이 프렌즈〉의 여성주의적 서사」, 『한국극예술연구』제56집, 한국극예술학회, 2017, 275~310쪽; 김지혜, 「여성의 노화와 우정의 재현에 관한 연구: TV드라마 〈디어 마이 프렌즈〉를 중심으로」, 『문학과 영상』 제20권 제1호, 문학과 영상학회 , 2019, 7~35쪽.

73) 박명수, 「노년드라마의 스토리텔링 연구」, 『한국문학논총』 제82호, 한국문학회, 2019, 453~484쪽.

판타지 로맨스 설정이 극 중후반으로 진행할수록 노인의 삶과 삶 자체를 조망하는 서사로 전환함으로써 주목받은 〈눈이 부시게〉의 연구 경우, 그 서사구조와 의미 구현에 대부분 초점이 모아져 있다. 그리고 이 작품 서사구조의 차별성이 현실에서 외면, 배제되는 청년, 노년 세대를 조명, 수용[74]하거나, 중첩의 의미 구조를 통해 현재의 나와 노년의 나는 분리된 것이 아니라 중첩된다는 의미 전달[75]에 성공했음을 평가한다. 하지만 여전히 젊음을 우위에 둔 이항대립 구조의 고착화된 사회적 편견에 머물러 있는 문제[76]를 제기하기도 한다. 이같이 고령자를 주요 배역으로 한 드라마들에 관한 선행연구는 고령사회 문제라는 현실을 조명하는 드라마의 역할과 이를 차별적인 텍스트를 통해 작품화시켰다는 점에서는 의미 있는 연구일 수 있으나, 이 작품들을 통해 유추할 수 있는 대중 창작물 전반의 경향성 혹은 작가론으로는 이어지지 못하는 단편성의 한계를 보인다.

연구대상과 방법

1) 연구 대상

본 연구는 김수현 작가의 최근작인 주말 연속극 「그래, 그런거야」(2016, SBS)의 전회차 54편의 영상과 대본[77]을 중심으로 「목욕탕집 남자들」 (1995~1996, KBS1)과 이후 2000년대 3대 이상의 대가족 구성원이 반복, 설정된 「내 사랑 누굴까」 (2002, KBS2), 「엄마가 뿔났다」 (2008, KBS2), 「인생은 아름다워」 (2010, SBS), 「무자식 상팔자」(2012~2013, JTBC) 5편을 연구 대상으로 삼는다. 연구대상 시기에 방영된 가

74) 박미란, 「TV드라마 〈눈이 부시게〉에 나타난 반전의 구조와 위로의 방식」, 『한국극예술연구』, 한국극예술학회 제68집, 2020, 89~121쪽.
75) 김강원, 「TV드라마 〈눈이 부시게〉의 중첩적 의미구조」, 『리터러시연구』 제10권 제4호, 한국리터러시학회, 2019, 617~664쪽.
76) 양선희, 「TV드라마 〈눈이 부시게〉에 나타난 노인 재현의 변화와 사회적 함의」, 『영상문화콘텐츠연구』 통권 제20집, 동국대학교 영상콘텐츠연구원, 2020, 109~139쪽.
77) 대본의 경우, 김수현 작가가 운영하고 있는 작가의 홈페이지 http://kshdrama.com/를 기본 자료로 활용하였다.

족 드라마 「부모님 전상서」의 경우 대가족 설정의 연구대상 가족 드라마들과는 달리 1대 부모는 2대 주인공 안재효(61세, 송재호 扮)의 가상의 발화 대상자로만 설정된 작고한 인물로 등장해 제외하였다. 「그래, 그런거야」는 아흔을 코앞에 둔 89세 유종철과 여섯 살 아래인 83세 김숙자의 1대와 60대인 2대 3남과 2명의 배우자, 20, 30대인 유종철의 3대 친 손주 4명과 그 배우자(감) 4명에 신혼 초 사별한 손주 며느리 1명과 김숙자의 20살 아래인 이복 여동생 김숙경이 주요 등장인물을 구성하고 있는 전형적인 김수현 표 대가족드라마 설정의 작품이다. 「그래, 그런거야」 속 1대 캐릭터인 유종철과 김숙자는 70대로 설정된 「목욕탕집 남자들」 「내 사랑 누굴까」를 제외하면 모두 80대로 설정된 그 외 작품들과 비교해도 최고령자로 설정된 1대 캐릭터들로 1943년생인 작가의 연령을 고려할 때 1대 캐릭터와의 연대의식이 그 어떤 작품보다 강화된 것으로 보인다. 이 작품의 흥행 참패와 관련한 작가의 "가족 붕괴의 시대이니 가족의 가치를 더 부르짖어야 한다고 생각하고, 우리의 이야기를 해주는 드라마도 있어야 한다고 생각한다. 이 세상에는 젊은 애들만 있는 게 아니니까. '꼰대'라고 해도 어쩔 수 없다"[78]는 언급은 고령자에 대한 작가의 연대의식, 나아가 가족 드라마를 통하여 전하고자 하는 작가의식의 일단을 엿보게 한다. 따라서 본고는 김수현 작가의 대가족 설정 가족드라마의 완결본이라고 할 「그래, 그런거야」의 전체 영상과 대본을 연구대상으로 삼고, 그 외 5편은 인물설정과 주요 에피소드를 연구대상으로 삼는다. 여기서 완결본이라고 부를 수 있는 근거는 김수현 작가의 후속작 발표가 평균 1~2년이었지만 현시점 기준 6년이 경과한 지점이라는 점과 연구대상 가족드라마 장르 도상(Iconography)가운데 하나인 1대 남성 캐릭터 역 이순재 배우의 유일한 죽음[79]으로 최종회를 마무리 지었다는 점이다.

78) https://www.yna.co.kr/view/AKR20160620158551033(2022.04.10)
79) 〈인생은 아름다워〉의 1대 남성캐릭터 역시 최종회에서 죽음을 맞이하나 이 캐릭터는 오랜 별거생활 끝에 생의 마지막을 본처에게 돌아온 설정으로 다른 연구대상 작품 속 1대 부부 설정과는 차별적이며 배우는 최정훈이었다.

2) 연구 방법

본고는 김수현 작가 가족 드라마를 특징짓는 대가족 설정 속 1대 고령자 캐릭터의 재현방식을 연구하기 위하여 푸코(M. Foucault)의 '자기 배려'(le souci de soi) 윤리학에서 제시하고 있는 성공적인 노년의 담론을 적용한다. '권력의 철학자'로도 불리는 푸코에게 권력은 지배자와 피지배자 사이의 전반적인 이항대립 과정으로 작동하는 실체가 아니다. 푸코에게 권력은 진리를 추구하는 '지식', 정상, 비정상을 나누고 포함과 배제를 나누는 힘으로서의 '지식'을 구성하는 '모종의 힘'이다. 또한 푸코는 이를 '권력의 편재(偏在)'로 부르며 "권력은 손에 넣거나 빼앗거나 공유하는 것도 아니고, 간직하거나 멀어지게끔 내버려 두는 것도 아니다. 권력은 무수한 지점으로부터, 불평등하고 유동적인 관계들의 상호작용 속에서 행사된다"[80] 며 권력에 관한 기존의 이항대립적 개념을 전복한다. 즉 푸코에게 권력은 모든 것을 포괄하는 것이 아닌, 도처에서 발생하는 것으로서 편재성이 그 속성이며 따라서 "권력은 제도도 아니고, 구조도 아니며, 몇몇 사람이 부여받았다고 하는 어떤 역량도 아니다. 권력은 어느 주어진 사회의 복잡한 전략적 상황에 부여되는 이름"[81]이라고 규정한다. 이런 권력의 새로운 개념으로서의 편재성의 속성은 통치성 개념으로 이어져 권력이 개인을 억압함으로써 지배하는 것이 아니라 각 개인이 가진 필요와 능력을 알게 하고 활용하는 자유의지를 통해 스스로를 통제하고 지배한다는 자기 통치성을 의미한다. 이처럼 연구 생애 초중반 권력을 통해 주체를 구성, 작동하는 방식에 탐구한 푸코는 후반기 연구에서 자기(soi)에 몰두한다. 이는 '자기 배려' 윤리학으로 정립되어 자기 배려 윤리학은 자기에 대한 자기의 관계 양식으로서 주체가 어떻게 독립적이고 능동적인 주체로서, 자신의 삶을 작품의 재료로 간주하는 자기 실천을 통하여 완성해가는 것으로 이를 푸코는 '실존의 미학'이라고 부른다.

푸코는 '자기 배려'의 개념에 관하여 먼저 세 가지를 유념해야 한다고 강조하는데 첫째, 자기 자신과 타인 그리고 세계에 대한 태도, 행동 방식, 관계 설정 방식을 의미하며

---

80) Foucault, M., 이규현 옮김, 『성의 역사 1: 지식의 의지』, 나남, 2020, 122~123쪽.
81) 위의 글, 123쪽.

둘째, 자신의 시선을 '자기 자신(soi-même)'으로 변화시키는 것을 내포하고 셋째, 태도나 시선 변화 뿐 아니라 자기 자신에게 가하는 다수의 행위를 통해 자신을 변형하고 정화하며 변모시키는 것으로서 실천을 강조한다.[82] 이 같은 '자기 배려' 개념을 통해 푸코는 노년을 단순한 연령적 노화의 지점이 아닌, 긍정적 목표와 실존의 이상 지점으로서 노년의 특권으로 명명한다. 즉 푸코는 고대 그리스 문화에서 노년을 명예롭지만 허약하고 의존적이거나 수동적인 존재로 모호한 가치를 부여했다고 지적하며, 자기 배려가 모든 차원을 지배하고 성년기 전반 내내 효력을 갖게 되는 순간부터 자기 배려의 최고 도달 지점과 형식, 보상의 순간은 노년에 주어진다고 노년을 정의한다. 이런 노년의 구체적인 양상으로서 노인은 자기 자신에게 완전한 기쁨을 얻을 수 있는 자, 자신에게 만족할 수 있는 자, 모든 즐거움과 만족을 자기 내부에 설정할 수 있는 자, 자기 자신을 향유할 수 있는 자라고 제시한다. 물론 이는 길고 긴 자기 실천을 전제로 하는 것이지만, 이 전제가 충족될 경우 노년은 단순한 인생의 종말로 간주되어서는 안 되고 실존의 궁극적 목표가 되는 이상적 지점이라고 푸코는 말한다.[83]

본고는 푸코가 제시한 이 같은 '자기 배려' 윤리학의 노년 개념에 기대어 김수현 작가의 가족 드라마 속 1대 고령자 캐릭터 특성을 추출하고 이를 통해 작가의 재현 방식에 내재한 함의를 탐구해 보고자 한다.

김수현 가족드라마의 1대 고령자 캐릭터 재현방식

1) 독립적 주체

(1) 신체적 독립의 주체성

「그래, 그런거야」의 1대 캐릭터 유종철과 김숙자는 신체적으로 독립된 주체로서 '복받은 인생'이라는 말을 달고 살 정도로 고령의 나이가 무색하게 만성질환 하나 없이

82) Foucault, M., 심세광 옮김,『주체의 해석학』, 동문선, 2007, 53~54쪽.
83) 위의 글, 141~143쪽.

건강하고 활기 찬 모습으로 재현된다. 고령자로서 유일하게 보이는 신체 특성은 남녀 캐릭터 모두 보청기를 낀다는 정도이고, 김숙자가 작품 안에서 스스로 '두듬발이'('뒤뚱발이' 표준어의 충청도 사투리)로 표현하는 경미한 보행 장애가 있을 뿐으로 대가족 집안 대소사를 지휘하는 안주인으로서 역할에는 전혀 지장이 없다. 이들은 54회 전회에 걸쳐 병석에 누운 모습은 한 번도 없을 정도여서 고령자의 건강 현실과는 다른 모습으로 재현된다. 방영 당시 기준으로 보건복지부의 '2017년 노인실태 조사'에 따르면 국내 65세 노인의 89.5%가 1개 이상의 만성질환을 앓고 있으며, 3개 이상의 만성질환 유병율도 51%[84]에 달할 정도인 점을 감안할 때, 고령자의 주체성을 확보하는 첫 번째 요소는 건강이라는 신체적 독립으로 이를 이상적으로 재현함을 알 수 있다. 그리고 이 같은 고령 캐릭터의 이상적인 신체적 재현은 이들 스스로의 철저한 자기관리 덕분으로 단순히 '복' 많은 노인들만은 아닌 모습으로 설득력을 구체화한다.

이들 고령 1대 캐릭터의 자기 관리는 '근면함'과 '규칙성'으로 요약할 수 있다. 유종철은 양복 재단사[85]에서, 김숙자는 수 십 년의 재래시장 수제비, 칼국수 장사의 현업에서 물러난 지 10년이 넘은 상황이지만 근면함이 몸에 밴 인물들로 전 회 차에 걸쳐 활기찬 일상을 영위하는 분주하고 바쁜 모습으로 그려진다. 유종철은 새벽부터 일어나 국민체조로 하루를 시작하고 하루도 빠짐없이 운동, 모임, 지인의 경조사 챙기기, 가족 중대사가 있을 때마다 성당으로, 절로 기도하러 가기, 노인 전용 극장 가기, 노래방 출입 등으로 바쁜 일상을 보낸다. 김숙자는 상대적으로 집 안에만 머무는 인물이지만, 가족 일상과 제사 같은 대소사를 함께 챙기거나 지휘하는 여장부의 면모와 함께 꼬박꼬박 신문을 챙겨보고 헌법 상식 책까지 보는 근면한 인물이다. 또 새벽부터 시작하는 이들의 하루는 식전 간단한 요기부터 시작해서 하루 삼 시 세끼를 일상의 가장 소중한 시간으로 여기는 규칙적인 인물이다. 이들이 사소한 문제로 식사를 거르게 되면 자녀들에게 비상이 걸릴 정도로 이들 삶은 규칙적이고 이 규칙은 단순하고도 명쾌한 '밥'의 힘임을 보여준다.

---

84)https://www.hani.co.kr/arti/society/rights/846034.html(2022.06.28)

85) 유종철은 『그래, 그런거야』 홈페이지를 통해 양복재단사 출신으로 소개되지만, 작품 안에서는 한 번도 언급되지 않는다.

또한 이들이 보여주는 '규칙성'은 특히 유종철의 외모에서 두드러져 유종철은 사회적 지위가 높거나 공적인 업무를 봐야하는 인물이 아님에도 불구하고 외출할 때마다 멋진 중절모와 나비넥타이로 항상 성장을 한다. 이처럼 활기차고 건강한 노신사 유종철의 이미지는 김수현 가족드라마 장르의 도상(Iconography)이라고 할 수 있는 배우 이순재에 의해 더욱 강화된다. 첩살이로 가정을 버린 1대 남성 캐릭터를 대신해 실질적 가장 역할을 한 제주의 강인한 여성상(김용림 扮)을 제시했던『인생은 아름다워』를 제외하고 연구대상 작품 5편 모두의 1대 남성 캐릭터는 배우 이순재에 의해 시각화된다. 장르론자인 샤츠(T., Shartz)는 장르의 도상을 내러티브의 시각적 약호화, 기호화로 규정한데서 나아가 도상은 특정한 문화공동체를 규정하고 공동체를 구성하는 사물과 사건과 인간 유형들을 특징짓는 가치체계를 반영한다[86]고 제시한다. 이를 적용해 볼 때, 동일 연기자에 의해 재현된 1대 남성 캐릭터의 도상은 강인함, 근엄함, 검약함, 권위, 거침없음 등이 대가족 유교적 가부장 질서의 최연장자로서의 덕목임을 제시한 것으로 분석된다. 여성 캐릭터에게도 동일하게 적용되어『목욕탕집 남자들』에 이어 두 번 째로 1대 여성 캐릭터 역을 한 배우 강부자는 두 작품 모두에서 체구도 크고 통도 큰 여장부형 이미지로 무일푼으로 시작한 궁핍한 가정 경제를 남편과 함께 일으키고 헌신하는 희생적 어머니상을 대변한다. 이처럼 김수현 작가는 대가족 1대 고령자 캐릭터에게 근면함의 자기관리라는 자기실천과 연기자 도상을 통하여 쇠약하고 수동적인 노인이 아닌 강인하고 적극적인 대가족을 이끄는 최고 질서로서의 형상화를 재현하고 있음을 알 수 있다.

(2) 정신적 독립의 주체성

이들 1대 고령 캐릭터들의 건강한 신체적 독립의 주체성은 '감사'라는 삶의 철학에서 기인한다. 작품 속 소도구로 배치되어 있는 거실 액자에 걸린 '늘 감사하며 만물을 사랑하며 살자'는 가훈이 그 대표적인 예이다.『그래, 그런거야』는 김수현 작가의 비교 연구대상인 다섯 작품에서는 발견되지 않은 1대의 재혼 결혼 사(史)가 설정된 작품

86) Schatz, T., 한문영 옮김,『헐리우드 장르』, 컬처룩, 2020, 54~55쪽.

으로 2대 장남인 유민호와 유경호가 각각 다섯 살, 세 살 때 가출해버린 전처를 대신해 처녀였던 김숙자와 재혼해 3남인 유재호를 낳고 61년을 해로한 부부관계이다. 또한 2대 장남 유민호의 무녀독남이자 유종철의 장손이 신혼 2주 만에 사고사하고 이 충격에 맏며느리마저 열흘 만에 사망한 참척의 아픔이 있는 인물들이다. 맏며느리 사망 설정은 『내 사랑 누굴까』에서 찾아볼 수 있고, 1대의 결혼 사 설정은 다섯 첩을 거느린 채 평생을 별거한『인생은 아름다워』에도 적용된다. 하지만『내 사랑 누굴까』의 경우 병사였고, 『인생은 아름다워』 경우는 갈등 끝에 노년 재결합하는 서사임을 감안할 때, 결혼 사와 참척의 설정 모두가 적용된 『그래, 그런거야』의 가훈이 역설적이게도 '감사'인 점은 '감사'의 핵심 가치를 전경화 하는 설정임을 있음을 보여준다. 즉 삶의 고통도 불행도 적극적으로 수용하고 나아가 고통이나 불행보다는 가진 것, 누리는 것에만 '감사'하는 자족감이 고령자의 신체적 독립의 주체성을 확보하게 하는 정신의 요체임을 설득하는 것이다.

종철: 놀며 쉬며 오는 환자 받아주고 가는 환자 붙잡지 말구 그렇게 하믄 되는겨. 누가 너더러 돈 벌어 오랴? 밥만 먹으면 감사합니다아 행복합니다아 그라는 겨.(중략)

재호: 그냥...아버지 엄마 평생 고생하신 보답으로라도 제가 좀 잘난 자식이었으면 해서지요.

종철: 더 잘나서 뭣에 쓰게? 크게 잘난 자식은 나라에 바친 자식이지 내 자식 아녀. 난 애국자는 못 돼야. 난 내 울타리 안에 고스란히 내 자식들인게 아주 만족햐. 나는 세상에 부러울 게 없는 확실하게 성공한 인생여. 당신은 어뗘?

숙자: 까무러치게 행복해유

종철: 에헤헤헤. 이게 내 성공의 증명이여[87]

- 5회

유종철은 작품 안에서 스스로를 성공한 인생으로 수 차례 반복 자평하며 자족감과

87) 인용문은 김수현 작가의 홈페이지 http://kshdrama.com/ 에 수록된 대본을 인용하고, 맞춤법, 쉼표 등도 수록 원문을 그대로 표기한다.

행복감을 표현하고 김숙자 역시 유종철의 말에 늘 수긍한다. 은행가 출신으로 스포츠 용품점을 운영하고 있는 장남과 일식당을 운영하는 차남, 유종철의 집에 딸린 동네병원 내과의인 3남을 둔 유종철, 김숙자 부부의 자족감의 근간은 자녀들, 가족으로 이 가족은 평범한 우리네 중산층의 삶을 살지만 "이모 새끼발바닥에 티눈 생긴 것까지 공유하는 집 안"이라는 차남 경호의 대사(12회)처럼 모든 행복과 불행, 기쁨과 고통을 공유하는 가족이다. 또한 유종철의 첫 번째 감사 대상은 가족 구성원 가운데에서도 부인인 김숙자이다. "당신, 하늘이 보내 준 사람이여. 용기 있는 사람이여. (중략)덕분에 잘 살았어" (20회)라는 유종철의 대사는 감사를 바탕으로 서로를 연민의 대상으로 바라보게 하고, 가부장 권력조차 김숙자에게 넘겨주는 실천으로 이어져 "당신이 왕이니께" (12회), "당신이 최고 권력자니께" (13회)라며 대가족의 크고 작은 갈등의 최고 해결자로 김숙자를 내세운다. 또한 이들의 '감사' 철학은 2대에 의해 고스란히 이어져 강요된 윤리가 아닌 감사하는 인간의 도리로서 '효'가 되어 재현된다. 3대 며느리감의 대가족 1년 시집살이를 놓고 할머니 김숙자의 결정으로 오해한 3대 손녀 유세희가 할머니를 빛바랜 퇴물로 비난하자 "니들 학비, 철철이 과일, 아이스크림, 정기적으로 고기 먹은 거, 그거 염천에두 손 데가며 얼굴 익어가며 수제비 뜬은 니 할머니 덕이야. 우리 사는데 아빠 월급 보탠 거 많지 않어, (중략) 받은 게 얼만데 그런 헤아림 없이 간단하게 엉? 간단하게 퇴물 취급해? 사람한테서 감사할 줄 아는 마음 빼면, 그런 사람 최악이야. (중략) 모두 할머니만 같으라 그래. 난 할머니 뒤꿈치두 못 따라가" (12회)라고 크게 화내는 인물은 다름 아닌 35년 째 유종철, 김숙자를 모시고 사는 2대 며느리 혜경이다. 이처럼 '효' 정신은 사회 규범적 윤리가 아닌 희생에 대한 인간의 도리로서의 '감사'의 마음이고 이런 자녀들의 '효'가 유종철, 김숙자 캐릭터의 자족감의 가장 큰 인자가 된다.

(3) 경제적 독립의 주체성

유종철과 김숙자는 부모로부터 지원은커녕 배움의 기회조차 제대로 누리지 못한 "우리…배운 거 없이 몸뚱이루 벌어먹구 사느라 훠이훠이…"(25회, 김숙자), 한국 근현대사를 대변하는 보편적인 인물이다. 이들 삶의 고단함은 화장실이 신혼방보다 큰 대저택에서 살다가 까칠한 시어머니 요구대로 시집살이를 하게 된 3대 손주 며느리 유리와의 대화에서 생생하게 드러난다.

> 숙자: 그려. 벌어먹구 사느라 바뻐서 딴 생각 할 겨를이 읎었어. 아침부터 밤중 까장 수제비, 칼국수 맹글어 파느라 하루가 서른 시간이었으면 좋겄다 그랬었지.
>
> 유리: 수제비 장사 언제부터 하셨어요, 할머니?
>
> 숙자: 그게 뭐냐 보자아. 스물넷에 니 시아버지 낳구 얼마 안 돼서부터..둘째 큰 아부지 초등학교 입학시키구 바루..니 아버지 업구 나가 시장 노점에서 국수장사 시작했지.
>
> 유리: 우리 아버지를 업구요?
>
> 숙자: 그려. 그라다 니 할아버지가 교제를 자알 해서 서른에 버스종점 기사식당 시작한 게 돈이 꽤 됐어...
>
> 유리: 기사식당두 하셨어요?
>
> 숙자: 그라다 서른일곱에 쬐그만 가게 터 사서 수제비 장사 시작했는데, 소문이 좋게 나 십년 전까지 삼십 년 하구두 오 년 수제비 팔었지. 너머어 써먹어서 몸이탈이 나서 그만둔겨. (목이 메는)
>
> 유리: ..(보는)
>
> 숙자: 참 그 세월이...시방 다시 하라 그러면...글쎄나아. 할 수 있을까나아...
>
> 유리: 할머니 고생 많이 하셨구나아(우는)
>
> 숙자: 왜 그랴.
>
> \- 30회

이들의 정직한 노동의 대가는 현재 3대가 함께 살고 있는 집 외에도 2대 3남 유재호의 병원 개업 자금, 차남 유경호의 일식당 개업 자금까지 도와줄 정도로 여유롭고, 자발적인 분가선언 후 두 노부부와 숙자의 자매 숙경이 함께 살 소형 아파트를 마련할 정도로 당당한 노후이다. 하지만 이처럼 자녀에게 의존은커녕 여전히 경제 주도권을 쥐고 있는 모습은 단지 평생을 바친 노동의 대가 때문만은 아니다. 즉 노부부 가운데에서도 보다 단호한 원칙을 고수하는 유종철의 가족 경제관념 때문이다. 이 경제관념은 '제 입에 들어가는 밥은 제가 벌어 먹구 사는 게 우리 집 원칙'과 '셈은 셈이여' 두 가지로, 이 원칙은 3대손들과 유종철의 반복 대사를 통해 주지되고 강조된다. 차남과 3남을 지원한 개업 자금도 증여가 아닌 대여임을 분명히 밝히고(24회), 차남 식당에서 포장해가면서도 기어코 3만원을 주고 가는 유종철(7회)이다.

종철: 부모는 죄인두 아닐뿐더러 호구두 아녀. 키울만큼 키워 놨으면 지 입에 들어가 는 밥은 지가 해결해야 하는 법이여. (중략) 지 자식들한테 쓰는 건 아까운 줄 모르면서 지 부모 희생은 당연하다? 그건 천만에 아닌겨

노인1: 금수저루 못 태어나게 한 게 죄지유

종철: 그럼 우리두 할 말이 있다 이거여. 지들은 왜 박찬호, 김연아 같은 금덩어리가 아닌겨?

-11회

종철: 근데 전 안직두 부모한테 받은 거 떠먹구 내 자식한테 주면 된다는 시방 세상 계산법은...아니라구 생각혀유. 셈은 바르게 해야쥬? 안 그류? (뭔지 모르게 쓸쓸하다)

- 22회

종철: 아파트는 낭중에 처제 줘.

숙자: (멈추고 보는)

종철: 당신한테 (멈추고 웃으며)구박받은 값으루, 헤헤헤. 처제가 당신 목에 가시아녀. 그래놔야 편히 눈 감을껴. 처제한테는 말 안 했어.

숙자: ...애애덜이 좋다구 안할 건데유

종철: 무신 상관여. 당신 허리 부서지며 당신 맘대루 왜 못햐. 즈들이 무신. 권리들 없어.

숙자: ...강촌 유사장은 가게 낼 때두 빌려주는 걸루 했는데

종철: 그건 그래야 했던겨. 빚이 있어야 죽어라 일하지. 안 그럼 못 써.

숙자: 그래두 안 그럴뀨.

종철: 내 맘여. 우리 맘여.

- 41회

위의 예는 각각 유종철이 황혼육아에 시달리는 동네 중년 아줌마의 하소연을 연하

의 친구와 함께 들으며 세상 풍속도를 비판하는 장면(11회)과 탑골공원에서 세태를 들은 후 분가선언을 했지만 자녀들의 만류와 숙자의 반대로 분가를 철회한 후 절을 찾아 부처상을 향해 속마음을 털어놓는 장면(22회), 숙자도 자녀들도 몰래 소형아파트를 마련해 다시 분가를 결정한 후 종철과 숙자가 나눈 대화 장면(41회)이다. "부모는 죄인두 아닐뿐더러 호구두 아녀", "시방 세상 계산법...셈은 바르게 해야쥬"라는 유종철의 대사는 자녀를 위해 헌신한 고령 세대를 향한 김수현 작가의 연민이자 세태를 향한 항변이다. 2016년부터 가속화된 노인 빈곤율은 지금도 OECD 국가들 가운데 최 상위권을 기록하고 있다. 폐지를 줍고 있는 노인을 발견한 숙자가 슬며시 돈을 쥐어주는 장면(24회)은 이 같은 우리 사회 문제를 직접적으로 제기한 장면이기도 하다. 하지만 작가는 고령 세대를 향한 연민과 세태 항변에 그치지 않고 노년 세대에게도 자녀에게 의존적인 대신, 독립적이고 자립적인 삶, 스스로 책임지는 삶을 살 것을 주문한다. 또 "주머니 꼭 움켜잡고 있어. 지 입에 들어가는 밥은 지 힘으로 해결해야 하는 철칙이여"(8회)라는 종철의 생활철학을 통해 부모, 자식 간 가족관계에서도 무조건적인 희생이 아닌 가족 구성원 각각의 독립된 경제주체로서의 삶을 요구한다. 이런 가족 경제 철학을 실천한 종철이였기에 당당할 수 있었고 푸코가 말한 노년의 특권을 누리고 있는 것이다.

2) 지혜로운 스승

〈그래, 그런거야〉 속 종철과 숙자가 재현하고 있는 노년의 지혜로움은 '내려놓기'와 '지키기'로 요약할 수 있다. '내려놓기'와 '지키기'는 모두 관계망 속에서의 지혜로움으로 '내려놓기'는 관계 속 지배의 권력을, '지키기'는 관계 속 유지와 강화해야 할 가치이다. '내려놓기'는 종철에게서 두드러지게 감지되어 앞서 언급한대로 숙자를 "왕", "최고 권력자"라는 언표로 칭하며 가부장 최고질서의 권력을 내려놓는다. 이는 연구대상 작품들에서 줄곧 재현됐던 1대 남성 캐릭터의 가부장질서 수호자로서의 최고 권력자에서 스스로 권력을 내려놓은 지혜로운 모습이다. 이런 종철의 모습은 남성 중심 가부장 질서의 최고 권력자로 늦바람으로 쫓겨나기까지 했던 〈목욕탕집 남자들〉의 김복동(이순재 扮)은 물론이고 〈그래, 그런거야〉 직전의 가족드라마였던 〈무자식 상팔자〉 경우도 5,60대 아들들에게 오로지 권위로 군림하며 심지어 정강이까지 걷어차고, 의처증 증세로 황혼위기까지 내몰렸던 안호식(이순재 扮)과는 다른 모습이다. 종철의 '내려놓기'는 숙자 뿐 아니라 3대에게도 전해져 시집살이를 하고 있는 3대 철부지 손주 며느리 유리와는 고스톱 친구가 되고 유리의 든든한 버팀목이 되어준다. 또 손자 세준의 처가살이를 놓고 "사정에 따라 처가살이도 할 수 있는 거지, 왜 안 되는 겨?"(41회)라며 가부장 질서에서 자유로운 모습을 보여준다. 그리고 그의 '내려놓기'의 마지막은 분가 결정과 실행으로 44회부터 최종회인 54회까지 처제 숙경과 함께 노부부의 독립된 삶을 산다.

종철이 이렇게 가부장 질서의 최고 권력을 스스로 내려놓는 지혜로운 인물로 재현된다면 숙자의 경우는 삶의 지혜를 가르치는 스승으로 재현된다. "저를 사람으로 만들어 주신 건 어머님이셨습니다"(44회)라는 혜경의 내레이션이나 분가 후 숙자와의 통화에서 "어머니는 저한테 제일 큰 스승이셨어요"라는 혜경의 고백이 이를 잘 증명한다. 인생 스승으로서의 숙자의 지혜는 종철과 마찬가지로 '내려놓기'의 지혜이지만 노년을 향해가는 혜경이 그 지혜 전수자로 집중된다. 김수현 대가족드라마의 메인 갈등으로 반복 설정돼 온 3대의 결혼에서 이 같은 숙자의 지혜가 구체화되어 "왜 에미들이 새끼들하구 연애두 같이 결혼두 같이 하자구 들어"(32회)라며 자녀를 향한 소유욕을 지적한다. 또 결혼 같은 가족 구성원의 중대사가 아니어도 숙자의 삶의 지혜는 곳곳에서 혜경을 인도하는데 3대 3남 세준과 혜경과의 갈등 에피소드가 대표적이다. 4년제 대학을 나오고도 취직 대신 아르바이트로 여행경비를 벌며 여행가의 삶을 꿈꾸는 세준과 갈등하는 혜경을 향해 "자식...엉금엉금 기어다닐 때꺼정 니꺼여. 머리 영글면 그때버텀 저는 지꺼지 에미애비꺼 아녀. 그러면서 부모는 평생 지꺼여. (중략)니 생각대로 할 생각 말어. 니꺼 아녀, 내꺼 아니다..내꺼 아니다 하고 가라앉혀."(8회)라는 숙자의 이끌음에도 혜경이 쉽게 포기하지 못하자 "그려 시방 니 마음이 병들었어. 내 새끼 욕심병 근심병"을 지적하며 그 해결책으로 "새끼루 생각하지 말구 친척이라구 생각햐. 친척두 가까운 친척이 아니라 육촌 팔촌. 나는 그라구 살았어. 내 맘에 안 들면 니 아부지까지두 친척이다아 마음에 안드는게 심하면 육촌이 팔촌두 됐다가 십 이촌두 됐다가...그러구 살다가 내 나이되면 그냥 그럭저럭 잘 살었다 괜찮었다 그렇게 되야"(8회)를 내놓아 갈등을 봉합시킨다. 그 외 "이런저런 공부하며 늙어가는 게 인생이여"(11회), "누구한테 해 될 소릴랑 입 꾹 다물어"(23회)처럼 노년의 삶은 단순한 연령적 노화가 아닌 자기 성숙으로 완결되어 가는 진행과정임을 보여준다.

'지키기'는 유지, 강화해야 할 가치에 관한 지혜로 가족 관계의 크고 작은 갈등 에피소드에서 종철과 숙자의 입을 통해 우리 모두에게 전하는 지혜이다. "사람들 맘이 을마나 인색해졌어유...나 싫은 거 나 구찮은거만 많아지구, 제가끔 저 좋은거만 하러 들구...부모 자식두 피차 인색해지구..그게 시방 시속 아니겄수? 시속이란 것이 은제나 항상 옳고 바른 것만 아닐꺄"(22회)라는 숙자의 대사처럼 사회의 가장 단위인 가족 관계 속에도 팽배한 이기심을 한탄한다. 또 분가선언 후 벌어진 며느리들 간 동서갈등이 형제갈등으로 확대되자 종철은 전화기를 내던지며 "니들 다 쌍놈들이야, 인생 허무햐"라며 격분하고, 숙자 역시 "우리가 있는데두 이러니 우리 죽구 나면 니덜...눈에 서언햐. 결국 시방 세상 남만두 못한 형제지간 될 거 아녀"(25회)라며 분에 못 이겨 울며 야단을 치고, 이를 통해 가족 갈등이 해소된 데에서 나아가 가족애를 다시 일깨운다. 특히 이 볼썽사나운 2대의 다툼과 1대의 꾸지람 자리에 3대 손주 며느리를 참여시키고 목격시키며 '산교육'이라고 말하는 것이 일깨움, 가르침임을 다시 증명한다. 이처럼 종철과 숙자가 작품 안에서 유일하게 격한 감정을 드러낸 해당 에피소드는 우리가 잃어가고 있는 가치에 관한 강력한 메시지로 해석되어, 개개인의 주장과 욕망이 붕괴시킬 수 있는 가족의 가치, 나아가 더불어 살기라는 인간의 가치에 관한 '지켜내야 한다'는 일깨움이다. 푸코가 '자기배려'에 관해 유념할 첫 번째 요소로 제시한 자기 자신과 타인, 그리고 세계에 대한 '태도'로서 '자기배려'를 적용할 때, 종철과 숙자가 전하는 지혜는 우리네 삶에서 고수해야 할 가치가 '나' 만이 아닌 '타자' '세계'를 향한 이해, 양보, 화해의 참된 '자기배려'라는 점이다.

3) 늙음과 죽음에 관한 성찰

〈그래, 그런거야〉에는 다른 연구대상 5편의 작품과는 달리 죽음이 많이 등장한다. 2대 혜경 친구의 죽음부터(4회, 5회) 혜경의 윗동서인 명란 처남의 죽음(14회), 3대 손주 며느리 지선모 지인의 돌연사(25회), 뒤늦게 알려진 2대 민호와 재호의 친모 죽음(45회), 그리고 최종회(54회)에서의 종철의 죽음까지 이전 가족드라마에는 좀처럼 등장하지 않은 죽음에 관한 에피소드가 다수 등장한다. 이는 종철의 죽음을 위한 복선으로서 작동하는 에피소드일 수도 있지만 이 작품이 이전 작품과는 결을 달리하는 지점, 즉 늙음과 죽음에 관한 작가의 성찰이 드러나는 부분으로 해석함이 타당하다. 작품 전 회 차에 사용된 내레이션 기법이 그 성찰의 직접적 매개체로 내레이션 기법은 〈엄마가 뿔났다〉에서도 사용되었으나 〈엄마가 뿔났다〉 속 김한자(김혜자 扮)의 내레이션은 자기고백적 내레이션이 주를 이루는 반면 〈그래, 그런거야〉의 혜경 내레이션은 삶 자체를 조망하고 성찰한다.

> 혜경(N): 괜찮아. 누구나 가는 길, 우리도 다 갈 길을 그저 니가 먼저 가는 것 뿐이야...얼마나 싸가지 없는 말인가. 누구의 죽음도 괜찮은 죽음은 없다. 그저 아직 살아있는 사람의 미안함과 언젠가는 나도 죽는다는 두려움의 겉포장일 뿐이다
>
> -5회

> 혜경(N): (중략) 아버님 빈 자리는 어느 틈에 무뎌지고... 어머님 망가져 가시는 걸 지켜보면서 우리는... 그래도 웃을 때 웃고 화나면 화내면서 각자 이렇게 살고 있다...덧없다고 하지 말자...인생이 원래 그런 것을...
>
> - 최종회

이처럼 혜경의 입을 통해 전달되는 작가의 성찰은 죽음에 가장 근접한 나이로 설정된 종철에 의해 세밀하게 재현되며 연령, 성별, 성격의 차이로 같은 1대지만 숙자는 종철에 비해 상대적으로 늙음과 죽음에 관해 초연한 듯 재현된다. 종철의 늙음과 죽음에 관한 재현은 건강에 대한 자신감에서 기인한 '부정과 저항'에서 '인정'과 '수용'의 단계를 거쳐 완결된다.

종철이 제일 좋아하는 TV 프로그램은 아이돌들의 가요프로그램으로 "이쁘잖어. 춤 잘 추고 노래 잘 하구"(4회), "여기도 늙은이 저기도 늙은이, 양로원 같어. 난 눈이 즐겁지 않으면 삶의 의욕이 없는 사람여"(1회), 또 과부며느리와 시아버지의 5년째 동거

생활을 둘러싸고 벌어진 심각한 갈등상황 속에서도 “넌 어째 볼 때마다 광채가 나게 이쁘냐”(3회)라는 손주며느리를 향한 칭찬 등의 사례가 대표적인 종철의 젊음에 대한 동경과 욕망을 드러내는 대사이다. 젊음에 대한 종철의 이런 모습은 “150살은 너끈할 거야”(1회), “쓸데없이 저승은 왜 가? 안 가 난 안 죽을겨”(15회)처럼 죽음에 대한 부정과 저항으로 재현된다. 하지만 종철이 보이는 이 같은 늙음과 죽음에 대한 부정과 저항은 내면의 두려움과 함께 재현되어 현실적이다. 집안의 대소사가 있을 때마다 가족들 누구도 몰래 성당과 절을 찾는 종철 에피소드가 이런 내면의 재현 상으로 “아직 안 죽고 싶은데 혹시 죽을까봐.... 겁이 나서유...그런데 지두 저작년 다르구 작년 다르구 그라네유. 그라다 보니께 이렇게 됐는데 좀 봐줘유. 부탁해유”(7회)처럼 속내를 드러낸다.

이런 종철이 외출 길에 계단에서 넘어져 머리가 찢어지는 경미한 사고를 당하자(13회) 심경에 변화가 오고 늙음과 죽음에 관한 ‘인정’의 단계로 접어든다. 여타 드라마에서 흔히 볼 수 있는 극적 사건도 아니고 일상생활에서 발생할 수 있는 경미한 사고임에도 이를 통해 종철의 심경의 변화를 끌어냄으로써 1대 고령 캐릭터가 경험하는 늙음과 죽음의 핍진성이 체감될 수 있다. 종철은 현실적으로 재현되는 자아성찰적 인물로 가족들의 위로에도 불구하고 “늙었어어” “우울하아”(14회)라는 대사를 통해 자신의 감정에 집중한다. 이후 드라마의 서사는 대가족 구성원의 다양한 에피소드가 전개되지만, 종철의 ‘인정’의 변화는 내적으로 진행되어 느닷없는 종철의 분가선언(21회)으로 표면화한다. 분가선언의 이유가 숙자와 단 둘이 오붓하게 살고픈 소원과 대가족 삶의 불편함을 이유로 든 종철이지만 “너머 오래...신세를 졌어. 에미두 늙구 있어. 하루 종일 종종거리는 거 보면 안됐구...염치두 읎구 그려”(21회)라고 숙자에게만 속내를 털어놓는다. 종철의 이 같은 분가선언은 늙음과 죽음에 관한 인정 후 죽음을 준비하는 ‘수용’의 단계로 해석할 수 있다. 결국 종철의 분가선언은 자녀들의 거센 만류와 숙자의 반대로 철회되지만 가족들 몰래 분가 준비를 마친 종철에 의해 연구대상 작품 가운데 유일하게 1대의 분가(44회)가 이루어진다. 또 분가만큼 유일한 김수현 작가 가족드라마의 도상, 1대 남성캐릭터 이순재 배우의 죽음은 단순한 죽음이 아닌 푸코가 제시한 완결된 삶으로서의 노년을 제시하는 차별성이다. 즉 이 차별성은 작가의 작품들 측면에서도 차별적이고 극적 효과를 위한 장치로 종종 사용되어지는 여타 드라마 속 죽음과도 다른 차별성으로, 자신의 삶을 이미 완수한 것처럼 살 수 있는 푸코의 이상적 노년을 실현하는 모습을 재현한다. 급작스런 죽음을 맞기 전 종철은 처음으로 숙자와 노래방에서 함께 즐기고 돌아와 한 날 한 시에 함께 가고픈 소원을 말한 후 "나는 성공할 만큼 했구, 이저 할 일 다 했어"(최종회)라며 완결된 삶으로서의 자족감을 표현한다.

맺음말

김포천은 "무엇을 생각하며 드라마를 쓰는가" "작품에 등장하는 인물들을 따뜻한 눈으로 보려고 애쓴다. 그리고 가정을 소중히 하고 싶다. 가족간의 관계를 깊숙이 살펴보려고 한다"는 김수현 작가와의 1970년대 초 대담 내용[88]을 밝히고 있다. 이처럼 데뷔 초기부터 45년에 걸쳐 '가족'이란 제재와 소중한 가치로서의 '가족애'라는 주제를 일관되게 구현해낸 점은 김수현 작가만의 차별성이다. 그리고 그 가족은 3대가 어우러져 사는 대가족의 형태로 7,80대의 고령 캐릭터가 그 중심에 자리하는 고정, 반복의 설정 방식으로 재현된다. 이 같은 반복의 재현상은 때로 '자기복제'라는 언론의 혹평을 불러오기도 하고 특히 저조한 시청률을 기록한 〈그래, 그런거야〉는 이런 혹평이 주를 이루었다. 하지만 본고에서 분석한 바 대로 김수현 가족드라마의 상징적 캐릭터인 1대 고령자 캐릭터 재현방식은 단순히 반복, 고정 설정의 외피만으로는 평가할 수 없다. 김수현 작가가 재현하는 1대 고령자 캐릭터는 작가의 비현실적인 가족로망스를 대변하거나 강요하는 캐릭터도 아니고, 가부장질서의 수호자이지도 않기 때문이다. 김수현 가족드라마의 1대 고령 캐릭터는 푸코가 말한 이상적 노년, 자기 스스로 단련시키는 노년, 단련시키는 노년의 삶을 재현하는 지극히 현실적인 캐릭터이다. 〈그래, 그런거야〉 외 연구대상 작품들 속 모든 1대 캐릭터는 오로지 자신의 노력만으로

88) 김포천 외 3인 편저, 앞의 글, 15쪽.

경제적, 신체적 독립의 주체로서 당당한 노년기를 보내고 있으며, 기저에는 2, 3대가 수용할 수 있는 자기 확신과 자기 철학이 있다. 또 김수현 가족 드라마의 특징 가운데 하나라고 할 수 있는 주, 조연 구분 없이 다양한 다수의 등장인물들의 세대별, 개성별, 욕구별 갈등의 조정, 해결자로서의 지혜로움을 1대 캐릭터는 수행하고 있다. 또이 같은 지혜의 조정, 해결자로서의 수행 역할은 〈그래, 그런거야〉에서 완결되어, 배우자가 있는 이전 작품들 경우 1대 노부부 캐릭터들 가운데 때로 여성에 의해 견제된 결과로 지혜가 수행되는 과정에 초점이 맞추어진 반면 〈그래, 그런거야〉는 1대 남성 캐릭터의 자발적인 권력 내려놓기를 통해 시종일관 노부부가 한 목소리로 지혜를 수행한다. 그리고 이 작품은 이전 작품들과는 달리, 죽음을 성찰하는 완결된 삶으로서의 1대 고령자 캐릭터를 재현함으로서 삶 자체를 조망하는 작가의식의 깊이를 짐작케 한다. 그리고 〈그래, 그런거야〉 속 종철이 작품 내내 '만족' '성공' '행복'으로 스스로의 완결된 삶을 자평하는 근간은 '가족'으로 돈도 명예도 지위도 아니고 독립된 주체로서 각자의 삶을 영위할 수 있는 자녀들과 이들의 '가족애'이다. 2대 혜경의 "가정 합쳐 사회 아냐"(13회)라는 대사처럼 김수현 작가에게 가족은 '내'가 '타자'와 관계를 맺는 최소 단위의 관계망이자 필수적인 초석이다. 이는 또한 거브너(Gerbner G.)로 대표되는 문화배양이론(The Cultivation Theory)을 원용하지 않더라도 김수현 작가가 갖는 대중 창작 작가로서의 작가적 윤리의식의 발현으로 오랜 세월 지속해온 일관성과 차별성의 요체이다.

그리고 본고에서 제시한 논제와 관련해서 대가족 설정 1대 캐릭터들의 변화상을 보다 면밀히 관찰함으로서 1대 캐릭터와 작가와의 관계, 혹은 이를 통한 국내 가족드라마의 바람직한 방향성을 추후 과제로 제안한다.

〈참고문헌〉

1. 기본자료

김수현 극본, 손정현 연출, 〈그래, 그런거야〉 영상물 54회

김수현 홈페이지 http://www.kshdrama.com/ 〈그래, 그런거야〉 대본 54회

2. 단행본

김포천외 3인 엮음, 『김수현 드라마에 대하여』, 솔, 1998, 15쪽, 239쪽.

신주진, 『29인의 드라마 작가를 말하다』, 밈, 2009, 19쪽

Foucault, M., 이규현 옮김, 『성의 역사 1: 지식의 의지』, 나남,, 2020, 122~123쪽.

__________, 심세광 옮김, 『주체의 역사』, 동문선, 2007, 53~54쪽, 141~146쪽.

Schatz, T., 한문영 옮김, 『헐리우드 장르』, 컬처룩, 2020, 54~55쪽.

3. 논문 및 기타

김강원, 「TV드라마 〈눈이 부시게〉의 중첩적 의미구조」, 『리터러시연구』, 한국리터러시학회 제10권 제4호, 2019, 617~664쪽.

김미라, 「TV드라마 〈디어 마이 프렌즈〉의 여성주의적 서사」,『한국극예술연구』,한국극예술학회 제56집, 2017, 275~310쪽

김지혜, 「여성의 노화와 우정의 재현에 관한 연구: TV드라마 〈디어 마이 프렌즈〉를 중심으로」, 『문학과 영상』, 문학과 영상학회 제20권 제1호, 2019, 7~35쪽.

김한상, 「박정희 정권기 가족서사의 균열과 저항: 김수현의 멜로영화를 중심으로」, 『대중서사연구』 제 22호, 대중서사학회, 2009, 283~313쪽.

박주연·김숙, 「텔레비전 드라마에 나타난 노인의 가족 내 역할과 지위에 관한 연구」, 『한국언론학보』 제57권 제2호, 한국언론학회, 2013, 185~206쪽.

박명수, 「노년드라마의 스토리텔링 연구」, 『한국문학논총』 제82호, 한국문학회, 2019, 453~484쪽.

박미란, 「TV드라마 〈눈이 부시게〉에 나타난 반전의 구조와 위로의 방식」, 『한국극예술연구』 제68집, 한국극예술학회, 2020, 89~121쪽.

백경선, 「김수현 가족 드라마의 가족 담론 고찰: 〈엄마가 뿔났다〉, 〈인생은 아름다워〉, 〈무자식 상팔자〉를 중심으로」, 『한국극예술연구』 제50권, 한국극예술학회, 2015, 283~312쪽.

송명희, 「〈부모님 전상서〉에 나타난 가족이데올로기와 젠더의식」, 『우리어문연구』제26권, 우리어문학회, 2006,121~139쪽.

신아영, 「방송드라마에 나타난 죽음에 대한 인식의 두 양상 연구: 〈완전한 사랑〉과 〈로즈마리〉를 중심으로」, 『한국문예창작』, 한국문예창작학회 제5권 제1호, 2006, 183~209쪽.
양선희, 「TV드라마 〈눈이 부시게〉에 나타난 노인 재현의 변화와 사회적 함의」, 『영상문화콘텐츠연구』, 동국대학교 영상콘텐츠연구원 통권 제20집, 2020, 109~139쪽
오미영·최성실, 「김수현 가족드라마에 나타난 상호주관적 화법연구」, 『화법연구』 제22권, 한국화법학회, 2013, 163~189쪽.
유진희, 「김수현 멜로드라마의 장르 문법과 성 이데올로기」,『한국콘텐츠학회논문지』, 한국콘텐츠학회 제9권 제11호, 2009, 175~183쪽.
______, 「김수현 가족드라마의 장르 문법과 젠더 이데올로기」, 『한국콘텐츠학회논문지』, 한국콘텐츠학회 제10권 제11호, 2010, 102~112쪽.
윤석진, 「텔레비전 드라마의 서사전략 고찰: 김수현의 〈청춘의 덫〉을 중심으로」, 『국제어문』 제23집, 국제어문학회, 2001, 137~159쪽.
윤석진·이철우, 「김수현 드라마의 대화방식에 관한 고찰」, 『한민족문화연구』 제25집, 한민족문화학회, 2008, 225~253쪽.
이경숙, 「김수현 드라마의 수사학적 효과 산출 방식 연구」, 『한국극예술연구』 제25집, 한국극예술학회, 2007, 133~163쪽.
______, 「〈그대를 사랑합니다〉의 서사적 재매개와 노년의 재현 관습」, 『드라마연구』 제38권, 한국드라마학회, 2012, 141~168쪽.
이영미, 「김수현 드라마의 리얼리티와 균형감」, 『황해문화』 제79권, 새얼문화재단, 2013, 312~319쪽.
전성희, 「텔레비전 드라마에 나타난 노인 이미지와 노년에 대한 인식: 시트콤 〈거침없이 하이킥〉을 중심으로」, 『드라마 연구』, 한국드라마학회 제35권, 2011, 55~86쪽.
정유미·윤영민, 「텔레비전 드라마에 비친 고령자의 모습: 지상파 프라임대 드라마 속 고령자 재현에 대한 내용분석」, 『한국방송학보』, 한국방송학회 제34권 제6호, 2020, 352~400쪽.
최상민, 「대중의 욕망과 드라마적 재현: 김수현 드라마 〈인생은 아름다워〉를 중심으로」, 『드라마연구』 제36호, 한국드라마학회, 2012, 199~223쪽.
https://www.khan.co.kr/local/local-general/article/202110062149O5(2022.02.13)
https://economist.co.kr/2019.09/08/company/domesticCompany/327489.htlm(2022.02.15)
https://www.yna.co.kr/view/AKR20160822001000033(2022.03.07)
http://news.heraldcorp.com/view.php?ud=20160823000197(2022.03.09.)
https://www.yna.co.kr/view/AKR20160620158551033(2022.04.10)
https://www.hani.co.kr/arti/society/rights/846034.html(2022.06.28)

4막.

김수현, 그리고 인간 탐구로서의 대사

1.
바흐친과 김수현 작가표 대사1: 대화주의

들어가며

본고는 학문적 연구 대상에서 소외돼 온 텔레비전 드라마 작가, 그 가운데서도 1972년 텔레비전 드라마 작가 데뷔 이래 현재까지 독보적 지위를 점해온 김수현 작가에 관한 지속적 연구 작업의 일환이다. 대부분의 창작 행위에 학술적 연구가 뒤따르며 그 연구 대상이 작가인 점과 비교해 볼 때 김수현 작가 역시 텔레비전 드라마 작가에 관한 연구 부재에서 예외가 아니었다. 물론 텔레비전 드라마는 작가 논의보다는 산업으로서 제작 외연 측면, 텍스트 자체의 다양한 구성 요소, 그리고 수용자인 시청자 역할의 복합적 연구가 더욱 타당하다는 기존 연구의 방법론도 부정할 수는 없다. 하지만 김수현 작가의 경우 텔레비전 드라마 제작 환경과 역사, 수용자 특성의 복합적 요인이 있다고 가정하여도, 전 세계 방송 역사에서 유례를 찾아보기 힘든 장구한 세월 동안의 독자적 지위라는 작가의 특수성만으로도 학문적 연구 대상으로 충분하다.

물론 그동안 김수현 작가에 관한 학문적 연구 성과가 전혀 없었던 것은 아니다. 그러나 그 연구 대부분도 체계적이거나 구체적인 작가 연구라기보다는 방송 비평의 연장선에서 시청률과 결부된 방송 성과 측면의 텍스트 분석이나 사회적 맥락에서의 의미를 규명하는데 초점이 맞추어져 왔다. 예를 들어 대조구조와 배반의 구조라는 서사전략을 동원, 극적 재미를 이끌어가는 점에 연구 초점을 맞추거나[1], 장르 관습과 변용의 측면에서 이슈를 선점하고 사회문화적 의제를 설정하는 서사전략에 주목한 연구[2]가 대표적인 성과 측면 텍스트 연구이다. 특히 텍스트 연구 가운데 화법 중심 연구가 상대적으로 활발한 점도 주목할 부분으로, 대화에서의 질의-응답, 일치-불일치, 반복되거나 짝을 이루는 단어들, 반복되는 대사의 평행구조 등 대화 방식에 관한 고찰[3], 가족 특히 부부간 갈등을 중심으로 세대별로 다른 상호주관적 화법에 관한 연구[4], 혹은 수사학적 견지에서 '착상' 의도에 적합한 '배열'의 정합성을 획득한 성과에 관한 연구[5]가 대표적이다. 또한 사회문화적 맥락에서의 김수현 작가 드라마 연구는 가부장 이데올로기와 성(gender) 이데올로기를 중심으로 이루어져, 김수현 드라마의 대중성은 옛 이야기의 중심이 되는 전통윤리의 보수성의 강조하는데 있다며 인물 성장 대신 보수적 윤리를 더 강조한다고 평가[6]하거나 김수현 홈드라마에는 가부장 이네올로기와 반(反)가부장 이데올로기가 대립하는 대신 동거하며 대중의 가족 로망스에서 접점을 찾는다는 연구 결과[7]도 주목할 만하다.

이처럼 김수현 작가의 경우 학문적 연구 대상에서 제외되다시피 한 텔레비전 드라마 작가 가운데 예외적으로 그 텍스트 연구와 사회문화적 의미 연구가 비교적 활발하게 이루어져왔다고 평가된다. 그럼에도 불구하고 언급한 대로 대부분의 연구가 작가의 텍스트 중심 연구이거나 이데올로기 중심의 사회맥락적 의미 연구에 치중함으로서, 김수현 작가의 작가로서의 독창적 창조성이나 작품성, 경향성을 체계적이고 구체적으로 규명하는데는 한계를 보이고 있다. 이에 따라 선행 연구들 다섯 편과 함께 본고는 통합적이고 체계적으로 김수현 작가의 차별성과 작품성, 경향성을 논하고자 한다. 선행연구는 한국 드라마의 장르를 만들어왔다고 했다고 해도 과언이 아닌 김수현 작가가 장르의 혼재와 교잡이란 방송 제작 환경의 변화 속에서도 스스로의 자율 통제의식에 의해 홈드라마와 멜로드라마의 장르 구분을 오랜 동안 통일되게 구분하고 있으며, 특히 홈드라마와 멜로드라마 두 장르를 지속적으로 병행 집필하는 차별성을 논했다. 그리고 각각의 주제 의식과 경향성에 있어서 멜로드라마에서는 '가부장 중심 성(gender) 이데올로기 전복'의 진보성을 보인 반면, 홈드라마의 경우는 세태, 사회상의 변화를 적극 반영하는 동시에 '가부장 성 이데올로기'의 진보 보수 여부를 떠나, 인본주의 경향성을 보인다고 밝혔다[8-10]. 이는 홈드라마 안에 불륜, 출생의 비밀, 선악 이분법 구도들을 동원해 홈멜로라는 자극적 이야기가 연속극 형태로 난무하는 우리 드라마 현실에서 뚜렷한 차별성으로 부각됨을 의미한다. 선행연구는 특히 김수현 작가가 멜로드라마를 통해 남성, 여성 모두에게 균등한 시선을 부여한 인간 탐구의 장, 즉 욕망의 주체로서의 '결여'와 '분열'의 존재인 인간을 지속적으로 집요하게 탐구하는 인식의 장으로 드라마를 구현한 작품성도 밝혔다[11][12].

본고는 이 같은 학문적 연구 작업의 계속으로 김수현라는 텔레비전 드라마 작가의 차별성이 가장 두드러지게 발현되는 것으로 대중에게조차 인식되어 있는 언어 구사력, 대사를 탐구하고자 한다. 물론 김수현 작가의 대사가 대중에게 인식되어 있다는 것이 전적으로 긍정적 평가와 동일시될 수는 없다. 등장인물들 모두 한 마디도 서로 지지 않고 쏟아 붓는 김수현식 대사에 대중의 호불호도 명확히 갈릴 수 있기 때문이다. 영상이나 편집 등 대본이외의 과정에서 새 맛을 더할 여지가 적은 대사 위주의 고전적인 드라마[13]라는 평가 역시 김수현 드라마에서 차지하는 대사의 비중에 관한 부정적인 그러나 객관적인 평가이다. 하지만 이 같은 평가와 인식 모두는 김수현 작가의 언어 구사력, 대사 창조력이 작가만의 차별성을 의미하는 것이라는 점에서는 이의가 있을 수 없다.

텔레비전 드라마는 모든 극이 그렇듯이 두 가지 행동 축, 즉 언어적 행동과 행위적 행동의 두 축으로 스토리가 전개된다. 하지만 텔레비전 드라마의 경우 언어적 행동이 행위적 행동을 압도할 수밖에 없다. 텔레비전 드라마에서 대사가 차지하는 비중은 80% 이상이며 대사 구사에 드라마의 성패가 달려있다[14]고 제시한 극작 이론은 드라마 제작 환경과 수용자의 수용행태 변화에도 불구하고 다소의 수치 변화는 있을지라도 유효하다. 불특정다수라는 수용자의 특성과 그 수용자의 시청 환경조차 영화에 비해 상대적으로 몰입도와 강제성이 떨어지는 항구적 함수관계 때문이다. 즉 텔레비전 드라마는 빠른 전개, 행위적 행동 중심의 영상 위주 스토리 전개보다는 언어적 행동이 사건과 갈등의 주 매체로서 사용될 수밖에 없다. 따라서 김수현 작가의 작가론에 있어서 그 대사를 연구하는 것은 필수적인 작업이며, 또한 언어 창조의 특성과 구현도 정도의 연구는 작가의 차별성과 더불어 나아가 작가의 의식 저변을 탐구할 수 있는 본고의 목적을 달성할 수 있다. 또한 선행 연구와 함께 이루어지는 본고의 학문적 연구는 한 개인의 업적, 성과 평가 차원 혹은 파편적 차원의 연구가 보일 수 있는 한계를 극복하는 통합적이고 체계적인 드라마 작가에 관한 첫 연구의 목적, 즉 우리 방송문화 콘텐츠 전반에 대한 실제비평의 지평을 확대시킴과 동시에 학문적 배타성을 극복하는 목적 역시 담고 있다.

연구 대상과 방법

1) 연구 대상

본 연구는 김수현 작가의 초기작인 단막극 〈말희〉(1977, KBS), 2000년대 이후의 미니시리즈 멜로드라마 〈내 남자의 여자〉(2007. 4. 1~6. 19, SBS)와 주말연속극인 홈드라마〈엄마가 뿔났다〉(2008. 2. 2~9. 28, KBS)를 연구대상으로 삼는다. 김수현 작가의 방대한 작품들 가운데 〈내 남자의 여자〉와 〈엄마가 뿔났다〉를 이번 연구 대상으로 삼음은 선행연구와의 지속성 때문이다. 즉 두 드라마를 포함한 선행연구를 통해 밝힌 김수현 작가만의 차별성과 경향성, 작가 의식이 대사를 통해 어떻게 구현되는지를 규명하기 위한 적용 대상이기 때문이다.

1977년 작인 〈말희〉는 1972년 주말연속극인 〈무지개〉(MBC)로 데뷔 이후 6년 동안 단 한 달의 공백 기간도 없이 매해 심지어는 2편을 연속 집필하며 총 9편의 일일연속극, 주말연속극을 집필했던 초기 활동기 작품으로 작가의 대사가 단막극이란 소품 속에 집약된 작품이다. 이런 〈말희〉를 연구대상에 더함으로써 작가만의 생래적 언어구사 특성의 차별성이 있는지 여부와 이러한 차별성이 일관되게 지속되는지 여부를 살핌으로써 통사적 접근을 통한 보다 유효한 결론을 도출하기 위해서이다.

2) 연구 방법

본고는 김수현 작가의 대사 연구 분석 틀로 미하일 바흐친(Mikhail M. Bakhtin)에 의해 현대 비평의 주요 개념으로 자리한 대화주의(dialogism) 이론을 적용한다. 바흐친의 대화주의 이론은 일상생활 속 두 사람 이상 사이에서 교환되는 말, 혹은 극중 인물들의 주고받는 대사 같은 피상적인 의미를 넘어서 인간 언어 일반과 담론의 본질적 특성을 의미하며 나아가 인식론적, 윤리학적, 존재론적 의미를 지닌 것으로 평가된다. "바흐친은 누구인가, 그의 사상의 특징은 무엇인가, 사실상 그의 사상은 너무 다면적이어서 우리는 가끔 그것이 같은 사람의 것인지조차 믿기 어렵다[15]"는 바흐친 연구가 츠베탕 토도로프(Tzvetan Todorov)의 말처럼, 도스토예프스키와 라블레 소설을 중심으로 이루어진 바흐친의 문예비평 이론은 그 저작의 깊이와 폭에서 언어예술 전반을 대상으로 한 단순한 미학적 비평이 아닌 인식론, 존재론의 철학적 범주로 확장된다.

이처럼 바흐친의 이론, 사상, 철학은 그 방대함으로 개방성과 보편성을 제공하지만 동시에 실제 비평 적용에서 오류가 발생할 수 있다는 비판적 연구도 낳게 한다. 즉 바흐친 이론의 전달, 해석 자체에 관한 비판적 연구가 대표적으로, 국내 바흐친 문학이론의 개설서로 평가받는 김욱동의 『대화적 상상력: 바흐친의 문학이론』(1988)이 교조 마르크스주와 일반 마르크스주의를 환치시킴으로서 '살아있는' 사람들 사이의 사회적, 이데올로기적·계급적 관계에 의해서 형성되는 바흐친의 대화주의 이론의 '쓸모 있는 예각'을 단순화시켰다[17]고 비판한 경우가 그것이다. 또한 바흐친의 대화주의 이론이 텍스트 안에 존재하는 각 등장인물들의 현저히 다른 사회적 음성들이 뚜렷이 포착되는 이른바 다성적(polyphonic) 소설에만 적용되는 오류에 관해 지적하며, 바흐친의 초기 이론인 한 인물 안에서의 대화주의 혹은 내적 대화주의(internal dialogism) 적용의 필요성을 강조한 연구[16]도 일례이다.

특히 본고는 국내 연구 경우 바흐친의 대화주의 이론과 그의 카니발 이론(carnivalesque)과 분리되어 논의되거나 적용되는 것이 보편적인 점에 주목한다. 대화주의 이론이 철학적이거나 사변적인 정의로 난해하거나 피상적으로 인식되어 상대적으로 적용 사례가 적은 반면, 웃음, 그로테스크 등 명확한 분석 요소를 제시한 카니발 이론은 국내 리얼리즘 문학 연구에서 시작하여 그 원용 범위가 확대되는 활발한 연구가 이루어지고 있다는 바흐친 이론의 국내 수용에 관한 고찰[18]이 대표적 증거 사례이다. 그러나 구체적 평가 기준의 명확성만으로 특정 작품이나 작가를 논의함은 자칫 연구 대상에 대한 선입견에 따라 그것을 재단하려는 독단의 오류, 바흐친의 용어로는 '단성적 (monophonic)' 분석의 오류를 낳을 수 있기 때문이다. 바흐친의 카니발 이론은 대화주의 이론과 분리되어 있는 독립된 이론이 아니라 대화주의 이론이 언어의 개념론적 이론이라면 카니발 이론은 바흐친이 소설가 라블레 연구를 통해 대화주의 이론을 구체적으로 제시한 준거들의 방법론이다.

실제로 바흐친은 1929년 『도스토예프스키 창작의 문제점』을 통해 처음 다성성(polyphony)을 핵심 내용으로 하는 대화주의 이론을 전개하였고, 1963년 수정, 증보판인 『도스토예프스키 시학의 문제점』 울 재출간하면서 라블레에 관한 연구 내용, 즉 카니발화 된 문학의 역사, 소위 카니발 이론을 추가하였다. 바흐친 연구가 그뤼벨에 따르면 바흐친은 1929년 당초 저술 당시 카니발에 대한 내용을 계획하였으나 준비부족으로 라블레에 대한 연구를 마친 후 30년이 지나서 원래 저술 계획의 제 자리로 돌아간 것[19]으로 설명된다. 주지하다시피 바흐친은 라블레 소설에 대한 그의 박사학위논문을 통하여 고대, 중세, 르네상스로 이어지는 민중축제의 전통과 관련해 독창적인 카니발 이론을 전개한다. 바흐친의 카니발 이론은 문예비평 이론인 동시에 문화전반, 인간의 삶과 역사에 대한 인식론으로, 동시에 대화주의 이론의 구체적 실현 방법론으로 해석할 수 있는 것이다. 왜냐하면 바흐친에게 카니발은 독백적·권위적·서열적·공식적 지배 문화에 저항하는 다성적·해방적·수평적·비공식적 문화로 바흐친의 대화주의 이론을 구체적으로 적용할 수 있는 방법론의 대상이었기 때문이다.

따라서 바흐친의 대화이론과 카니발 이론은 분리 적용하기 보다는 개념과 구체적 방법론의 통합체로 접근, 적용함이 바람직하다. 이에 본고는 카니발 이론으로 불리우며 바흐친의 대화주의 이론과 분리, 자칫 오해될 수 있는 카니발 이론을 '대화주의 이론의 카니발적 요소' 용어로 제시하고자 한다. 또한 본고는 김수현 대사의 연구 방법으로 대화주의 이론의 핵심 개념인 다성성을 중심으로 1차 연구를 진행하고자 하며 대화주의 이론의 카니발적 요소 적용은 2차 후속연구를 통해 분석하고자 한다. 언급한대로 그 개념의 깊이와 방법론의 명확성을 감안할 때, 개념 적용과 방법론 적용을 함께 진행할 경우 연구 분석으로 도출되는 결론의 피상적 포괄성, 내지는 편협한 분석의 오류 때문이다. 또한 바흐친의 대화주의 이론의 핵심 개념인 다성성을 김수현 대사 연구에 먼저 적용함으로써 기존의 화법 연구 틀에서 벗어나 작가의 보다 근원적인 미학적, 인식론적 차별성을 탐구하고자 하기 때문이다.

바흐친의 대화주의 이론

1) 언어의 본질: 다성성(多聲性 : Polyphony)

다성성은 대위법에 의해 하나 이상의 독립된 멜로디가 화성적으로 결합된 음악용어지만 바흐친에 의해 본격적으로 문학 이론에 도입된 대화주의 이론의 핵심 개념이다. 바흐친의 다성성은 인간 언어의 근본적인 특성을 요약하는 용어로 언어는 규범적 추상적 체계가 아니라 오히려 '다양한 구체적 세계관의 대립, 공존, 상호 보완의 대화적 상호관련성'의 본질적 성격을 갖고 있다. 소쉬르로 대변되는 구조주의 언어학자들이 만든 추상적 체계(랑그, langue)로서의 언어는 바흐친에 의해 '죽은 언어'에 대한 연구로 비판 대상이다. 바흐친은 "구체적으로 살아있는 삶의 총체성 안에서의 언어[20]"를 인간 언어의 근본적 특성으로 규정하고, 특히 구조주의에 의해 격하된 개별발화(빠롤, parole)의 '역동성'을 강조한다. 물론 바흐친이 개별 발화의 중요성을 강조했다고 해서 언어의 토대가 전적으로 개인의 창조적인 발화 행위에 있다고 생각하는 관점을 의미하는 것은 아니다. 언어의 본질을 사회적 체계인 랑그로 연결한 소쉬르를 '추상적 객관주의'로 비판했듯이, 개인의 창조적인 발화 행위를 언어 토대로 삼은 관점 역시 '주관적 관념주의'로 바흐친은 비판한다. 즉 바흐친에게 언어란 아무리 개별적인 발화라고 해도 근본적으로는 사회적으로 구체적인 발화 맥락과 상호간의 의사소통, 대화를 전제로 한다[21]. 따라서 바흐친에게 언어는 개별발화의 구체적이고 역동적인 상호관계성, 즉 본질적으로 '대화'일 수밖에 없다.

이처럼 바흐친에게 본질적으로 대화일 수밖에 없는 언어는 더 이상 '추상적인 문법체계나 구조'가 아니라, 오히려 다양한 세계관을 각각 담고 있는 사회적 갈등과 대화의 장으로서 '살아있는 생명체'이다. 이 살아있는 생명체로서의 다양한 목소리의 언어, 다성성의 언어는 구체적이고 다양한 방법으로 교류함으로써 '살아있는 생명체의 구체적인 대화'를 한다. 바흐친은 "개별발화로서 언어적 다양성은 공존할 수도 상호보완하거나 혹은 대립할 수도 있으며 대화적 상호관련을 맺을 수도 있다"며, "언어들이 생명을 갖고 사회적인 언어적 다양한 환경에서 투쟁, 진화하는 일이 가능하다[22]"고 개별발화가 가진 다성성의 역동성 즉 생명체로서의 개별 발화가 지닌 대화적 본질, 대화적 생명력을 언어의 본질로 설명한다. 결국 바흐친에게 언어란 공존과 상호보완, 대립과 투쟁의 상호관련성이란 다성성 자체로 이 다성성은 대화를 전제할 수밖에 없는 것이다.

2) 대화의 비종결성 (Unfinalizability of dialogue)

바흐친은 언어가 갖는 타자성(The otherness)의 본질을 간파해, 사회·이념적 구체성을 지닌 살아있는 사물로서의 언어, 즉 다양한 견해로서의 언어는 개인의식의 편에서 보면 자기 자신과 타인의 경계선상에 놓여있어 결국 "언어 속, 말의 절반은 남의 것[23]"이라고 언어의 생래적인 타자성을 설명한다. 또한 이 같은 언어의 생래적 타자성은 '책임적 구축 자아(answerable architectonic self)'를 요구해 개개 주체의 주체적 인식이 선행되어야 하며, 또한 오직 상대방에게만 허락되어 있는 나에 대한 "항상 존재하는 잉여시각(ever-present excess of seeing)"의 차이를 인식할 때 진정한 대화가 이루어진다고 바흐친은 말한다[24]. 이에 따라 바흐친에게 진정한 대화란 주체로서 구축된 개별 발화가 타자의 '항상 존재하는 잉여시각의 차이'를 인식하며 '지속'하는 것으로 인식한다.

이 같은 대화의 지속성은 바흐친의 유명한 명제, '존재한다는 것은 소통한다는 것'이라는 명제를 낳게 한다. 바흐친의 표현을 빌리자면 "존재한다는 것은 대화적으로(dialogically) 소통한다는 것을 의미한다. 대화가 끝날 때 모든 것이 끝난다. 그래서 대화는 본질적으로 끝날 수도 없고 끝나서도 안 된다[25]"며 대화의 비종결성(unfinalizability of dialogue)을 명확히 제시, 강조한다. 물론 이 대화가 단순한 일상적 대화, 혹은 소통만을 의미하지는 않는다. 언어 자체에 내재한 타자성, 항상 존재하는 잉여시각에 대한 차이 인식을 요구하는 대화 역시 의미하기 때문이다. 따라서 바흐친에게 존재 그 자체인 비종결적인 대화는 책임적으로 구축된 주체, 혹은 타자로서의 나 스스로의 내적 대화인 동시에 사회적 대화이다. 이처럼 바흐친에게 언어는 근본적으로 각기 른 주체적 개별발화가 스스로, 혹은 타자와 대립하고 투쟁하며 혹은 상호 보완하는 다성성의 역동적 대화 관계로 종결되어서는 안 되는 존재 자체의 의미이고 자아 완성의 과정이다.

3) 작가와 주인공, 등장인물들과의 관계

바흐친은 이러한 자신의 대화주의 이론, 나아가 철학적 지향의 가능성을 예술언어의 창작 작업에서 찾았고 특히 현실의 구체성을 반영하는 소설이 예술언어의 실현을 가능하게 하는 가장 적합한 장르라고 꼽았다. 그리고 그 언어 예술의 창조 작업 비평은 작가와 주인공과의 관계를 통해 중심으로 적용, 제시되어, 초기 저작 가운데 하나인 『미적 활동에서의 작가와 주인공』(1922~1924)을 통해 바흐친은 그 핵심 개념을 '외재성' '바라보기의 잉여성' '경계이월성' '총체'의 용어로 제시한다[26].

먼저 바흐친은 언어 예술 작업의 미학적 평가 기준으로 작가란 누구인지, 그 역할과 창조성에 관해 외재성(outsideness)을 제시한다. 바흐친의 외재성은 주인공에 대한 작가의 근본적이고, 미적으로 생산적인 작가의 조건이다. 그는 미학적으로 의미 있는 작가가 담지하는 외재성은 "주인공의 모든 요소들에 대한 작가의 '긴장된 외재성', 공간적·시간적·가치평가적·의미적 외재성"을 말한다며, 이 같은 작가의 '긴장적 외재성'의 태도를 통해서 "주인공 자신에게는 그 자신 안에서는 접근할 수 없는 모든 행위들(이를테면 충분한 외적 형상, 외관, 그의 등 뒤의 배경, 죽음과 절대 미래의 사건들에 관한 그의 태도 등등)을 보완하게 하여 작가가 총체의 형성에 도달하도록 하며, 주인공 자신의 앞으로의 삶의 의미, 성과, 결과, 성공 여부에 상관없이 주인공을 정당화하고 완결할 수 있도록 한다[27]"고 명쾌하게 정의 내린다.

이 같은 작가의 주인공과의 '긴장적 외재성' 관계는 작가에게 '바라보기의 잉여성'이라는 작가의 독창적 시각을 요구한다. 바흐친은 이에 관해 "타자에게 감정 이입되어 타자의 세계를 그의 내부에서 보듯이 가치를 담아보는 것" 그리고 "타자의 자리에 위치시켰던 자신을 다시 자기 위치로 돌이켜 타자의 밖에 위치하는 나의 자리에서 펼쳐지는 바라보기의 잉여로 타자의 시야를 가리는 것[28]"이라고 설명한다. 또한 이 '바라보기의 잉여성'은 동시에 작가의 주인공과의 관계에서 '경계이월성'을 전제로 해, 주인공을 타자로서, 하나의 주체로서 간주하는 것, 그리고 그 타자의 시선을 느끼고 그 타자의 시선으로 타자를 이해하는 작가의 사유의 '경계이월성'을 전제로 한다[29]. 작가의 사유의 경계이월성은 그러나 작가만의 독특한 '긴장적 외재성'을 담지한 '바라보기의 잉여성'을 통해서 대상(주인공)을 대상 안에서 또 다시 작가 안에서 바라보아야

하는 순환의 고리를 만들어 낸다. 결국 바흐친이 제시한 예술언어의 창작 작업은 첫 번째로 작가와 주인과의 관계에서 실현돼야 하는 것으로 때로는 주인공과 타자인 작가가 몰입되는 동시에 각각 타자로 되돌아오기를 반복해야 하는 순환의 고리인 창조적 작업이다.

그리고 이 창조적 작업의 미학적 평가는 '총체'로 귀결된다. 바흐친에 따르면 미적인 것은 언제나 전체적인 것이다. 즉 작가는 주인공의 부분적 발현에 대해 작가의 즉각적인 가치평가적 태도로 반응하는 것이 아니라, 주인공의 '총체'에 대한 작가의 통일된 반응을 요구한다. 바흐친의 '총체' 개념은 주인공의 총체 형성에 대한 작가의 '통일된 반응'이란 작가의 지향점을 통해 이해될 수 있다. 바흐친은 "통일성은 본래 하나인 단일한 것이 아니라 일치하지 않는 두 개 혹은 몇 개의 의식들의 대화적인 합의[30]"라고 규정한다. 즉 작가의 통일성은 결국 대화주의로 귀결된다. 작가는 동등한 권리를 갖는 타자(주인공)를 독백적으로 작가 의식의 객체로만 분리, 인식하는 것이 아닌, 작가 의식과 동등한 권리를 갖는 의식으로 상호교류 해야 함을 의미한다. 즉 작가 외부에 존재하는 이 타자(주인공)와의 종결되지 않는 작가의 대화가 지향하는 '합의'의 '과정'이 전체로서의 주인공, 전체로서의 작품, 완결되는 전체, 즉 '총체'인 것이다.

이처럼 바흐친은 작가와 주인공의 관계에 관해 더 이상 전능한 창조주와 피조물의 관계가 아닌, 책임적으로 구축된 주체적 상호관계를 강조한다. 작가와의 관계에서 주체적인 이 주인공은 인식된 언어의 개별 발화자이며 작가와 합의적 대화를 통해 전체를 지향해야 하는 구체적이고 살아있는 역동적인 인간이어야 한다. 반면 작가는 이런 주인공을 조종하는 것이 아닌 '긴장적 외재성'을 유지한 채 '바라보기의 잉여성'으로 주인공을 '경계이월적'으로 이해하며 주인공의 '총체 형성'을 이끄는 존재이다. 바흐친은 이러한 주인공과 작가의 관계에 대해 "한 인간으로서의 주인공은 삶의 사건들에서 작가의 동료로서 작가 옆에 나란히 서 있을 수도 있고, 또는 작가에 반대하는 적으로서 맞은편에, 또는 끝으로 작가의 내부에 작가 자신으로 서 있을 수 있다[31]"며, 작가의 외재성은 "애정을 갖고 주인공의 삶의 영역과 작가 자신의 거리를 유지해" "모든 삶의 영역에 대한 정화"로 "주인공 삶의 사건들에 대한 공감적인 이해이자 완결[32]"이라고 명확히 설명한다.

또한 바흐친의 이 같은 작가와 주인공과의 대화적 관계는 등장인물 전반으로 확장된다. 바흐친은 등장인물들의 독립성을 설명하고 강조하기 위해 등장인물과 인격체라는 용어를 엄격히 구분하여 사용하였다. 바흐친에 의하면 등장인물과 인격체는 질적으로 다른 개념이어서 "인격체는 객관화된 인식에 굴복하지 않으며(즉 그것에 저항하며) 오직 (나와 당신의 관계처럼) 자유롭고 대화적으로 자신을 표현한다[33]"고 구분 짓는다. 즉 등장인물 모두는 더 이상 작가의 인식론적 윤리론적 메시지 전달 도구로서의 꼭두각시가 아닌 인격체여야 하는 것이다. 또한 등장인물은 주인공을 통한 메시지 전달을 위하여 작가의 단성적 목소리를 모아주는 '부수적인 도구'가 아닌, 주인공과 마찬가지로 개별 발화가 중시되는 살아있는 '인격체'여야 하고, 작가는 이 '인격체'인 '등장인물들' 모두와 대화해야 하는 것이다.

이 같은 등장인물들의 인격화는 바흐친으로 하여금 예술 언어를 정의함에 있어서 일상 언어와의 그 형식적 동일성이나 차이에 의해 정의하지 않고 일상 언어의 잠재력을 극대화하는 것, 즉 다양한 사회·이념적 언어들 간의 대화의 공존을 극대화하는 장으로서 예술언어를 정의하게 한다. 바흐친에게 언어란 현실과 분리된 어떤 추상적 개념이 아니라 현실세계에 대한 구체적 발언이어야 하며, 현실 세계 내부의 다양한 관점을 다루는 갈등과 대화의 비종결적인 다성성이 실현되는 구체적 실체이다. 그리고 이런 언어를 창조적인 예술언어로 극대화시키는 임무는 작가에게 있음을 알려준다.

김수현 대사의 대화주의 : 〈말희〉, 〈내 남자의 여자〉, 〈엄마가 뿔났다〉를 중심으로

1) 다성성 : 주인공과 김수현 작가의 관계

단막극 〈말희〉(1977)는 시집 간 위의 세 언니와는 달리 집안의 애물단지가 된 천방지축 스물넷의 말희가 이모 주선으로 선을 보는, 불과 16개의 씬으로 이루어진 소품이다. 방영시간을 감안해도 씬 수가 턱없이 적은 것은 한 씬 속의 난무하는 대사들의 양 때문이다. 그 가운데서도 여주인공 말희의 거침없는 자기표현과 주장은 작품 전체

대사의 반 이상을 차지할 정도로 거침없고 수다스러울 정도로 뚜렷해 개별 발화가 드러내는 역동성을 핵심으로 한다.

말희: …너무 잘 떠들죠, 저?
철수: (본다)
말희: 집에서 나올 때 엄마가 신신당부하셨는데, 묻는 말에만 대답하라구. 하지만 전 사기라고 생각해요. 난 나 생긴 그대로, 나 갖고 그대로 뵈줘야지, 선 보인다구 내가 아닌 사람으로 나와 앉아서 내가 아닌 모습 성격 그런 걸 뵈주는 거 그거 연극이고 사기에요. 언제 들통 나도 들통 안나나요 뭐? 그리구 또 그래요. 제가 어디가 어때서요? 난 그렇게 생각해요. 내가 뭐 어디가 어때요. 나 있는 그대로 생긴 그대루 보구 좋으면 하구 싫으면 말자 그거죠. 설마 짚신두 짝이 있구 헌 보선두 짝이 있다는데 내 짝이 없을까 봐 미리 겁 먹구 떨어요? 그건 내 성미에 안 맞아요.

〈말희 S#13〉[34]

위의 예처럼 김수현 대사의 주된 동력은 정형화되거나 고정관념으로 수용되는 것, 수동적이거나 가식적인 것에 대한 거침없는 공격이다. 윤리적 잣대로 매도당하기 일쑤였던 김수현 표 멜로드라마의 가부장 이데올로기 전복성도 이 같은 주인공의 주체적 인식에 따른 결과물이라 하겠다. 이는 또한 주인공과 작가와의 동등한 동료로서의 관계, 혹은 작가 스스로의 대화적 관계를 의미하는 바흐친 대화주의 다성성의 전형이기도 하다. 또한 이 같은 주인공의 공격적일 정도의 명징한 자기 인식과 거침없는 주체적 표현은 작가의 생래적 특성으로 초기부터 장구한 세월동안 초지일관 특징적으로 자리한다. 〈내 남자의 여자 속〉 소위 팜므파탈로 절친의 남편과 불륜을 저지르고 가정을 파탄시키며 자신의 사랑을 쟁취한화영이 그렇고, 대가족의 중심 역할을 하는 〈엄마가 뿔났다〉 속 안식년 요구 선언을 하는 2대 김한자가 그렇다.

화영 경우 윤리적 비난을 감수하면서 쟁취한 사랑이지만, 그 허구성을 깨달으며 상대남 준표에게 이별을 고하고 홀로서기의 파국을 선택함으로써 그 주체적 인식의 책임적 자아 구축의 방점을 찍는다. 동시에 바흐친의 말대로 주인공과 작가와의 관계에서 '긴장적 외재성'을 유지함으로써 '주인공 스스로' '총체의 형성'에 이르도록, '성과,

결과 여부에 상관없이 주인공을 정당화하고 완결할 수 있도록' 한다. 작가와 주인공과의 대화, 주인공 스스로의 대화, 작가 스스로의 대화가 끊임없이 이어지는 다성성의 대화로서 만들어낸 결과물이라고 할 수 있다.

준표: 사랑이라는 미명으로 같이 사고 쳐 여기 까지 왔으면 최소한 적어도 이런 결말은 내지 말아야지

화영: 그래 그야말로 미명. 우리 사랑...나 속았어. 당신 사랑은 사랑이 아니었어. 지루해진 마누라와 지루하게 살다가 날 만나 물갈이 잠깐 했던 거에 지나지 않아. 당신은 그걸 사랑이라고 착각한 거고, 나는 바보처럼 그걸 사랑이라고 믿은 거야. 〈중략〉

화영: 올인 했다길래...올인은...전부를 다 몽땅 다 내놓는 거야. 목숨까지도 상관없다 그러는게 올인이야. 챙길 거 다 챙기고 남길 거다 남기고 그게 올인이라면 올인의 뜻을 바꿔야 해. 〈중략〉

준표: 당신은 뭘 내놨는데, 당신이 내논게 도대체 뭔데?

화영: 애초부터 가진 게 없어서 나는 나 말고 따로 내 놀게 없었어. 눈팅이 밤팅이 되구 머리칼 쥐어뜯기고 자존심 만신창이 되면서 나 자신 몽땅 다 당신한테 던졌어. 그게 내 올인이야. 자존심이 바로 나야...내 전부야.

〈내 남자의 여자 마지막 회〉[35]

김수현 작가에게 대사는 드라마를 이끌어가는 수단이 아니라 드라마 자체이며 존재 그 자체로, 작가에게 드라마 속 대사는 현실과 갈등을 묘사하는 도구가 아닌 언어 자체에 대한 언어의 묘사이며 인식의 과정자체이다. 그리고 작가는 주인공과 끊임없이 동반자로 대립자로 혹은 작가 자신과의 대화로 대화한다. 작가 자신의 내적 대화의 특성은 특히 〈엄마가 뿔났다〉속 김한자의 내레이션을 통해 구체적으로 구사된다. 매회 주인공의 내적 대화를 구체화한 내레이션 대사는 〈부모님 전상서〉(2004.10~2005.6, KBS〉의 주인공 안재효에 의해 시작되었지만, 효자 안재효의 내레이션 경우 내적 대화라기보다는 돌아가신 부모님께 매일 하루 일과를 소상히 전하는 일기 형식이라 하겠다. 반면 김한자의 내레이션 대사형태는 동일하지만 주인공 스스로의 혹은 작가 스스로의 내적 대화의 성격이 분명하다.

한자(N): 식구마다 모두 내가 사십 사 만원이 억울하고 분해서 입내밀고 골냈던 걸로 생각한다. 어이구우우 참...물론 억울하고 분하기야 했지만 몇 날 며칠 입 다물고 살벌하게 군건 사십 사만원이 아까워서가 아니다. 겨우 사십 사만원에 뭘 울음까지 터져 초상났냐는 소리까지 들었어야했나....내 감자 알만한 심장이 기가 막히구, 사부인이라는 여자가 내 떨리는 손을 본 것 같아 자존심 상하구 분통 터져 선데...그래...팔자 한탄도 없었다면 거짓말이다....그것도 있었다.

〈엄마가 뿔났다 제 21회〉

한자(N): 나쁜 기집애...저는 날개 펴고 가슴 펴고 변호사 아무개 거칠 거 없이 살면서, 생색이라니...이대로 살다가 죽는 게 마땅하다니...자식이 다 무슨 소용이야...그저 언제나 즈들 위해서만 부서져 달라는 것들...나한테는 생선 비늘한 조각만큼도 나눠주는 마음이 없는 걸...

〈엄마가 뿔났다 제 49회〉

한자(N): 사십 년 한 이불 덮고 산 사람...그 사람도 나도...세월만큼 늙어...할머니 할아버지...어느 남편이 그이만큼 뜨듯할까... 어느 남편이 그 사람처럼 깊고 은근할까...평생 나를...이쁘다 해주는 사람..밉게 굴어도 이쁘다 해주는 사람...덮어놓고 이쁘다는 사람...미워 미워 이를 갈아도 그래도 자기는 내가 이쁘다는 사람.. 나일석 김한자...검은 머리 파뿌리 되도록...그래 벌써 염색 안 하면 파뿌리가 반이 넘으면서...우리 두 사람 인생이 그렇게 바래져 가고 있다

〈엄마가 뿔났다 제 63회〉[36]

(이하 각 드라마의 출처는 동일함으로 생략)

얼핏 주인공의 넋두리로 혹은 자기 정당화로 들릴 수 있는 위의 독백 사례들은 바흐친이 말하는 언어의 특성을 정확히 구현해낸 대사들로 공감을 획득한다. 21회 경우, 막내 딸 영미의 결혼을 둘러싼 사부인과의 에피소드로서 계층 간 상투적인 갈등 대신 사십 사 만원 밥값이란 구체성으로 큰 화제를 불러일으켰던 회차이다. 중견기업 회장 사모님을 만난 세탁소집 서민 아줌마가 지키고 싶었던 자존심, 이를 알아주지 못하는 타자(가족들)의 잉여시각에 대한 인식, 그를 통한 자기 인식이 대사를 통해 구

현된다. 49회 경우, 사십 년 엄마로 며느리로 살아 온 주인공이 김한자로 살겠다며 안식년을 요구한 이후 가족들이 보인 반응, 그 가운데서도 이혼전문 변호사로 성공한 큰 딸 영수의 반응에 대한 한자의 독백이다. 자녀에 집착하는 엄마가 주로 등장하는 우리 드라마에서 한 인간으로서의 독립 선언 요구는 물론이고 불평등할 수밖에 없는 부모 자식 간 사랑의 역학관계를 인정하는 주인공의 인식의 전개 과정이 그려지는 것은 극히 드물다. 또한 63회 경우는 주인공과의 관계에서 작가의 역할이라고 할 '총체의 완결'을 보여주는 대사로, 호강은커녕 돈 몇 푼에 쩔쩔매는 세탁소집 대가족의 전업주부로 살게 했던 그저 그런 인생의 동반자, 남편 나한석에 대한 감사와 연민이란 인생의 관조(觀照)가 드러난다. 이처럼 독백 대사의 경우 대부분의 드라마에서 보이는 행태인 작가의 단성적 목소리, 다시 말해 작가의 의도되고 통제된 의식의 단성적 목소리와는 차별성을 보이는 다성성의 내적 대화인 대사들이라고 할 수 있다.

이 같은 김수현 작가의 내적 대화는 바흐친이 말하는 존재 그 자체로서의 대화로, 작가의 주인공에 대한 '외재성'과 '경계이월성'의 사유, 그리고 '바라보기의 잉여성'을 가장 분명하게 드러내는 대사 형태이다. 그러나 '독백'의 특정 대사 형태가 아니더라도 김수현 작가는 바흐친이 제시한 작가의 임무, 즉 언어를 '창조적'으로 '극대화'해야 임무를 충실하게 수행함으로서 플롯보다 존재 그 자체인 언어, 대사가 극 자체가 된다. 대사를 통해 주인공과 작가가 동등하게 인식하고 존재하고 대화하며 총체로서의 극을 형성하기 때문이다. 대표적인 사례가 〈내 남자의 여자〉 속 화영으로 화영이 사랑의 미명을 인식해가는 과정 자체가 24회 차 전체 드라마가 되고, 이는 대사에 의해 구현된다.

화영: 저녁 먹고...그 사람은 공부방으로 들어가고...나는 할 일이 없는데...어디 가서 목 놓아 통곡하고 싶은데....우습지....왜 니가 보고 싶겠니...

지수: 아까는(미안했어)...우리 언니는 못 말리는 사람이잖아....

화영: 내 탓이야(돌아보며)...처음부터 이렇게 안됐어야 했어. 싫다는 사람 억지로 끌고 거기 안 갔으면 됐구...내 사소한 재미를 위한 충동이 원인이야...

지수: (보면)

화영: 그런데 지수야...그 사소한 재미가 나한테는 정말 필요했구 하고 싶었던 일이

없어…그래 본 적이 없으니까…늘 부러웠어…내가 말하는 행복..넌 편안함이랬지…어쨌든 그건 거창한 거보다는 사소한 데서 오는 충족감들…그런 거 아닐까…

지수: 해 보고 싶었던 거 하는데…그렇게 돼서 안됐다.

화영: 도둑질한 벌이지 뭐…왜 남의 걸 훔쳐..더구나 친구 걸…

지수: 되풀이할 거 없는 얘기야.

화영: 그런데 나는 왜 니가 보고 싶을까〈중략〉

지수: 너도 나 안 보고 싶어야 정상이야

화영: 뻔뻔하잖아

지수: 잠깐 있어. 키 갖고 올게

화영: 괜찮아

지수: 비 오잖아. 택시 쉽지 않아

화영: 대기시켜 놨어…

지수: (본다)

화영: 이게 김지수야

지수: …

화영: 너는 분명 어느 한 부분이 바보야

지수: (나가는 화영 보며 책 보던 소파에 주저앉듯 앉으며)그래 나는 바보야 (피시시 누우며)그래 나도 나 알아 바본 거….

〈내 남자의 여자 제 14회〉

총 24부작의 위 드라마에서 중반을 조금 넘어선 시점인 14회의 대사로, 준표와 사실혼 관계에 들어간 화영이 부부 동반으로 마트에 장보러 갔다가 지수와 지수 언니 은수와 마주쳐 은수가 망신을 준 이후 장면이다. 이 만남은 또한 불륜이라는 자극적 소재의 소위 여타의 불륜드라마와 차별성을 두드러지게 보여준 대표적인 장면으로 대사가 이를 실현한다. 불륜녀라는 사회적 낙인 속에 스스로 자신을 '뻔뻔하다'고 표현한 화영의 어찌 보면 비정상적인 감정, 자신이 파탄 낸 가정의 주인공인 친구를 보고 싶어 하는 '충돌하는 내부의 목소리'가 그대로 드러나 있는 대사들이기 때문이다. 담담히 화영을 받아들이는 지수 역시 남편과 친구의 배신 앞에 오직 분개했던 극 초반의 모습과는 달리, 어쩔 수 없는 특성, 수동적이든 수용적이든 현실을 수긍하는 자신만의 고유의 특성을 인식하고 인정한다. 이처럼 분명 말 그대로 상대가 있는 대화의 대사인데도 마치 나레이션처럼 자신을 인식하는 내적 인식이 주가 되고 인식의 전개, 대사 자체가 극의 총체 나아가 등장인물들의 총체를 형성해간다. 김수현 작가에게 대사는 작가 스스로, 혹은 주인공들 스스로의 자아 인식의 '경계이월적'인 '바라보기 잉여성'을 담지한 '총체 형성'을 이르도록 하는 것으로 대사는 김수현 작가에게 바로 극 자체이다.

2) 다성성 : 등장인물들과 김수현 작가의 관계

김수현 작가 드라마의 주요 특징 가운데 하나는 주연, 조연 가릴 것 없이 등장인물 모두 개성적인 성격을 지니고 있다는 점으로, 이는 주인공은 물론이고 등장인물 모두 각각 자신의 목소리를 내는 살아있는 개별 발화의 구체적 인격체이기 때문이다. 주인공 이름을 타이틀로 쓴 〈말희〉의 경우, 결혼의 통념과 인식에서 벗어난 말괄량이 딸을 둔 어머니의 경우가 그러하다.

> 엄마: 그렇게 자신 있는 게 여태두 못 팔려 가구 그러구 있니?
> 말희: 시장에 내봐보기나 했어 엄만!
> 엄마: 아니 다른 엄마들은 딸 시집보낼 때 세 딸
> 시장 내 놓구 내 딸이요, 내 딸이요 하니?
> 말희: (O.L.)그게 아니구
> 엄마: 오죽 기집애가 오두방정 육모방맹이 털 뽑히다 만 닭 새끼 아니 설삶아 논 말대가리, 아유 내가 난 자식이지만 얘 너두 양심이 있으믄 가슴에 손을 얹고
> 말희: (O. L. 냉큼)눈 똥그랗게 뜨고 보름달 보구 반성하라구?
>
> 〈말희 씬3〉

〈말희〉의 경우 맞선 남 철수와의 대사와 함께 위의 예와 같은 엄마와 딸의 팽팽한 기 싸움 같은 대사가 전편의 대부분을 차지한다. 여성스럽고 얌전한 딸의 보편적인 결혼을 바라는 엄마의 안타까움이 드러나기 보다는 드센 딸의 기부터 꺾어 놓으려는 대사의 긴장이 도드라진다. 또한 여느 엄마와 달리, 비록 당시 사회 통념의 잣대를 들

이댄 평가이기는 하나, 딸을 객관적으로 평가하는 생생한 표현들은 바흐친의 말대로 객관화된 인식 즉 '고슴도치도 제 새끼는 이쁘다'는 엄마라는 인식을 심어주는 대사가 아닌, 말희 엄마라는 말희 못지않은 제 주장 강한 한 인격체의 자유로운 자기표현의 대화이고 대사이다. 또한 〈말희〉는 씬 16의 단막극임에도 불구하고 이모, 첫째, 둘째, 셋째까지 많은 인물이 배치되어 말희의 맞선 과정을 놓고 각각 다양한 개성적 목소리를 낸다.

이처럼 다양한 등장인물들의 배치는 초기부터 특징적으로 자리한 김수현 드라마의 특성으로 등장인물 수가 많다는 외형적 특성뿐만 아니라 각각 모두가 개성적 인격체의 목소리를 낸다는 특성도 일관되게 구현된다. 성별, 세대별, 경제적 계층별, 교육 정도별 다양한 인물들이 등장해 제 각각 다른 환경, 성격, 생각을 다성악적으로 연주하듯 대립하고 상호보완하며 상호 연관성을 맺어 한 작품을 만들어내고 있는 것이다. 이 같은 다층 구성의 등장인물은 홈드라마 장르 안에서는 대가족 구성원과 3대의 사돈 가족들로, 멜로드라마 장르 안에서는 사랑, 결혼을 둘러싼 남녀 주인공의 가족 관계를 중심으로 구성된다. 이 기본 관계 구성원의 인격체로서의 각각의 대사 비중은 언급한대로 주, 조연 가릴 것 없이 각각의 다양한 생각의 목소리를 동등하게 내는 것은 물론이다. 더구나 김수현 작가의 이 같은 등장인물들의 다성성의 특성은 스토리 전개 상 비중이 적거나 극히 없는 주변 등장인물들, 즉 등장인물들의 일터 사람들, 도우미, 심지어 엑스트라급 연기자들에게까지 제 목소리를 부여함으로써 그 대사적 특성을 더욱 발현시킨다. 심지어는 〈엄마가 뿔났다〉의 경우 3대 영미의 시어머니인 귀부인 고은아가 애지중지하는 구관조에게까지 인격을 부여해 고은아의 대사를 따라하게 하는 코믹 대사를 부여하는 정도이다. 이처럼 김수현 작가에게 등장인물들의 말, 대사는 주인공을 통한 메시지 전달을 위해 작가의 단성적 목소리를 모아주는 부수적인 도구가 아닌, 각각의 개별 발화가 중시되는 살아있는 인격체의 말이며, 이 말을 통해 작가는 끊임없이 '인격체'인 '등장인물들' 모두와 대화 하고 있는 것이다.

안: 그리구...어쩧게 여태 처녀냐는 질문두 안 해 주셔서 고맙구요
충복: 그거야...굳이 알아야 할 이유두 없는거구..

사람마다 인생에 곡절과 사연이 다 따루 따룬데...그걸 알려구 드는 건 실례지유

안: 네에 그런데 열이면 열 다 그걸 제일 궁금해 하구 제일 먼저 알구 싶어해요

충복: 궁금이야...궁금이야...할 수 있겄지만, 실은 나두 궁금은 해유, 헤헤

안: 그러시겠지요, 호호호

충복: 그래두 스스로 말하기 전에는 안 물을꾜.
안심하세요. 안심하세유.

안: 예에, 언젠간 스스로 얘기하게 되길 바래요.
뭐 대단치도 않은 얘기지만요.

충복: 대단하든 대단찮든 내 인생은 나만의 스토리구 내 맘이니께 마음대로 하세유

〈엄마가 뿔났다 38회〉

김수현 작가가 등장인물들에게 부여하는 자유, 자기 표현의 자유, 말의 자유를 상징적으로 보여주는 〈엄마가 뿔났다〉의 1대 나충복 대사이다. 82세 상처한 나충복이 노처녀 할머니 안 여사의 마음을 열고 다가가는 과정이 김수현 작가의 인식, 말에 대한 인식, 존재에 대한 인식 속에 고스란히 드러나고 있다. 즉 김수현 작가에게 등장인물들의 대사란 안 여사처럼 등장인물 '스스로' 말을 할 수 있어야 하며, '내 인생은 나만의 스토리'로 존재 그 자체로, 존재가 지속되는 한 그만의 언어 역시 지속되어야 함을 보여주고 있다.

정현: (연결)그리고 엄마 분명히 이 사람한테 주방 일 신경 쓸 거 없다 해 노시구 지금 그런 말씀 하신 건 모순이에요.

은아: 인간은 원래 모순의 동물이야. 이 상황이 되니까 나도 모르게 그런 생각이 들어 한마디 한 건데 그걸 꼭 그렇게 짚고 넘어가야겠어? 너는 내 아들이야. 아들이 그렇게 냉혹한 비판자가 되야겠어? 〈중략〉

정현: 제가 사랑하는 사람이에요. 저 하나 보구 들어온 사람이에요

은아: (오버랩)과연 너만 봤을까?

정현: 엄마아!!!!

은아: 누리는 게 얼만데.! 평생 누릴 게 얼마나 대단한 건데 그게 다 아무 상관없을 수 있다는 거야?

정현: 〈중략〉세상에는 엄마랑 다른 사람도 분명 있어요. 엄마가 무시하고 혐오하는 사람들 한테 오히려 순수가 남아 있어요. 제발 엄마가 중요하게 생각하는 게 절대 가치라 생각하지 마세요. 천만에 그거 아니에요!!

〈엄마가 뿔났다 제 38회〉

소위 금수저를 물고 태어난 상류층 귀부인 은아가 세탁소집 딸 영미와 결혼한 역시 금수저를 물고 태어난 아들 정현과 갈등하는 장면 속 대사이다. 같은 사회적 계급이지만 은아와 정현은 서로 다른 목소리를 내며 다성성을 보여주고 있다. 하지만 김수현 작가는 정현을 통해 은아의 소통 부재의 닫힌 시각을 비판하면서도 여타 드라마가 그렇듯이 특정 계급을 쉽게 재단하지 않는다. 여타 드라마에서 계급, 계층 간 갈등이 사랑의 판타지를 구현하는 도구인데 반해 김수현 드라마 속 계층 간 갈등은 오히려 다양한 세계관을 각각 담고 있는 사회적 갈등의 구체적인 대화의 장일뿐이다. 위 대사에서 보듯이 김수현 작가는 '인간은 원래 모순 덩어리'라며 은아의 논리를 세워주고, 결혼의 현실성을 주장하게 한다. 은아는 자본주의 이데올로기에 오염된 객관적으로 인식되어야 할 대상이 아닌, 그렇게 태어나 그렇게 다르게 세상을 인식하는 다른 인식의 주체일 뿐이다. 이런 대사의 특성은 등장인물들의 운명과 운명을, 성격과 성격을, 이념과 이념을, 인식과 인식을 극명하게 대비시키며 그의 드라마는 그 자체가 대화의 장이 되는 차별성을 보이게 된다.

3) 대화의 비종결성

바흐친이 제시한 대화의 비종결성은 김수현 대사의 또 다른 두드러진 특성인 동시에 김수현 드라마 자체의 특성이기도 하다. 작가의 대사는 인물 간 대사에서 종결적이지 않고 비종결적이어서, 단순히 질의응답으로 끝나지 않고 끊임없이 서로의 인식의 차이를 드러내며 물고 물리는 대사의 비종결성을 특징적으로 보인다.

엄마: 선보러 나가는 애가 그런 차림으로 나간단 말야?
말희: 선보러 나가는 거니까. 선을 뵈러 나가는 게 아니니까
엄마: 선보러 나가는 게 아니구 선을 뵈러 나가는 거야 〈중략〉
말희: 화나면 진짜 안 나가버릴까 부다

엄마: (노리듯 본다)
말희: (소리친다) 어떻게 하라는 건데?
엄마: (타이르듯) 어떻게 하라는 건지 몰라서 그러니?
말희: 얌전히 조용히 깔깔 바가지 떽데굴 떽데굴 굴러가는 소리 내며 웃지 말구 죽어가는 사람처럼 말소리 조그맣게 죽이구
엄마: (O.L.)이 얘기 저 얘기 니가 먼저 씩뚝깍뚝하지 말구 묻는 말에나 대답해 묻는 말에나, 알았니?
말희: 엄마 내가 시집 못 가 처녀귀신 될까 그러우? (한심해서)

〈말희 씬 5〉

결혼의 인식을 놓고 벌이는 모녀간의 대화는 비종결성을 특징으로 다음 갈등을 물고 오며 언어가 존재 자체이듯이 종결되지 않는 대화가 드라마 자체로 극은 전개된다. 또한 김수현 대사의 대화의 비종결성 특징은 인물지문 난에 흔히 작가가 표기하는 오버랩(O. L.) 지문으로도 드러난다. 오버랩은 영화용어로 앞의 장면이 서서히 사라지며 뒤의 장면이 겹쳐지는 편집 용어로 사용되지만, 김수현 작가에 의해 인물지문으로 자리 잡아서 겹치는 대사, 즉 인물간 대사가 끊어짐이 없이 앞 사람 대사의 뒤를 바로 겹쳐서 뒷사람 대사가 이어지게 하는 작가의 지시문이다. 김수현 작가의 오버랩 대사는 앞에서 분석한 〈말희 씬 3〉과 〈말희 씬 5〉, 〈엄마가 뿔났다 38회〉에서도 발견할 수 있는데, 이 사례가 아니더라도 김수현 작가 드라마에서 오버랩 대사 없는 회 차가 없을 정도로 빈번하다. 상대의 말을 끊듯이 치고 들어간다고도 들릴 수 있는 이 오버랩 대사는 대화 상대자간 화자와 청자의 경계를 허물어 치열한 투쟁, 대립, 혹은 상호보완의 대화의 장이 되는 특징이 된다. 종결되어서도 안 되고 종결될 수도 없는 바흐친 대화의 특성이 구체적으로 실천되는 대사 기법이라고 해석할 수 있는 대표적 사례이다.

또한 비종결적인 대사는 대사 자체뿐만 아니라 극 전체의 비종결성으로 이어져 초기부터 일관되게 김수현 작가 작품의 주요 특성으로 자리한다. 즉 〈말희〉 경우, 선 본 상대남인 철수가 말희에게 호감을 보였음을 가족에게 전달하는 말희의 대사 "호호 아이 부끄러워"(부끄러워 얼굴 가리는데서 스톱모션)의 소위 오픈 엔드 형식을 취함으로

서 비종결성이 초기부터 특성으로 자리함을 보여준다. 〈내 남자의 여자〉 경우의 오픈 엔드는 이 같은 비종결성의 특성이 특히 두드러진다.

지수: 당신이라는 사람 나한테는 스무 번도 넘게 읽은 책 같은데 뭘...당신도 그렇겠지만

준표: (피식 웃는다)

지수: 결국 또 역시 같은 패턴으로 살게 될 거야...
전에 살었던 거랑 똑같이. 모든 걸 당신 위주로, 모든 에너지를 다 당신한테...그럼 당신은 또 성가셔 할 거고 지루해 할 거고...그거 이제 재미도 없고 의미도 없어...누구한테도 속박 안 돼 있는 지금이 좋아

준표: (끄덕이며)알아.. 〈중략〉

S#. 지수 집 골목으로 들어오는 지수 자동차

S#. 아파트 광장으로 들어서고 있는 준표 차

S#. 데크 난간 잡고 심호흡하는 지수

S#. 발코니 난간에 손 올리고 심호흡하는 준표...

〈내 남자의 여자 마지막 회〉

불륜으로 파국을 맞았던 부부가 화영의 미국행으로 재결합을 할 수도 있었지만 재결합 대신 각자 홀로서기를 선택하는 마지막 장면이다. 이들 등장인물들 각각의 마지막 지문인 '심호흡'이 보여주듯이 주인공들 모두는 파국은 맞았지만 이들의 삶은 계속되고 또 그들 삶의 존재의 대화 역시 종결되지 않음을 보여주고 있다. 〈엄마가 뿔났다〉의 경우, 3대 결혼을 둘러싼 주요 갈등이 해소되고 정체성 찾기에 나섰던 김한자의 예전 시끌벅적, 왁자지껄한 대가족 일상이 마지막 회를 통해 그려져 상대적으로 오픈 엔드의 형식적 비종결성은 덜하다. 김수현 홈드라마가 대부분 취하는 종결의 형태로, 극의 주요 갈등은 마무리 되지만 일상의 반복이란 마지막 회를 통해 삶의 구체성, 즉 반복되고 또 다시 계속되는 일상이란 리얼리티를 부각시키는 비종결성의 또 다른 형태임을 알 수 있다.

맺음말

이상에서 논의한 바와 같이 김수현 작가의 대사 작법은 바흐친이 제시한 언어의 근원적 특성인 대화의 다성성을 특성으로 하며, 이 특성은 초기부터 오랜 세월 동안 일관되게 구현되고 있음을 알 수 있다. 또한 바흐친이 작가의 임무로 제시한 작품 속 작가와 주인공, 혹은 모든 등장인물들과의 대화적 관계를 주체적 상호관계로 구현함으로써 예술언어의 창작 작업을 실현해냄도 알 수 있다. 그리고 이 다성성을 실현해낸 중심에는 바흐친이 예술언어의 창조 작업에 요구한, '외재성' '바라보기의 잉여성' '경계이월성'의 특성을 유지한 채 등장인물들의 '총체' 형성에 이르도록 한 차별성이 자리하고 있음도 분석했다. 비종결성의 특성 경우는 홈드라마와 멜로드라마 장르 구분 없이 대사 자체에서는 동일하게 작동하지만, 극 전체의 오픈 엔드 형식에서는 상대적으로 차이를 보이고 있으며 이는 장르 구분이 명확한 작가의 특성이 드러나는 차이라 하겠다. 즉 삶의 구체성이 강조되는 홈드라마의 특성상 반복의 일상을 강조한 것 오픈 엔드로 이 역시 대화의 비종결성을 의미하는 것이라 해석해도 무방하다.

이처럼 김수현 작가에게 대사라는 언어는 드라마라는 극을 이끌어 가기 위한 부수적인 도구가 아니라 그 자체가 존재이며, 의미이고, 치열한 인식의 과정이다. 이는 작품 활동 처음부터 지금까지 일관된 김수현 작가의 특성으로 차별적인 작품세계를 구축하게 한다. 김수현 작가에게 대사란 인간 존재 자체이며, 또한 언어 자체에 대한 탐구로 각기 너무나 다른 다양한 주인공, 등장인물들과 작가와의 주체적 대화를 통해 실현되어 총체를 형성해 왔고 아직도 진행 중임을 알 수 있다.

〈참고문헌〉

[1] 심상교, "김수현 드라마의 특성 연구," 한국학연구, 제22집, pp.35-85, 2005.

[2] 최상민, "대중의 욕망과 드라마적 재현: 김수현 드라마 〈인생은 아름다워〉를 중심으로," 드라마연구, 제36호(통합 제14권), pp.199-223, 2012.

[3] 이철우, "김수현 드라마의 대화방식에 관한 고찰," 한민족문화연구, 제25집, pp.225-253, 2008.
[4] 오미영, 최성실, "김수현 가족드라마에 나타난 상호주관적 화법연구," 화법연구, 제22권, pp.163-189, 2013.
[5] 이경숙, "김수현 드라마의 수사학적 효과 산출 방식 연구," 한국극예술연구, 제25집, pp.133-163, 2007.
[6] 김단수, "김수현 극본의 대중성: 옛이야기 전통과 비교하며," 한국학연구, 제16집, pp.193-219, 2007.
[7] 백경선, "김수현 가족드라마의 가족 담론 고찰," 한국극예술연구, 제50집, pp.283-312, 2015.
[8] 유진희, "김수현 멜로드라마의 장르 문법과 성 이데올로기," 한국콘텐츠학회논문지, 제9권 제11호, pp.175-183, 2009
[9] 유진희, "김수현 홈드라마의 장르 문법과 젠더 이데올로기," 한국콘텐츠학회논문지, 제10권 제11호, pp.102-112, 2010.
[10] 유진희, "김수현 홈드라마의 상호텍스트성," 한국콘텐츠학회논문지, 제13권 제10호, pp.103-112, 2013.
[11] 유진희, "라깡을 통해 본 김수현 작가의 주체와 욕망," 한국콘텐츠학회논문지, 제12권, 제9호, pp.126-135, 2012.
[12] 유진희, "라깡을 통해 본 김수현 작가의 남성 주체 인식," 한국콘텐츠학회논문지, 제14권, 제10호, pp.41-50, 2014.
[13] 김포천, 원우현, 김만수, 김홍근 엮음, 김수현드라마에 대하여, 솔, p.248, 1998.
[14] 최상식, TV 드라마 작법, 제3기획, p.269, 1994.
[15] 여홍상 외 편역, 바흐친과 문학이론, 문학과 지성사, p.109, 1997.
[16] 김명진, "내 안의 타자-바흐친적 읽기의 새로운 나아갈 길," 근대영미소설, 제8집, 제2호, pp.31-43, 2001.
[17] 오민석, "카니발의 민중성과 그 불안: 바흐친의『라블레와 그의 세계』를 중심으로," 안과 밖, 제15권, pp.35-53, 2003.
[18] 이은경, 유재천, "바흐친의 국내수용에 관한 비판적 고찰(2)," 노어노문학, 제18권, 제3집, pp.213-242, 2006.
[19] Rainer Grubel, Mikhail M. Bakhtin: Biograpische Skizze, 박건용, "미하일 바흐친의 카니발 이론과 문학의 카니발화," 독어교육, 제31권, pp.279-305, 2004. (p.281에서 재인용)
[20] Mikhail M. Bakhtin, Problems of Dostoevsky's Poetics, 오민석, op.cit. (p.38에서

재인용)
[21] 이기웅, "발화의 다성 구조: 바흐친의 다성 이론에 대한 언어학적 접근," 러시아연구, 제11권, 제 2호, pp.321-340, 2001.
[22] 미하일 바흐친 지음, 전승희, 서경희, 박유미 옮김, 장편소설과 민중언어, 창비, p.101, 2014.
[23] 미하일 바흐친 지음, 전승희, 서경희, 박유미 옮김, 장편소설과 민중언어, 창비, p.103, 2014.
[24] 김명진, "내 안의 타자-바흐친적 읽기의 새로운 나아갈 길," 근대영미소설, 제8집, 제2호, pp.36-37, 2001.
[25] Mikhail M. Bakhtin, Problems of Dostoevsky's Poetics, 정화열, "미하일 바흐친의 대화주의 문학이론 정신에서 본 정치평론," 정치와 평론, 제4권, pp.5-28, 2009. (p.7에서 재인용)
[26] 미하일 바흐친 지음, 김희숙, 박종소 옮김, 말의 미학, 도서출판 길, pp.27-276, 2006.
[27] 미하일 바흐친 지음, 김희숙, 박종소 옮김, 말의 미학, 도서출판 길, p.39, 2006.
[28] 미하일 바흐친 지음, 김희숙, 박종소 옮김, 말의 미학, 도서출판 길, p.52, 2006.
[29] 미하일 바흐친 지음, 김희숙, 박종소 옮김, 말의 미학, 도서출판 길, p.41, p.43, p.49, pp.52-55, p.79, pp.196-201, pp.244-246, 2006.
[30] 미하일 바흐친 지음, 김희숙, 박종소 옮김, 말의 미학, 도서출판 길, p.448, 2006.
[31] 미하일 바흐친 지음, 김희숙, 박종소 옮김, 말의 미학, 도서출판 길, pp.39-40, 2006.
[32] 미하일 바흐친 지음, 김희숙, 박종소 옮김, 말의 미학, 도서출판 길, p.40, 2006.
[33] Mikhail M. Bakhtin, Problems of Dostoevsky's Poetics, 김욱동, "단성적 문학과 다성적 문학: 바흐친의 대화이론," 문학과 사회, 통권 제2호, pp.564-588, 1988. (p.574에서 재인용)
[34] 김포천, 원우현, 김만수, 김홍근 엮음, 김수현드라마에 대하여, 솔, 1998.
[35] http://www.kshdrama.com/
[36] http://www.kshdrama.com/

2.
바흐친과 김수현 작가표 대사2: 카니발리즘

들어가며

본고는 선행 연구를 통해 이루어진 김수현 대사의 바흐친적 독해의 후속 연구로 김수현 작가론에서 차지하는 대사의 중요성과 바흐친 대화주의 이론의 방대함 때문이다. 특히 선행 연구는 바흐친의 카니발 이론은 대화주의 이론을 구체적으로 제시한 준거들의 방법론으로 대화주의 이론과 카니발 이론을 분리 적용하는 국내의 보편적 연구에 문제를 제기하고 각각 '개념'과 '구체적 방법론'의 통합체로 접근, 적용함이 바람직하다[1]고 제시한 바 있다. 즉 특정 연구 대상에 대하여 바흐친의 대화주의 이론, 혹은 카니발 이론을 각각 분리 적용할 경우, 바흐친의 용어를 빌려 '단성적(monophonic)' 분석의 오류, 나아가 연구자의 독단적 오류를 낳을 수 있는 문제를 제기한 바 있다. 따라서 본고는 김수현 대사 연구의 보다 충실한 결과 도출을 위하여 바흐친 대화주의 이론의 카니발적 요소를 구체적 방법론으로 적용함으로서 선행 연구가 제시한 김수현 대사의 미학적, 인식론적 차별성의 그 실체적 방법을 분석하고자 한다.

본고의 이러한 연구 목적은 궁극적으로 학문적 연구대상에서 소외돼온 드라마 작가에 관한 체계적이고 통합적인 작가론을 통해 방송문화 콘텐츠 전반에 관한 학문적 연구의 경계를 확대시키고자 함에 있다. 텔레비전 드라마 작가에 관한 학문적 연구의 빈곤은 드라마 작가에 대한 지위 부여 문제이다. 물론 드라마는 작가 개인의 생산물이 아니라 연출자, 연기자, 제작 스태프가 공동으로 참여하는 공동 생산물이며 시청률이라는 상업논리에 따라 끊임없이 경제성을 따져야 하는 일종의 상품이다. 따라서 방송 구조 등 제작 환경과 수용자 환경의 사회적 맥락과 강하게 연동된다. 이러한 태생적 한계를 감안할 때 개인의 작가의식, 창조성이 절대적으로 전제되는 순수 문학작품에서 행해지고 있는 작가론 개념을 드라마 작가에게 적용시킨다면, 드라마 작가는 작가가 아닐 수 있다. 하지만 공동 생산물인 점과 경제 논리에 따른다는 점에서 일치하는 영화에서는 일찍이 작가론(auteur theory)이 등장해서 특정 감독의 미학적 특성, 주제 의식을 폭넓게 다루고 있다. 이는 텔레비전 드라마가 영화에 비해 상대적으로 일천한 역사와 그 제작방식에 따른 작품의 완성도, 불특정다수라는 수용자를 대상으로 소재 선택과 표현에서 상대적으로 제약이 많을 수밖에 없는 방송의 특수성에 따른 이유라고 분석할 수 있다. 따라서 방송 드라마 작가에게 특정 영화감독과 똑같은 잣대로 작가주의를 논한다는 것은 드라마 창작의 컨텍스트(context) 요소를 배제한 논의로, 이는 영화는 고급한 예술이고 텔레비전 드라마는 저급한 대중 통속극이라고 층위화(hierachization)하는 것에 지나지 않는 오류에 빠지게 된다. 원용진은 TV 드라마와 쌍생아로 일컬어지는 영화의 경우 감독에게 부여되는 지위인 작가에 관한 학문적 연구는 국내외를 막론하고 질적, 양적으로 비교할 바가 되지 못할 정도로 활발한 학문적 영역이다. 독자적인 영상언어를 갖는 영화의 특성과 감독에게 부여되는 영화의 작가(auteur)내 관한 연구는 작품에서 드러나는 특정 패턴을 확인하거나 일관성 있게 관통하는 특성, 영화구조 등을 분석해 냄으로서 작가정신, 작품성, 경향성을 논하고 있다. 텔레비전 드라마 작가 가운데 예외적으로 학문적 연구 측면에서 비교적 활발하게 이루어져왔다고 평가되는 김수현 작가조차도 그 연구는 대부분이 사회문화적 맥락에서의 연구이거나 화법을 중심으로 한 몇몇 텍스트 연구에 그침으로서 독창적 창조성이나 작품성, 경향성을 체계적이고 구체적으로 규명하는 작가론으로서 한계를 보이고 있다. 따라서 본고는 그동안 지속해온 다각적이고 체계적인 김수현 작가론 [2][3][4][5][6]과 그 맥을 같이하는 김수현 작가론의 일환으로 김수현 작가를 특징짓는 결정적 요소로 평가받는 '언어'의 구체적 실현 방법을 규명함에 그 목적이 있고, 나아가 방송문화 콘텐츠 창작, 제작과의 학문적 연계성을 더욱 확대코자 한다.

연구 대상과 방법

1) 연구 대상

본 연구는 김수현 작가의 집필 시기 가운데 중반기에 해당하는 1992년 작 특집극 〈이디로 가나〉 (SBS)를 연구 대상으로 삼는다. 3부작으로 지작된 〈이디로 가나〉는 45년 집필 기간 중 몇 안 되는 수상작 가운데 하나로 방송작가대상을 수상한 작품이며, "'집'과 '사랑'이라는 베이스에 사회성, 코믹함, 죽음이라는 모티브를 더해 심도 있는 소재를 드라마에 담는다"[15]고 소개된 90년대의 특징이 담겨있는 작품이기도 하다. 즉 초반기의 홈드라마와 멜로드라마의 특징적 장르 패턴이 계속되면서도 보다 확장된 작가의 인식이 다양한 스펙트럼으로 작품 속에 드러나는 변곡점의 시기에 집필된 작품이라고 할 수 있다. 이 같은 평가는 〈어디로 가나〉 직전 작품인 〈사랑이 뭐길래〉(MBC, 1991~1992)에서 뚜렷이 발견되어 시트콤에 가까운 코믹 요소가 '대발이 신드롬'까지 불러일으키며 평균 시청률 59.6%, 최고 시청률 64.9%를 기록해 현재까지 첫사랑(KBS, 1996)에 이어 역대 최고 시청률 2위(출처: 영상콘텐츠제작사전)를 기록하고 있다. 이후 〈사랑이 뭐길래〉가 〈목욕탕집 남자들〉(KBS, 1995)로 이어지며 유쾌함의 확대를 보였다면, 〈어디로 가나〉와 더불어 이후 집필된 〈작별〉(1994, SBS), 〈인생〉(1995, SBS), 〈아들아 너는 아느냐〉(1999, SBS), 〈은사시나무〉(2000, SBS), 〈홍소장의 가을〉(2004, SBS)는 '죽음'을 모티브로 삶을 성찰하는 확장된 세계를 보이고 있다. 특히 57부작이었던 〈작별〉을 제외하고 연구 대상인 〈어디로 가나〉와 더불어 〈인생〉, 〈아들아 너는 아느냐〉, 〈은사시나무〉, 〈홍소장의 가을〉 모두는 3부작 특집극 형태로 상대적으로 시청률 경쟁에서 자유로울 수 있는 편성 특성과도 맞물리면서 작가의 응축된 인식 저변을 들여다 볼 수 있게 한다. 또한 이 응축성은 바흐친의 대화주의 이론의 구체적 방법론으로서 카니발적 요소를 대사 연구에 적용함에 있어 보다 유효할 수 있다.

2) 연구 방법

본고는 김수현 작가의 대사 연구 분석 방법으로 바흐친(Mikhail M. Bakhtin) 대화주의(dialogisme)의 주체적 방법론인 카니발적 요소(carnivalistic component)를 적용한다. 이는 선행연구의 분석틀인 바흐친의 대화주의 이론을 통하여 김수현 대사에서 두드러지게 드러나고 있는 개념적 특성으로 '다성성'(polyphony)을 제시한데 이어 그 구체적 실현 방법을 분석하기 위함이다.

바흐친은 라블레 소설에 대한 그의 박사학위논문을 통하여 고대, 중세, 르네상스로 이어지는 민중축제의 전통과 관련해 독창적인 카니발 이론을 전개한다. 바흐친의 카니발 이론은 문예비평 이론인 동시에 문화 전반, 인간의 삶과 역사에 대한 인식론으로 다성성을 핵심으로 하는 대화주의 이론의 구체적 실현 방법론으로 해석할 수 있다. 즉 독백적·권위적·서열적·공식적 지배 문화에 저항하는 카니발은 민중의 다성적·해방적·수평적·비공식적 문화로 바흐친의 대화주의 이론을 구체적으로 적용할 수 있는 방법론의 대상이기 때문이다. 바흐친은 카니발을 문화 현상으로서 분석하기 보다는 라블레 소설 속에 구현된 카니발적 요소, 즉 희극적 언어형식으로서 구체화된 '카니발적 요소'에 주목함으로써 대화주의 이론의 그 구체적인 분석의 준거들을 제시해준다. 따라서 본고는 바흐친의 구체적 준거인 대화주의 이론의 카니발적 요소를 연구 방법으로 적용, 선행연구에서 제시한 김수현 작가 대사의 '다성성'의 특성이 구체적으로 실현되는 요소들을 분석한다.

바흐친 대화주의 이론의 카니발적 요소

1) 카니발 이론의 국내 수용 양상

바흐친의 카니발 이론은 대화주의 이론이 철학적이고 사변적인 정의와 탄력적인 사고로 인해 난해하거나 피상적으로 인식된 반면, 상대적으로 그로테스크와 웃음 등에 대한 명확한 정의를 제시[13]해 줌으로써 소설, 시 등 문학 작품을 중심으로 활발한 국내 학제적 수용이 이루어져 왔다. 또한 그 이론의 구체성은 문학 작품 뿐만 아니라 언어학 등의 직접 적용이 가능한 학문 영역에서 연극, 영화 등 문화영역 전반과 산업, 사회변화를 진단 분석하는 연구 영역에 이르기까지 다양한 분야로 폭넓게 적용됨으로써 확장성과 개방성을 동시에 갖추는 수용 양상을 보이고 있다. 디지털게임 분야의 카니발 이론 적용 연구가 이런 양상의 대표적 사례로 이동은 디지털 게임 재미 요소의 본질을 바흐친의 카니발 이론으로 분석한다. 즉 디지털 게임 재미의 본질은 죽음과 부활을 반복하면서 재생되는 생명력을 경험하며 시시각각 변화하는 캐릭터의 모습이나 인터페이스의 전복으로 인해 일상으로부터의 탈출과 웃음을 경험하는 바흐친이 말한 축제의 장, 카니발적 요소에 있다[22]고 분석한다. 또한 전자 민주주의, 사이버 공동체, 크라우드 소싱 등에서 중요한 요소로 자리 잡은 사회현상인 사이버 공간 상의 온라인 공중대화의 분석, 접근모형으로 기존의 대화 틀로 분석, 접근하는 대신 바흐친의 카니발 이론을 모형으로 제시[22]한 연구도 이런 양상을 증거 하는 대표적 사례이다. 이러한 확장성과 개방성은 바흐친의 직접적 연구대상이었던 소설과 그 창작의 구성 요소와 구조를 같이한다고 할 수 있는 영화, 연극분야의 학문영역에서의 활발한 수용은 어찌 보면 당연한 일이다. 격하와 저속화라는 그로테스크 몸(grotesque body) 담론을 카니발 이론의 그로테스크 리얼리즘 가운데 핵심 개념으로 규정하고, 셰익스피어의 여러 극들에 등장하는 '몸' 관련 언급들이 어떻게 사회 지배 이데올로기를 교란하고 서서히 전복하는지 여성주의 문화유물론 관점에서 분석[22]한 사례가 그 예이다. 또한 활발한 연구가 이루어진 영화 영역의 경우, 작가론으로 이어져 카니발 이론의 미적 요소 중 탈관과 대관, 권위의 전복과 조롱, 향연의 이미지라는 분석 요소를 통해 최동훈의 영화가 카니발 이론의 요소들을 일관되게 활용해왔음을 제시한 사례[22]가 대표적이다.

하지만 카니발 이론을 중심으로 한 바흐친 이론의 활발한 국내 수용은 제1연구자들이라고 할 노어노문학자들을 중심으로 그 문제점이 지속적으로 제기되고 있다. 무엇보다 먼저 제기되는 문제는 신뢰할 수 있는 번역과 용어 사용의 문제로 외국어의 일대일 대응 번역이 아닌 바흐친 철학에 기반한 정확한 번역과 용어 일치를 요구하고 있다[22]. 또한 바흐친 유산에 관한 총체적 연구보다 부분적, 개괄적 한 두 핵심개념(대화주의, 카니발)에 의존한 편협한 시각의 연구, 특히 소설론과 카니발론에만 편중되어 있었던 문제도 제기된 바 있다[22]. 이처럼 바흐친 이론 적용에 제기되 온 문제는 결국 필요에 따라 발췌하듯 편협하게 표면적으로 그 이론을 적용하는 대신 보다 폭넓고 깊이 있는 연구의 필요성이라는 공통된 결론에 도달하게 한다.

지금까지 살펴본 바와 같이 바흐친의 카니발 이론은 그 확장성과 개방성의 수용 양상을 보이며 폭넓은 학문 영역에 적용돼왔고, 따라서 TV 드라마 작가론에 처음으로 본고가 이 이론을 적용하는 것은 당연하고도 뒤늦은 시도라 하겠다. 또한 카니발 이론을 바흐친 대화주의 이론의 구체적 실현 방법론인 카니발적 요소로 제시함으로서 바흐친 이론 적용에서 그간 제기돼온 문제의 일정 부분을 극복코자 하는데 그 의의를 찾고자 한다.

2) 카니발의 그로테스크 리얼리즘

그로테스크 리얼리즘은 라블레에 관한 바흐친의 문학이론에서 나온 용어로 카니발적 현상이 소설기법에 적용되서 발현된 문학양식을 일컫는다. 바흐친은 라블레 소설에 대한 그의 박사학위논문을 통하여 고대, 중세, 르네상스로 이어지는 민중축제의 전통과 관련해 독창적인 카니발 이론을 전개한다. 이런 바흐친의 카니발 이론은 문예비평 이론인 동시에 문화 전반, 인간의 삶과 역사에 대한 인식론으로 다성성을 핵심으로 하는 대화주의 이론의 구체적 실현 방법론으로 해석할 수 있다. 즉 독백적·권위적·서열적·공식적 지배 문화에 저항하는 카니발은 민중의 다성적·해방적·수평적·비공식적 문화로 바흐친의 대화주의 이론을 구체적으로 적용할 수 있는 방법론의 대상이기 때문이다. 바흐친에게 카니발은 문화 현상으로서 분석 대상이기보다는 라블레 소설 속에 구현된 카니발적 요소, 즉 희극적 언어형식으로서 구체화된 '카니발적 요소'에 주목하는 대상이 된다.

국내 연구 혹은 국내에 소개된 바흐친의 카니발 이론은 '민중의 웃음', '광장 언어', '카니발의 양가성(ambivalence)', '그로테스크한 몸(grotesque body)'과 '그로테스크 리얼리즘(grotesque realism)' '물질적 ·육체적 하부 이미지'로 대략적으로 요약할 수 있다. 하지만 이러한 분류는 때로 앞서 언급한 카니발 이론 적용의 문제점, 즉 편협하게 표면적인 발췌 적용의 문제점을 낳을 수 있다. 따라서 본고는 이러한 분류된 요소의 특정 기법을 적용하는 대신 그 카니발 요소의 본질에 주목하며 그 본질은 분류된 요소 가운데 하나인 양가성에 있음을 제시코자 한다. '그로테스크 리얼리즘'에 관해 바흐친은 인간의 육체적 현상에 집착하듯 그 특성을 묘사한 라블레의 작품들을 1. 해부학적, 생리학적 측면에서 본 인간육체의 시리즈 2. 의복의 시리즈 3. 음식의 시리즈 4. 음주와 취태의 시리즈 5. 성의 시리즈 6. 죽음의 시리즈 7. 배설의 시리즈로 분류하고, 라블레가 과장되고 기괴한 이미지로 인간 육체를 묘사함으로서 금욕적이고 위선적인 중세의 이데올로기를 넘어서고자 하는 역동적 해방성을 제시했다고 설명한다. 즉 "사물들 사이, 현상과 가치들 사이에 놓인 견고한 공식적인 경계를 없애고(...) 공식적인 세계관의 편협하고 우울한 진지함이나 진부한 진리, 일상적인 관점으로부터 발화를 해방시키는"[23] 역할을 수행해내는 것이 그로테스크 리얼리즘이라고 바흐친은 설명한다. 또한 바흐친은 그로테스크 리얼리즘이란 "격하시키는 것, 모든 고상하고 정신적이며 이상적이고 추상적인 모든 것을 물질 육체적 차원으로, 불가분의 통일체인 대지와 육체의 차원으로 이행시키는 것"[23]이라며 사물과 관념사이의 고착화된 허위에 가득 찬 위계질서를 분리시켜 오히려 생명의 역동성을 획득하는 것이 된다. "그로테스크한 몸은 파괴이자 생성하는 몸"으로 이 몸은 "세계를 삼키고 스스로 세계에 삼켜 먹힘으로써 원래 자신의 크기보다 더 커지고 개별적인 경계들을 넘어서며 새로운(두번째의) 몸을 수태하게 된다"[23]며 이런 바흐친의 설명은 기존의 관점에서 바라본 과장된 기괴스러움이 "불편한 이미지들 안에 깃든 존재 자체의 생성과 성장, 영원한 미완성과 불명료성"[23]으로 풀이되어 결국 그로테스크 리얼리즘은 파괴인 동시에 생성인 '양가치성'을 의미하게 되는 것으로 요약할 수 있다. 특히 바흐친은 기존의 리얼리즘을 "퇴화하는 사실주의"[23]로 부르며 그 이유를 그로테스크 리얼리즘에 자리한 탄생이라는 젊은 생성의 고리가 상실된 채 순수한 시체만이, 임신을 할 수 없는 고립된 노인만이 남은 것이기 때문이라고 말한다.

그러므로 바흐친이 말한 그로테스크 리얼리즘의 본질은 모든 육체와 사물들 사이의 경계를 다르게 설정하는 것으로 생성의 양극, 사라지는 것과 다시 새롭게 등장하는 것, 죽어가는 것과 태어나는 것을 하나의 몸속에서 이루어내는 살아있는 역동적 생명체의 끊임없는 생성의 세포분열 과정이라는 양가치성에 있다고 할 것이다.

3) 카니발의 비공식적 광장언어

라블레에 대한 저작의 첫 장인 〈라블레와 웃음의 역사〉를 통해 바흐친은 웃음의 해학성뿐만 아니라 카니발적 요소로서 웃음이 지니는 다양한 특성으로 1) 전민중적 2) 보편적 3) 양가치적 4) 자기비판적 5) 유토피아적 6) 공포로부터의 자유 7) 세계관적 8)존재의 유쾌한 상대성의 특성을 꼽는다[24]. 카니발적 웃음은 권위에 대한 희화화뿐만 아니라 자기비판과 긍정과 부정의 양가치성을 내포하며, 삶의 진실을 왜곡하는 모든 억압으로부터의 해방이고 나아가 탄생과 죽음이 함께하는 세계관적 웃음이다. 또한 이 카니발의 민중성, 웃음을 실현하는 언어는 '광장 언어'이다. 광장 언어는 격하되고, 비속화된, 자유로운, 뒤섞인, 비공식적인 말이다. 카니발의 광장 언어는 민중적이고 축제적인 비공식적인 말로 공식적인 말과 확연히 구분되어 기존 권위를 박탈함과 동시에 새로운 탄생을 의미하는 양가치적 힘을 지닌다. 바흐친은 카니발의 주체는 민중이며 그것도 개별 민중이 아닌 전체로서의 민중과 민중성을 전제로 하는 것이기 때문이다. 바흐친은 "전민중성은 카니발의 본질 자체에 속한다"[22]며 바흐친에게 이러한 민중은 부르조아적이고 에고이스트적인 근대적 개인이나 생물학적 개체와 대비시켜 카니발 속 민중은 단순히 개체의 구경꾼이 아닌 주체로서 모두가 참여자이고 모두가 주인이 되는 주체이다. 이는 카니발 속 민중에게 작가와 배우와 관객의 경계를 없애는 부정의 역할을 부여하는 동시에 전면적인 긍정의 역할을 부여하는 것으로 이러한 역할은 광장 혹은 시장이란 카니발 속 민중의 공간에서 비공식적 광장 언어를 통해 드러난다. 거꾸로 말해 광장은 카니발이 열리지 않는 때라도 언제나 바흐친이 말하는 카니발적인 곳이다. 비공식적 광장언어, 삶의 언어들이 언제나 발화, 교환되는 곳이기 때문이다.

바흐친은 카니발의 비공식적 광장 언어에 관해 "공식적인 언어 소통에서는 금지된 언어들의 저장소가 된 것이며, 카니발의 세계 감각을 지닌"[26] 언어라고 규정 짓는다. 또한 카니발의 이러한 비공식적 광장 언어는 독백이 아닌 대화를 추구하며, 독특한 관점으로 상대자를 도발하고, 다양한 사상과 담론을 역시 다양한 대화자들과 나누며, 우스꽝스럽고 자유롭고 막힘이 없으며, 조야하고 광기 어리고, 괴상한 행위와 스캔들, 부적합한 말과 행동을 즐기는 것[26]으로 그 특성을 설명한다.

또한 이러한 카니발의 비공식 광장 언어는 풍자, 패러디, 때로는 욕설, 상소리로 이루어지는 즉물적이고 육체적인 언어들로 먹고, 마시고, 배설하는 등의 공식적 언어와는 대비되는 언어들로 나타나지만 다시 임신과 출산에 관한 비공식적 언어들과 뒤섞임으로서 다시 생산, 생명으로 이어지는 양가성을 지니게 된다.

이처럼 라블레 소설을 통해 바흐친이 제시한 카니발 요소의 구체적 방법론은 그 본질에서 양가성의 공통적 특성을 보이며 이는 연구에서 제시한 대화주의의 핵심 개념인 다성성과 연결된다. 바흐친을 서구에 소개했다고 해도 과언이 아닌 대표적 연구자 크리스테바에 따르면 카니발 이론에서 제시된 바흐친의 카니발은 "무대이자 삶이고, 놀이인 동시에 꿈이며, 담론인 동시에 볼거리로서 카니발은 자신의 대화적 법칙을 실행하기 위해 진리를 독백하는 신을 파괴하며 바로 이러한 대결로부터 양가적/다성적 구조가 만들어지는 곳"[27]이 됨으로써 그 카니발의 언어는 본질적으로 양가적/다성적이다.

김수현 대사의 카니발적 요소 : 〈어디로 가나〉를 중심으로

1) 카니발의 그로테스크 리얼리즘 요소

특집극 〈어디로 가나〉는 일찍 아내를 떠나보내고 반평생을 쏟아 부어 3남 1녀 네 자녀를 훌륭히 성장시킨 전직 고등학교 교장 출신 이교장(68세)이 중풍으로 반신불수가 되어버린 상황 속에 어쩔 수 없이 그 마지막 곁을 지키게 된 막내며느리 미숙(33세)의 이야기이다. 이 작품은 표면적으로는 노인문제, 나아가 '효'라는 전통적 가치를 내세우는 작품인 듯이 보이지만, 네 자녀 가운데 제일 아버지의 기대를 채우지 못한 채 고졸 태권도 관장으로 만들어버린 주범이라고 생각해 미워하는 무식하고 드센 막내며느리와 유식하고 자존심 강한 시아버지의 갈등과 화해 속에 늙음과 병듦과 죽음과 또 다른 탄생이란(이 교장의 장례식이 치러진 직후 영구차 안에서 막내딸이 출산하려는 급박한 씬에서 엔딩)삶 자체를 관조한 작품이다. 더불어 자리보전한 노인네의 적나라한 그것도 똥오줌을 받아내야 하는 상황을 빈번하고 자세히 묘사함으로서 작가는 삶 자체를 단순히 관념적으로 관조하지 않고 대단히 구체적인 현실로 묘사한다. 〈어디로 가나〉의 경우 이 교장을 누가 모시느냐를 놓고 벌였던 가족 간, 부부 간 갈등이 1부에서 종지부를 찍은 후 이 교장의 배변 문제를 둘러싼 갈등의 구체적 현실이 2부와 3부에 걸쳐 집중 묘사된다.

이교장: (누워서 아내의 사진 가슴에 얹고 처얼철 울면서 작게)…여보…나 똥 쌌어어. 흐흐으으. 꼴이 말이 아니게 됐다구우…쓰러졌을 때 데려가지 당신 뭐하구 있었나아. 내가 이런 수모를 받아가며 사는 게 당신은 좋아아?

〈어디로 가나 2부 씬48〉

미숙: (사정조) 놓구 싶으심 절 부르세요. 단출 누르시라구요. 그럼 제가 와서 변기 넣어 드리구 치워드린다니까요(몇 백번을 한 소리다). 애비 있을 땐 하시면서 왜 이러세요 정말. 저 미쳐 거리루 나가게 만드실려구 그러세요? 네에?

이교장: 니년한테 아랫도리 뵈기 싫어서

미숙: …?(처음 아는 사실이다)…(맥 빠져서)안 볼게요. 아버님. 안 보구 해 드릴게요. 안 보구 해드릴 수 있어요.…이젠 부르실 거죠?

〈어디로 가나 2부 씬54〉

친정모: 아 시끄러 그 눔의 냄새 소리. 그 냄새 모르는 사람 어딨어서 올 쩍마다. 니 냄새는 향기롭냐?

미숙: 아으으으, 용변 문제만 없어두 이렇게까지 머리가 찌끈거리지는 않을 거 같아요. 어느 드러.

친정모: 의식이 키울 때 의식인 아무것두 안 쌌어?

미숙: 건 다르지 엄마아. 의식이 껀 그렇게 드럽질 않았다구요. 냄새두 그렇게 지독하지 않구. 오히려 냄새 지독하면 애 어디 아픈가 하구 이렇게 (손 끝으로 비비는 시늉) 만져 조사하구 그러면서두 드럽다는 생각은 눈꼽만큼도 안 들더라구요.

〈어디로 가나 2부 씬60〉

미숙: 어흐흐엉엉엉 (목놓아 운다) 엉엉

친정모: 아 구경꾼 불러 모을래?…(딸 건드리며)그만 해

미숙: (난간을 등으로 하며 발 구르듯 울며불며)나 어떡해요 엄마. 나 도저히 못 살겠어. 그림 같이 조용히 목구 싸기만 해두 죽을 지경일 텐데에(주저앉는다. 울음 흐느낌 때문에 들이 마셔지는 소리)심심하면 한 번씩 사람 환장시키는

데에 저 심술천지가 안 죽으면.

친정모: (.O.L)떼에!

미숙: (상관없이 연결) 내가 죽든지 무슨 수를 내야지 이대루는 도오저히 못 살겠어요오. 오오 나는 못 살아아아아. 어흐으으응엉엉. 싸면서두 날 무시해. 싸면서두 엉엉 엉엉엉

〈어디로 가나 3부 씬8〉

'효' 혹은 그 도덕적 가치를 실행하는 주체인 '효자' '효녀' '효부'라는 공식적 언어의 도덕적 관념성은 똥 앞에서 그 적나라한 실체가 발가벗겨지며 권위, 체면, 자존심, 이기심 등 인간 내면에 자리한 본성을 드러낸다. 즉 바흐친이 말하는 그러테스크 리얼리즘의 본질이라고 할 공식적인 세계관의 편협하고 우울한 진지함이나 진부한 진리, 일상적인 관점으로부터 발화를 해방시키는 묘사로 해석할 수 있다.

미숙: (아랫도리 홑이불 주글주글 위로 놀려놓고 고무장감 물 대야에서 수건 짜서 고개는 옆으로 돌려 빼고 시부의 아랫도리 닦아내고 있다)

이교장: (느닷없이 통명)자세히 좀 닦어

미숙: (잠깐 시부 보고 여전히 고개 뺀 채 닦는다)

이교장:너는 손에 눈 달렸냐?

미숙: 뵈기 싫으시다면서요

이교장: 제대루 못하잖어

미숙: ...봐요?

이교장: ...제대루 닦어

미숙: 알았어요. (하고 시부 아래로 고개 돌리다가 도로 얼른 고개가 돌아가는데)

이교장(E): 큰애한테 병원 수술 장갑 좀 갖다 달래 써. 김치 담냐?

미숙: 알았어요. (고개를 다른 곳 못 돌리고 힐끔힐끔거리면서 닦는 위로)

이교장(E): 들어

미숙: ? 네?

이교장(E): 들라구. 들라는 소리 몰라?

미숙: (뭉클해서 이교장 쪽 보면서)....(O.L)

〈어디로 가나 3부 씬51〉

이 교장의 배설을 둘러싼 미숙과의 갈등이 치달으며 장남 준하의 집으로 강제 옮겨간 후 하루도 못 되 다시 미숙을 찾는 이교장의 변화는 드라마 말미에 자신의 치부조차 볼 것을 허락하며 온전히 체면과 권위를 내려놓음으로써 배설 행위 자체에 대한 묘사가 종국의 변화, 화해를 묘사하는 수단이 된다. 즉 이 교장의 종국의 변화는 모든 고상하고 정신적이며 이상적이고 추상적인 모든 것을 물질 육체적 차원으로, 불가분의 통일체인 대지와 육체의 차원으로 이행시키는 것이라는 그로테스크 리얼리즘의 본질을 수행하고 있는 작가의 대사 특성을 보여주는 것으로 해석할 수 있다.

2) 카니발의 비공식적 광장 언어 요소

김수현 작가는 방송드라마작가를 지망하는 후학들에게 드라마 창작에서의 대사 작법의 중요성을 강조하며 '글'쓰기가 아닌 '말'쓰기를 강조한다. 쉬워야 하고 짧아야 하며 다분히 시각적인 글, 즉 "일상적인 생활의 리듬을 유지해야 하고 생활인이어야 하는" 말 쓰기여야 하며 "형형색색의 미사여구로 꾸민 글은 일상에서 주고받는 말하고는 거리가 멀기 때문"[28]이라고 설명한다. 하지만 어쩌면 모든 드라마 작가에게 통용될 수 있는 이러한 언어의 일상성, 비공식성은 "정형화된 것, 고정 관념으로 화한 것, 수동적인 것, 가식적인 것 등을 공격하는 날선 말들이 생래적인 게 아닌가 싶을 정도로 집요하다"[29]는 평가처럼 TV 드라마 대사가 요구하는 수준의 일상적 언어로서의 특성을 넘어선 카니발적 비공식 언어의 주된 특성이 생래적, 본질적으로 자리하고 있다. 즉 언어의 공식성, 관념성을 철저히 배제한 살아 숨 쉬는 즉물적이고 육체적인 언어의 비공식성이 두드러지는 차별성을 보이고 있다.

> 친정모: 시끄러...이서방 에멕이지 말구 니 앞으로 체려진 밥상, 마다 말구 받아먹어.
> 친정모(E): (황당해서 일어서는 미숙 위로 연결)돌밥이든 흙밥이든.
> 미숙: 엄마.(어떻게 그런 말을 해? 기막혀서)
> 친정모: 니 밥상이야
> 미숙: 그게 왜 내 밥상이에요. 청담동 밥상이지.
> 친정모: 니 남편이 들여다 니 앞에 놓구 먹으라니 니 밥상이지 뭐야.
> 미숙: 머저리같이 그 밥상은 왜 자기가 들구 들어와요 글쎄.
>
> 〈어디로 가나 1부 씬11〉

아버지 이 교장에 대한 불효의 자책감으로 가출까지 감행하면서 아버지 모시기를 강요하는 남편과의 갈등을 하소연하는 미숙과 친정어머니의 대사이다. 각각 이기적 사정을 내세워 모시지 않는 형들을 대신해 막내지만 병수발을 떠맡게 된 상황을 친정모는 밥상으로 묘사하고 이를 거부하는 미숙 역시 밥상을 받지 않겠다고 대꾸하며 푸념을 하지만 결국 '밥상'이란 삶의 가장 중요한 행위인 먹는 행위로 이루어질 수밖에 없는 불가피성을 의미한다. 먹는다는 삶의 즉물성이 늙음과 병듦, 죽음을 내포하고 있음을 보여주는 대표적인 대사이다. 김수현 대사 가운데 먹는 행위에 관한 대사는 비유이든 직접적인 묘사이든 쉽게 찾아볼 수 있는 특성 역시 보인다. 예를 들어 "왜 그런 것만 생각나는지....우리 도시락 반찬, 콩조림 만드느라 연탄아궁이 불에 구부리시고 콩 젓던 그런 그림 말이우"(1부 씬 37)라는 둘째 아들 준하의 대사는 아버지를 모시지 않는 자책과 회한이 콩조림이란 먹거리를 통해 묘사된다. 이 같은 작가의 즉물적, 육체적인 비공식 언어는 공식적 언어가 갖는 관념성을 철저히 배제하는 수단이기도 하다.

미숙: (주전자 뚜껑 열며) 차 마실래?
은비: (...중략) 오빠가 끔찍끔찍하게 널 사랑한 보답을 받는구나 그랬어.
미숙: (물 잠그고 돌아보며) 니 말 우습다. 보답이라니? 끔찍끔찍 니 오빠만 했니? 나두 했어야 나두.
은비: 신경이 날카롭구나.
미숙: 나한테 그런 근사한 말 안 어울려. 지랄났다 그래(주전자 가스에 올리고 불켜며) 아무상관 없으니까

〈어디로 가나 2부 씬14〉

부부갈등 끝에 결국 이 교장을 모시기로 한 미숙과 막내딸인 시누이 은비와 미숙이 나누는 대사이다. 대사의 사례에서 보여주듯이 작가는 '사랑'의 고상한 관념을 '지랄났다'로 격하하며 공식적 언어를 발화하는 상대의 위선을 가차 없이 공격한다. 이러한 날선 말들의 공격성은 인물 묘사, 인물 갈등을 표현하는 작가의 주된 특성으로 날선 말들은 대단히 즉물적이고 육체적이다.

이교장: 고르바초프가 누군지 아냐?

미숙: (자존심 상해서 신문 거칠게 집어 들고 문으로 가는데)

이교장(E): 우리 집에 너같이 머리 나쁘고 무식한 (미숙 돌아본다)날라리 여자는 니가 첨이야

미숙: 오늘은 제가 뭐 또 잘못 했어요?

이교장: 쉰여덟명 중에 쉰다섯찌하던 물건아냐 너

미숙: 쉰여덟명 중에 쉰다섯찌하던 물건한테 와 계세요 아버님.

이교장: 공짜가 어딨냐?

미숙: ? 뭐가 공짜예요?

이교장: 니 남편

〈어디로 가나 2부 씬7〉

고교 시절 꼴찌에 가까운 성적의 소유자인 미숙을 '물건'으로 공격하는 이 교장의 대사와 이에 맞서 그대로 치환 대응해 그의 처지를 공격하는 미숙, 또 다시 결혼을 주고받는 일종의 상행위로 묘사하는 이 교장의 대사는 작가의 비공식적 언어가 어떻게 효과적으로 TV 드라마 갈등을 조성하고 확대시키는지 잘 보여준다. 하지만 작가의 대사에서 흔히 찾아볼 수 있는 공식적 언어에 관한 생래적이라고까지 평가된 '날선 말들의 공격성'은 단순히 인물 간 갈등 조성과 확대의 주된 수단인데서 나아가 발화자 스스로의 내면을 공격함으로서 비공식적 언어가 갖는 카니발적 본질을 달성한다. 즉 진정한 대화가 이루어지는 카니발의 세계로서의 비공식적 언어 본질을 작가 대사는 달성하는 특성을 보이고 있는데 아래 사례가 대표적이다.

미숙: (오기 있게) 하구 싶은 대루 하세요 그럼. 저두 끝까지 할 테니까요. 비닐 필루 끊어다 논 거 아직두 멀었구 떨어지면 또 살 테니까 아버님은 찢어대구 전 다시 꿰매구 해보자구요 어디.

이교장: (물끄러미 본다).......

미숙: 아니면 기저귀 차시던지요.

미교장: (그저 물끄러미 분다).....

미숙: 이 불쌍한 인생아아아, 인간이 그러는게 아닌데에에, 이 아무것두 모르는 가여운 년아아지요 아버지 그 얼굴? (눈물 차오르면서) 그래요, 저 악질이에요.

근본적으로 나쁜년이에요. 천하구 무식하구 저질이라구요. 천벌 받아서 지옥에 떨어질 각오하구 있어요. 네에 무시하세요. 경멸하세요.

이교장: (볼 뿐).....

〈어디로 가나 3부 씬47〉

갈등 끝에 이 교장과의 인간적 교감이 이루어졌으나 여전한 현재 진행형의 구체적 현실, 삶의 혼돈은 주인공 미숙으로 하여금 스스로를 공격하게 한다. 그리고 그 공격성은 자신을 향함으로서 스스로를 해방시키는 진정한 대화로서의 언어의 비공식적 본질을 달성하고 있다. 이 같은 작가 대사의 비공식적 언어의 특성은 바흐친이 말하는 궁극적 양가성을 달성하기도 해서 단순히 일상성 혹은 갈등 조성의 수단으로 사용되는 여타의 TV 드라마 대사들과 차별성을 보인다.

미숙: 내가 뭐 쌈으루 취미 생활 하는 사람야?

영하: (늦추지 않고 화낸다) 취밀 넘어 직업이다 직업. 이박 삼일 동안 하루 한 건씩 쌈판 벌였다면 알쪼지 뭘 그래.

미숙: (째려보다가 햄버거 봉지 팍 들어서 남편 얼굴 앞에 흔들어 보이며) 결혼 칠 년 만에 그래. 것두 차 빼러 가는데 것두 빌붙어 나선 신혼여행에 햄버거나 멕여주는 거야?

영하: (봉지 때문에 안 보여서 얼굴 이리저리 피하며)육개장 먹자는데 햄버거 먹잔 사람 누구야(여전히 화나서)

미숙: (봉지 내리며 시선 앞으로 아무렇지 않게)해가 엄청 짧아졌다 그치?

영하: ....

미숙: 난 이 시간이 젤 좋더라...아주 철학적이 돼... 우리는 어디서 와서 어디루 가나

영하: 어제두 했어 그 소리

미숙: (미워서 쥐어박는 소리로) 알어.

〈어디로 가나 1부 씬 〉

제대로 신혼여행조차 가지 못한 채 결혼 칠 년 만에 새 차 뽑는 모처럼의 부부 동반 여행길은 먹는 행위로 '알쪼' 등 상스러울 정도의 티격태격 싸움이 벌어지지만 주인공 미숙의 반전 같은 '비약 대사'로 바로 이어지면서 삶의 본질에 관한 질문으로 이

어진다. 작가에게 언어는 대단히 즉물적이고 육체적이지만 또한 이러한 언어적 특성은 동시에 철학적이고 관념적이며 본질적인 인식을 전개하는 수단이 된다. 즉 김수현 작가가 구사하는 비공식적 언어는 궁극적으로 삶의 본질을 묘사하는 주된 방법으로 작품 초반에 배치된 이러한 대사는 극 전체 전개와 맞물려 작가의 차별성을 드러내게 한다. 앞서 언급한 대로 이교장의 죽음은 영구차 안 막내 딸 은비의 출산 임작이란 외견상 소란스러운 카니발의 엔딩으로 이어지며 소멸과 생성의 양가성이 성취된다.

맺음말

이상에서 논의한 바와 같이 김수현 작가의 대사 작법은 바흐친이 제시한 언어의 근원적 특성인 대화의 다성성을 특성으로 하며, 이 특성은 초기부터 오랜 세월 동안 일관되게 구현되고 있음을 알 수 있다. 또한 바흐친이 작가의 임무로 제시한 작품 속 작가와 주인공, 혹은 모든 등장인물들과의 대화적 관계를 주체적 상호관계로 구현함으로써 예술언어의 창작 작업을 실현해냄도 알 수 있다. 그리고 이 다성성을 실현해낸 중심에는 바흐친이 예술언어의 창조 작업에 요구한, '외재성' '바라보기의 잉여성' '경계이월성'의 특성을 유지한 채 등장인물들의 '총체' 형성에 이르도록 한 차별성이 자리하고 있음도 분석했다. 비종결성의 특성 경우는 홈드라마와 멜로드라마장르 구분 없이 대사 자체에서는 동일하게 작동하지만, 극 전체의 오픈 엔드 형식에서는 상대적으로 차이를 보이고 있으며 이는 장르 구분이 명확한 작가의 특성이 드러나는 차이라 하겠다. 즉 삶의 구체성이 강조되는 홈드라마의 특성상 반복의 일상을 강조한 것 오픈 엔드로 이 역시 대화의 비종결성을 의미하는 것이라 해석해도 무방하다.

이처럼 김수현 작가에게 대사라는 언어는 드라마라는 극을 이끌어 가기 위한 부수적인 도구가 아니라 그 자체가 존재이며, 의미이고, 치열한 인식의 과정이다. 이는 작품 활동 처음부터 지금까지 일관된 김수현 작가의 특성으로 차별적인 작품세계를 구축하게 한다. 김수현 작가에게 대사란 인간 존재 자체이며, 또한 언어 자체에 대한 탐구로 각기 너무나 다른 다양한 주인공, 등장인물들과 작가와의 주체적 대화를 통해 실현되어 총체를 형성해 왔고 아직도 진행 중임을 알 수 있다.

〈참고문헌〉

[1] 유진희, "김수현 대사의 바흐친적 독해1: 바흐친의 대화주의 이론을 중심으로" 한국콘텐츠학회논문지, 제16권 제10호, p.577, 2016.

[2] 최상민, "대중의 욕망과 드라마적 재현: 김수현 드라마 〈인생은 아름다워〉를 중심으로", 드라마연구, 제36호(통합 제14권), pp.199-223, 2012.

[3] 이철우, "김수현 드라마의 대화방식에 관한 고찰", 한민족문화연구, 제25집, pp.225-253, 2008.

[4] 오미영, 최성실, "김수현 가족드라마에 나타난 상호주관적 화법연구", 화법연구, 제22권, pp.163-189, 2013.

[5] 이경숙, "김수현 드라마의 수사학적 효과 산출 방식 연구", 한국극예술연구, 제25집, pp.133-163, 2007.

[6] 김단수, "김수현 극본의 대중성: 옛이야기 전통과 비교하며", 한국학연구, 제16집, pp.193-219, 2007.

[7] 백경선, "김수현 가족드라마의 가족 담론 고찰", 한국극예술연구, 제50집, pp.283-312, 2015.

[8] 유진희, "김수현 멜로드라마의 장르 문법과 성 이데올로기", 한국콘텐츠학회논문지, 제9권 제11호, pp.175-183, 2009

[9] 유진희, "김수현 홈드라마의 장르 문법과 젠더 이데올로기", 한국콘텐츠학회논문지, 제10권 제11호, pp.102-112, 2010.

[10] 유진희, "김수현 홈드라마의 상호텍스트성", 한국콘텐츠학회논문지, 제13권 제10호, pp.103-112, 2013.

[11] 유진희, "라깡을 통해 본 김수현 작가의 주체와 욕망", 한국콘텐츠학회논문지, 제12권 제9호, pp.126-135, 2012.

[12] 유진희, "라깡을 통해 본 김수현 작가의 남성 주체 인식", 한국콘텐츠학회논문지, 제14권 제10호, pp.41-50, 2014.

[13] 이은경, 유재천, "바흐친의 국내수용에 관한 비판적 고찰(2)", 노어노문학, 제18권 제3호, p.215, 2006.

[14] 이민호, 이효인, "최동훈 영화의 사회반영성: 바흐친의 카니발 이론을 중심으로",

한국콘텐츠학히논문지, 제13권 제6호, pp.125-136, 2013.
[15] 이동은, "디지털 게임의 카니발리즘 연구", 한국디지털콘텐츠학회논문지, 제11권 제1호, pp.65-71, 2010.
[16] 윤영민, "e-Carnavalesque 로서의 온라인 공중 대화: 바흐친적 모형의 탐색", 사회와 이론, 제16권, pp.145-178, 2010.
[17] 고석기, "바흐친의 그로테스크 몸 담론을 통한 세익스피어 극의 〈여성주의〉 유물론적 접근", Shakespeare Review, 제43권 제4호, pp.625-650, 2007.
[18] 이민호, 이효인, "최동훈 영화의 사회반영성: 바흐친의 카니발 이론을 중심으로", 한국콘텐츠학회논문지, 제13권 제6호, pp.125-136, 2013.
[19] 이은경, 홍상우, 유재천, "바흐친의 국내수용에 관한 비판적 고찰(1): 대화이론을 중심으로", 노어노문학, 제16권 제2호, pp.255-285, 2004.
[20] 조준래, "카니발이 끝난 후: 반세기 국내외 바흐친학의 연구동향(1986-2004)", 한국노어노문학회 학술대회자료집, pp.83-86, 2005.
[23] 미하일 바흐친, 이덕형, 최건영 공역, 프랑수아 라블레의 작품과 중세 및 르네상스의 민중 문화, 아카넷, p.645, p.652, 2001
[23] Ibid., p.48.
[23] Ibid., p.493-494.
[23] Ibid., p.96.
[23] Mikhail Bakhtin, Problems of Dostoevsky's Poetics, 박건용, "미하일 바흐친의 카니발 이론과 문학의 카니발화" 독어교육, 제31권, pp.279-305, 2004 p.285에서 재인용.
[23] Ibid., p.290.
[24] 미하일 바흐친, op. cit., p.223, 2001.
[26] 미하일 바흐친, 김근식 옮김, 도스토예프스키 창작론, 중앙대학교 출판부, pp.138-139, 2003.
[26] Ibid., pp.142-153.
[27] 줄리아 크리스테바, 바흐친과 문학이론, 문학과 지성사, 1997, p.252.
[28] 김수현, 노희경, 이금주, 박찬성, 드라마 아카데미, 팬타그램, 2005, p.25.
[29] 김포천, 원우현, 김만수, 김홍근 엮음, 김수현 드라마에 대하여, 솔, 1998, p.22

김수현 작가를 말하다

1판1쇄 2023년 11월 20일

저자 유진희
발행인 이경화

발행처 디자인21
주소 04560 서울특별시 중구 퇴계로 293-1 3층
전화 02-2269-6561(대)
팩스 02-2269-6568
이메일 21publish@naver.com
블로그 https://blog.naver.com/publish21
홈페이지 https://21publish.co.kr

등록번호 제1-1128호
등록일자 1991.2.12

ISBN 978-89-6131-128-1 03800

정가 15,000원

* 본 도서의 내용을 무단으로 복제 시 저작권법에 의해 처벌을 받을 수 있습니다.
* 잘못 만들어진 책은 교환하여 드립니다.